From the library of

SOPHENE

Published by Sophene 2023

Matthew of Edessa's Chronicle was translated
into English by Robert Bedrosian in 2017.
This edition is Volume II of III.

A searchable, digital copy of the English translation can be accessed at:

https://archive.org/details/ChronicleMatthewEdessa

www.sophenebooks.com
www.sophenearmenianlibrary.com

ISBN-13: 978-1-925937-71-8

ԺԱՄԱՆԱԿԱԳՐՈՒԹԻՒՆ ՄԱՏԹԷՈՍԻ ՈՒՌՀԱՅԵՑՒՈՅ

ՀԱՏՈՐ Բ.

ՏՊԱՐԱՆ
ԾՈՓՔ
Լոս Անճելըս

MATTHEW
OF
EDESSA'S
CHRONICLE

IN THREE VOLUMES OF CLASSICAL ARMENIAN
WITH AN ENGLISH TRANSLATION BY
ROBERT BEDROSIAN

VOLUME II

SOPHENE BOOKS
LOS ANGELES

This translation is dedicated to the memory of Matti Moosa, visionary historian.

GLOSSARY

Asparapet (**ասպարապետ**), commander-in-chief.

[A]spasalar (**[ա]սպասալար**), an Islamic title for a military commander or officer.

Azat (**ազատ**), a nobleman.

Catapan (**կատապան**), a senior Byzantine military rank.

Curopalate (**կուրապաղատ**), a senior Byzantine court rank.

Dahekan (**դահեկան**), a unit of mass, or a corresponding unit of currency.

Vardapet (**վարդապետ**), a high-ranking and learned member of the Armenian clergy.

TRANSLATOR'S PREFACE

The *Chronicle* of Matthew of Edessa is a valuable source for the history of the Middle East in the 10th-12th centuries. Matthew's work describes the period from 952 to 1129. Appended to it is a continuation by Gregory the Priest, which describes events from 1137 to 1162. Western scholars have used the *Chronicle* primarily for its unique information on the Crusades. It contains, additionally, invaluable information on Byzantium, the Arabs, Saljuqs, Persians, and especially the Armenians, both secular and clerical, both lords and louts. Along with this, Matthew describes such diverse phenomena as urban mobs, siege warfare, and confessional disputes, and he presents a welter of remarkable material of interest to many disciplines, including folklore and anthropology. Curiously, the *Chronicle* also may be of some value to the history of astronomy, as it seems to describe, under different dates, the social impact of the supernova of 1054. This astounding phenomenon, which was visible for two years, was the background of a series of prophecies related by our author.

Matthew wrote his work in three parts, over many years. Part I was written during an eight-year period (1102-1110), and Part II was written during a fifteen-year period (1110-1125). Then, for ten years, Matthew wrote nothing, expecting that others would continue the work. Seeing that this did not happen, he wrote Part III, probably during 1136-1137. Part I covers the period from 952 to 1052; Part II, from 1053 to 1102; and Part III, from 1102 to 1129.

TRANSLATOR'S PREFACE

Nothing certain is known about Matthew's life. Only in one place does he speak of himself, as "I, Matthew, a priest from Edessa." From his worldview it is clear that he was a God-fearing Christian (that is, an anti-Chalcedonian, eastern Orthodox Christian). He is not unswervingly loyal to any individual, and criticizes secular and clerical folk, Christians and Muslims of different persuasions. Acts of noteworthy cruelty and kindness are recorded by him without particular bias.

The city of Edessa (Ur'ha/Urfa), whose medieval history is an important focus of Matthew's *Chronicle*, played a major role in the development of Armenian literary culture. It was a cosmopolitan center of Syrian, Armenian, and Jewish culture from remote antiquity, and later was influenced somewhat by Greek Hellenism. To the north was the city of Melitene, and to the west was Sophene, cradles of Armenian culture. While it is conventional to regard Armenian settlement in and around Cilicia—which Matthew describes—as a specifically *medieval* phenomenon, this is not the case. An Armenian population has been documented as residing in the area from at least the fourth century. In fact, the renowned historian of fourth-century Armenian events, P'awstos Buzand, himself probably hailed from Faustinopolos or Podandus/Bozanti, just north of the Cilician Gates.

Events of the 10th-12th centuries vastly increased the Armenian population in this area. There were several causes for this. First, since the early 10th century, the Byzantine empire had been following a policy of annexing the lands of Armenian grandees in eastern Asia Minor. Armenian kings and nobles were coaxed or compelled to leave, and received, in exchange, territories in western areas, that is, in Cappadocia, northern Syria, Cilicia, and also in northern Mesopotamia. The Seljuk raids and invasions of Asia Minor, beginning in the 1020s, were a second important stimulus for Armenian emigration to Cilicia. Many prominent lords, with their gentry and their bishops, left the area. The bulk of the population, however, could not or would not leave, and so remained. Matthew chronicles all this: the Byzantine annexations, the movement of the Armenian population, the Saljuq invasions, the Byzantine reactions, the Crusades, the Cilician Armenian kingdoms and regional statelets. He describes events in the Caucasus, among the Georgians and Aghuans, and mentions the Armenian statelets by the Caspian Sea.

At the time Matthew was writing—as well as before and after—Armenians of various faiths and speaking numerous languages, lived in a vast stretch of territory, from Georgia in the north, through eastern, central, and western Asia Minor, western Persia, northern Mesopotamia, the Levant, and Egypt. They were Christians and Muslims of various persuasions, some pre-Christian and non-Christian elements (such as pagans, sun-worshippers, Zoroastrians, and Jews), as well as "heretics" or sectarians (such as the Paulicians and Tondrakians), some of the latter with ties to other radical movements of the day. At the time Matthew was writing—as well as before and after— large Armenian noble families, "dynastic condominiums," as Cyril Toumanoff calls them, functioned in place of (or alongside) political states. Some, like the Pahlawunids (and the Bagratids before them), controlled territories and enterprises throughout the Middle East as well as the Catholicosate of the Armenian Church. The Church itself often served as a surrogate or ghost state among the Armenians, in the absence of political states.

TRANSLATOR'S PREFACE

Matthew speaks of the "House of the Armenians" throughout his work (as he collectively styles these *Christian* communities). In addition, he is an invaluable source for the *Muslim* Armenians, whose descendants continue to live in the same areas occupied by their Christian and non-Christian ancestors.

Unfortunately, no critical edition of Matthew's *Chronicle* exists, as yet. The preferred edition of the Classical Armenian text was published in Vagharshapat (Ejmiatsin) in 1898.[1] This is the text we have translated below, minus two lengthy sections mostly of doctrinal interest. Prior to the publication of the 1898 edition, Matthew's *Chronicle* already had been translated into French by Dulaurier.[2] Since then, the *Chronicle* also has been translated into Turkish (1962), and modern Armenian (1991). The first full English translation was by Dostourian.[3,4] Regrettably, this publication's reliability is compromised by a fair number of errors in translation. For example:

- Volume I (p. 35): "Ashot, *shahnshah* of the illustrious Armenians" should be "Ashot, *shahnshah* of Greater Armenia" [Hayots' metsats' is a geographical term].
- Volume I (p. 47): "for it was seven years" should be "for it was seven months".
- Volume I (p. 47): "We chased him and defeated..." should be "we would have chased and defeated..."

Beyond such errors in translation, there are some questionable techniques employed, such as translating the same word variously. For example, Dostourian sometimes translates Armenian *k'aghak'*

xiv

("city"), as "town," even though Matthew uses one and the same word. Again, though *aylasgi* ("foreigner") and *ano'ren* ("impious") usually refer to Muslims, and *Tachik* usually refers to "Arabs" and/or "Muslims" in Matthew's work and elsewhere in the Armenian sources, this is not always the case, especially at the beginning of the invasions. Furthermore, the presence of Armenians of different persuasions, often on multiple sides of the various conflicts, also makes automatic equations of this nature dubious. For such reasons, we prefer to be literal in our translation. Otherwise, the translator is adding a layer of possible misunderstanding, where it does not exist in the original text.

Our decision to translate Matthew was not, primarily, related to correcting errors. Rather, there were several additional reasons. For one, we want to have copyright-free, searchable versions of the Armenian historical sources online. Considering that for some periods, these Armenian sources are almost the only contemporary sources for the history of neighboring countries as well, having them online and searchable is a good way to more thoroughly integrate their information into the study of world history. Our second and principal reason for translating Matthew is personal: we enjoy this activity greatly. Each of the Armenian sources has its own luster, like a radiant, magical gem. They are enchanting, and if you hold them up and turn them, you will see different and unexpected facets each time. Matthew, although he disparages his own abilities, is a fine stylist. His *grabar* is straightforward, his prose is graceful and pleasurable to read, at times seeming almost like modern Armenian. Thus, a personal enjoyment of historical literature—enjoyment of a work's composition, style, and vocabulary—is involved. A third reason is

TRANSLATOR'S PREFACE

our enthusiasm for the challenges involved in putting such material online, which can transform online books into wonderful platforms for study.

In 2009 an important publication appeared by Tara Andrews.[5] This outstanding work (the author's Ph.D. dissertation) is the best available in a Western language describing many aspects of the *Chronicle* and its continuation, including a history of the manuscript tradition and an insightful discussion of Matthew's themes. The author's aim is to describe and demonstrate a methodological framework for creating a critical edition (there are some 35 known manuscripts of Matthew's *Chronicle*). She has modified and created computer software to help with this daunting task, and tests the method with translations of four excerpts: the first prophecy of Yovhanne's Kozer'n, (1029/30); the second prophecy of Yovhanne's Kozer'n (1036/7); the author's prologue to Book 2; and the author's prologue to Book 3. Andrews' approach and virtuoso computer skills augur well for philology in general and for Armenian studies in particular.

—

Readers who like human duplicity with a medieval patina will find much to savor in Matthew's compilation. One need only change the clothing styles, the types of weapons, and the declared motives, and the general historical processes chronicled by Matthew could be transferred to our own day. Even the places and the peoples are the same. Those interested in studying this period would do well to begin with the 12th-century *Syriac Chronicle of Michael Rabo*, the great patriarch of the Asori/Assyrians or Syriacs/Syrians, translated into English by our colleague, Dr. Matti Moosa.[6] Event by event, Moosa, in his detailed footnotes, describes other sources (including Matthew) and how they agree and disagree. An extract, covering the same period as Matthew's *Chronicle*, may be read online and/or downloaded from Internet Archive in various formats[a]. Another valuable Armenian primary source for the 11th century is Aristake's Lastivertc'i's *History*, which describes the Saljuq invasions and the dislocations they caused. A third Armenian source of particular interest is the 13th-century *Chronicle* of Smbat Sparapet. Smbat actually used Matthew's *Chronicle* extensively in the early part of his own compilation, and made corrections to it—providing us with a rare example of medieval Armenian philology.

For information on early Armenian settlement en route to Cilicia, see Dédéyan;[7,8] for Cilicia, see Der-Nersessian;[9] for aspects of the Saljuq invasions and domination, see Bedrosian.[10] For the Muslim Armenians and a view of the complex texture of medieval Middle Eastern culture, see the important works of Dadoyan.[11-14]

---

a With the search terms "*The 10th-12th Centuries from Michael Rabo's Chronicle,*" and also "*The Late 12th century from Michael Rabo's Chronicle,*" and an English translation of the medieval Armenian version "*The Chronicle of Michael the Great, Patriarch of the Syrians.*"

BIBLIOGRAPHY

1. Matthew of Edessa. (1898). Chronicle. Armenian. Adamean, M. M., & Ter-Mikayelean (Eds.). *Matt'e'os Ur'hayets'i, Zhamanakagrut'iwn*. Vagharshapat.
2. Dulaurier, É. (1858). *Chronique de Matthieu d'Edesse (962-1136) avec la Continuation de Grégoire le prêtre jusqu'en 1162*. Paris.
3. Dostourian, A. (1993). *Armenia and the Crusades: Tenth to Twelfth Centuries. The Chronicle of Matthew of Edessa*. Belmont.
4. Dostourian, A. (2013). *Armenia and the Crusades: Tenth to Twelfth Centuries. The Chronicle of Matthew of Edessa (2nd Edition)*. Armenian Heritage Press: Belmont.
5. Andrews, T. L. (2009). *Prolegomena to a Critical Edition of the Chronicle of Matthew of Edessa, with a Discussion of Computer-Aided Methods Used to Edit the Text*. Oxford University.
6. Moosa, M. (2014). *The Syriac Chronicle of Michael Rabo (the Great): A Universal History from the Creation*. Beth Antioch Press.
7. Dédéyan, G. (1986). Le peuplement arménien aux frontières de la Cilicie aux IVe-Ve siècles. In D. Kouymjian (Ed.). *Armenian Studies in Memoriam Haig Berberian* (pp. 215-227). Lisbon.
8. Dédéyan, G. (1996). *L'Arménie et Byzance*. In Byzantina Sorbonensia. Paris.
9. Der Nersessian, S. (1969). The Kingdom of Cilician Armenia. In K. M. Setton & R. L. Wolff (Eds.) *History of the Crusades, Volume II: The Later Crusades, 1189-1311* (pp. 630-659). University of Wisconsin Press.
10. Bedrosian, R. (1979). *The Turco-Mongol invasions and the lords of Armenia in the 13-14th centuries*. Columbia University, New York, NY.
11. Dadoyan, S. B. (1997). *The Fatimid Armenians, Cultural & Political Interaction in the Near East*. New York.
12. Dadoyan, S. B. (2011). *The Armenians in the Medieval Islamic World, Paradigms of Interaction in the Seventh to Fourteenth Centuries, Volume 1 (7th-11th centuries)*. New Brunswick.
13. Dadoyan, S. B. (2013). *The Armenians in the Medieval Islamic World, Paradigms of Interaction in the Seventh to Fourteenth Centuries, Volume 2 (7th to 14th centuries)*. New Brunswick.
14. Dadoyan, S. B. (2014). *The Armenians in the Medieval Islamic World, Paradigms of Interaction in the Seventh to Fourteenth Centuries, Volume 3 (13th to 14th centuries)*. New Brunswick.

MATTHEW OF EDESSA'S
CHRONICLE

VOLUME II

II.

43. Արդ մինչեւ ցայս վայրս բազմաջան եւ աշխատաւոր քննութեամբ գտեալ գրեցաք զշարագրական գրեալս զհարհւրից ամաց, զորս ի բազում ժամանակաց հետաքննեալ հասու եղաք: Ընդ այնքանեաց տեսողացն եւ լսողացն, որք էին ի հինամաց ծնեալք, եւ ընդ ընթերցողսն յառաջին պատմագրացս, որք ականատեսք էին լեալք ամենայն եղելոցս եւ նեղութեանցս այսոցիկ, զոր վասն մեղաց կրեաց տունն Հայոց եւ ահաւոր. զայս բազում անգամ զմտաւ ածեալ եմ, վասն այս յետին ժամանակին գրել զդառնաշունչ կատարածսն, զայս սոսկալի բարկութիւնս, զոր կրեաց ազգս Հայոց ի գիսաւոր եւ ի պիղծ Եղիմնացւոց ազգէն Թուրքաց, յեղբարց իւրեանց Հոռոմոց: Եւ վասն այսորիկ հարկ եղեւ եւ ի մտաց խորհրդոյս իմոյ անդադար յուզմամբ իբրեւ զմեծ իմն համարելով՝ գտանել զայս գործս կատարածի. եւ վասն այսորիկ զօրաժողով արարի եւ գրեցի մինչեւ ցայս վայր զերեք ազգացս եւ զհայրապետացս եւ զայլ պէսպէս քննութեանց զազգաց եւ զթագաւորաց՝ զորս յառաջ ասացաք եւ որ զկնի թերեւս ասասցուք զսկիզբն կատարածիս, զոր ինչ եղեւ յաւուրս հարցն մերոց, որք էին տեսեալ բազում անգամ աչօք իւրեանց: Զոր եւ իմ իսկ խորհեալ խորհուրդս զայս եւ զութ ամ անհանգիստ կացի եւ զայս ամենայն յօժարեցի ի տեսութիւն եւ ի մատենագրութիւն ածել գրով, վասն զի մի՛ ի չարաշունչ դառնութեան ժամանակս կորիցի այս ամենայն եւ մոռասցի:

II.

43. Up to this point, through diligent and laborious investigation, we found and wrote down this historical work of [the events covering some] 100 years, having considered these materials for a long time. [It was possible to do this using] the accounts of people born in olden days, who were eyewitnesses [to the events] or heard about them. [Our account also was based] on our reading of earlier historians, who themselves, as witnesses, heard about all the events and frightful tribulations which the House of the Armenians bore because of our sins. Many times, I myself had considered writing about the bitter events of these latter days of ours, about the terrible wrath which the Armenian people bore from the long-haired and loathsome nation of Edomites—the Turks—and from their brothers, the Byzantines. Therefore, it seemed necessary, as I thought about it constantly, that I should complete what I considered a big undertaking. And so, I mustered my forces and wrote about what had transpired up till this [present] point, regarding these three peoples [the Armenians, Turks, and Byzantines], and about the patriarchs and the various other peoples and kings whom we spoke of earlier, at the beginning of what we [already] accomplished and about whom we may, perhaps, subsequently narrate. [We shall tell about] what transpired in the days of our own fathers, what they had seen many times with their own eyes. Such was my plan and for eight years I was engaged in unceasing research. I was eager to put this [account of mine] into writing, so that all this [information] would not be lost and forgotten in these wicked and bitter times.

Եւ վասն այսորիկ ես Մատթէոս Ուռհայեցի եւ վանականս զաշխատութեան զգործս իմ ոչինչ համարեցայ, այլ թողի զայս ի յիշատակ սիրողաց ժամանակագրութեանց, զի յորժամ ի հանդէս քննութեան ելցեն յաղագս ժամանակաց անցելոցն, դիւրաւ կարասցեն գտանել զժամս եւ զժամանակս եւ զկատարած բարկութեանն ի վերայ ժամանակացն գտանիցեն եւ այնու եւս զմտաւ ածեալ յիշեսցեն զաստուածասաստ բարկութիւնն՝ զորս վասն մեղացն ընկալաք զհատուցումն զԱրդար Դատաւորէն Աստուծոյ. եւ վասն այսորիկ կողմանց զկորուստ հաւատացելոցն եւ զխրատս, զոր անօրէն ազգաւ խրատեաց զմեզ Տէր Աստուած մեր. եւ ահա որ ոչ կամեցաք զսպառնալիսն եւ զխըրատն Աստուծոյ մոռացուցանել ի վերայ մեր: Արդ արժան է միշտ եւ հանապազ լսել զխրատն Աստուծոյ մերոյ. եւ դարձեալ ի նոյն պատուհասն մեղացն դեգերեալ շըրջիմք, զորս ընկալաք ըստ արժանեաց մերոց զհատուցումն: Նա եւ այլ եւս ունիմք ասել ձեզ ամաց ութսնից զաշխատութենէ Մատթէոսի Ուռհայեցւոյ եւ վանաց երիցու:

Իսկ ի լինել թուականութեանս Հայոց ՇԲ եղեւ ահաւոր նշան եւ սոսկալի, եւ կատարած մեծի բարկութեան երեւեալ ի մեծ քաղաքն Անտիոք, զոր ի ներքոյ արեգականն գործեցաւ այս սքանչելիս, որ է տեսողացն ահաւոր եւ հրաշալի: Եւ եղեւ այս նշանս եւ դղրդումն ամենայն հաւատացելոց Քրիստոսի, զոր այժմ մեծասաստ սպառնալեօք յայտնեաց Աստուած զդատաստան իւր զահաւոր:

Therefore I, Matt'e'os Ur'hayets'i, a monk, regarded the labor of such an undertaking as nothing. Rather, I have left it as a memorial for those who love chronicles, so that, when inquiring about past events, they will easily find the dates and times [here in my work]. [They also will find here information about] the divine anger experienced in these times and they may reflect on it and remember that the divine wrath which we received from God, the Righteous Judge, was a penalty for our sins. They will learn that, because of it, in various places, there was destruction of believers, and they will learn about other punishments which our lord God visited upon us by means of an unbelieving people. Behold, we do not want God's warnings and advice to us to be forgotten. Now it is fitting to always and ever heed the counsel of our God, since again we find ourselves punished for the same sins, punishment which was a just recompense for those sins. And now we shall present [a narration covering] 80 years, from the work of abbot Matt'e'os Ur'hayets'i.

In the year 502 of the Armenian Era [A.D. 1053-1054] an awesome and terrifying omen occurred in the great city of Antioch, as a sign of God's great wrath. These awe-inspiring and chilling wonders appeared as a terrible and amazing sign for eyewitnesses and for all believers in Christ who were thrown into panic. It was to them that God now displayed what His frightening final judgment would be like, with wrathful threats.

Եւ եղեւ պատճառ բարկութեանն այսպէս. եւ արդ վասն զի ազգն Ասորւոց բազում էին ի քաղաքն Անտիոք ոսկւով եւ արծաթով, լցեալ հարստութեամբ եւ ամենայն փառաւորութեամբ, եւ մանկունք նոցա յորժամ երթային յեկեղեցին իւրեանց, տղայք հինգ հարիւր ի ջորւոջս նստեալ գային, եւ ազգն Հոռոմոց ոխացեալ էին յոյժ մեծաւ չարութեամբ: Եւ մի ոմն իշխան յԱսորւոց ազգէն ունէր կապեալս բազում. եւ յաղագս այսր պատճառանացս լինէր մեծ դատաստան առաջի պատրիարգին Հոռոմոց. եւ սիրաբար վասն դատաստանին դարձուցին զնա ի հաւատոյ իւրոյ եւ կնքեցին զնա Հոռոմ իւր կամաւորութեամբն եւ իշխանն, որ զհաւատսն եթող եւ եղեւ հակառակ մեծ ազգին Ասորւոց:

44. Եւ յայնժամ մատնեցան Ասորիքն ի մեծ նեղութիւն, վասն զի սկսան հաւատոյ քննութիւն առնել հանապազօր. եւ այնչափ լրբեալ եղէն ազգն Հոռոմոց, որ եւ զգործեալն ոչ կարացին գիտել, վասն զի քրիստոնական աւետարանն հրով այրել հրամայեաց պատրիարգն: Եւ եղեւ յորժամ ի հուրն դրին զաւետարանն Աստուծոյ, ձայն ելանէր յաւետարանէ անտի, եւ ի կրակէն ի դուրս ելանէր. եւ նոքա երկրորդ անգամ ի կրակն դնէին զաւետարանն, եւ նա դարձեալ ելանէր ի կրակէն: Իսկ նոքա կատաղեալ լրբութեամբ ձգեալ երրորդ անգամ զսուրբ աւետարանն ի կրակն, եւ նա ելեալ եղեւ անվնաս: Եւ իբրեւ կրկնեցին չորրորդ անգամ, յայնժամ ընկալաւ սուրբ աւետարանն զայրեցողութիւն կրակին ի մէջ հրոյ, եւ այրեցաւ սուրբ աւետարանն Քրիստոսի Անտուծոյ մերոյ ի քաղաքն Անտիոք ի յազգէն Հոռոմոց:

The cause of [God's] anger was as follows. The Assyrian people, who were numerous in the city of Antioch, were wealthy in gold and silver and full of grandeur. Their children, when going to their church, rode on 500 mules. The nation of Byzantines was evilly and wickedly envious. Now it came about that there was a certain prince of Assyrian nationality who had many people in bondage. For this reason, the Byzantine patriarch initiated a great legal case against him and [to elude it, that prince] willingly was converted to [the patriarch's] faith [Chalcedonianism]. They baptized him as a Roman with this prince's own consent, and he left his faith and became opposed to the great Assyrian people.

44. Then the Assyrian people were subjected to great difficulties as they were [obliged] to start constant examinations of [their] faith. The Byzantines became so insolent that they were unable to understand what they were doing. The patriarch [of the Byzantines] ordered that the Christian Gospel [in Syriac] should be burned in fire. Now when they put the Gospel of God into the fire, a sound arose from the Gospel and it was ejected from the fire. They put the Gospel into the fire a second time, and again it emerged from the flames. Enraged, they insolently put the Gospel into the fire a third time, but it emerged unharmed. When they repeated this a fourth time, then the Holy Gospel was consumed by the fire. And thus was the Gospel of Christ our God burned in the city of Antioch by the Byzantine [Chalcedonian] people.

Եւ եղեւ յորժամ դարձաւ պատրիարգն յեկեղեցին եւ ամենայն ժողովն ի յայրմանէ տեղւոյն, լցեալ էին ուրախութեամբ՝ որպէս թէ յաղթեցին չար թշնամեաց: Եւ իբրեւ մըտան յեկեղեցին ի սուրբն Պետրոս, գոչեաց առ հասարակ ամենայն եկեղեցին ահաւոր գոչմամբ եւ եղեւ շարժ սաստիկ եւ դողացոյց զամենայն քաղաքն Անտիոքացւոց: Եւ եղեւ ի միւս այլ աւուրն անկաւ հուր յերկնից ի վերայ եկեղեցւոյն սուրբ Պետրոսի, եւ որպէս զղամբար ի հիմանցն ի վերայ ամենայն եկեղեցին առ հասարակ բորբոքեալ լինէր հրով, եւ որպէս զփայտակոյտս այրեցաւ քարն, եւ բոցն բարձրացեալ ելանէր յերկինս. եւ պատառեցաւ խորանն եւ զսեղանն Խորհրդոյն տարաւ յանդունդս եւ զլուսաւոր ակն՝ զոր մեծն Կոստանդիանոս եդեալ էր ի սուրբն Պետրոս ընդ քսան բիւր ոսկւոյ, որ կայր հանապազ ի վերայ սրբոյ սեղանոյն ի լուսաւորութիւն գիշերոյն, կլաւ երկիր եւ այլ ոչ կարացին գտանել:

Եւ այլ քառասուն եկեղեցի այրեցան հրովն երկնային ընդ սուրբ Պետրոսին եւ Հայոց կամ Ասորւոց ոչ ինչ եղեւ վնաս: Եւ յորժամ այս այսպէս գործեցաւ, ահաբեկեալ եղեւ ամենայն քաղաքն Անտիոքացւոց եւ կային ահիւ եւ դողութեամբ. յայնժամ սկսան ամենեքեան աղօթս առնել ամենայն քաղաքն առ Աստուած լալով եւ բազում հառաչանօք աղաչել զԱստուած. եւ ելանէր պատրիարգն հանդերձ քահանայիւք եւ սարկաւագօքն եւ կղերիկոսօք եւ այլ բազում ժողովրդովք արանց եւ կանանց, ծերց եւ տղայոց եւ ժամօք շրջէին ի քաղաքին զարդարանօք եւ ամենայն փառաւոր սպասիւք եկեղեցականօք. եւ եղեւ յորժամ հասանէին ի Հոռոմ մատանն՝ ի տեղին, ուր փոքր կամուրջն կայ ընդ հեղեղագնացս լերինս, յանկարծակի գոչեաց ամենայն գետինն, եւ եղեւ շարժ ի միջօրէին ի վեցերորդ ժամուն.

Now it happened that when the patriarch returned to [their] church with all the crowd from the place where the burning had occurred, they were filled with joy—as though they had triumphed over a wicked enemy. As soon as they had entered the church of Saint Peter, the entire church resounded with a frightful sound, and there was a strong earthquake which caused the whole city of the Antiochians to tremble. On the next day, fire fell from the sky onto the church of Saint Peter, and the entire church from its foundations was consumed by the flames, like a lamp. The stone burned like a pile of wood and the rising flames reached up to the sky. The altar was torn apart, the table of the [divine] Mystery [of the mass] collapsed into a pit. [In addition,] the luminous gem which the great Constantine had placed there in [the church of] Saint Peter along with 200,000 pieces of gold—which always had been kept on the holy altar to illuminate the night—was swallowed by the earth, and they were unable to find it.

There were 40 other churches which were burned with heavenly fire along with the blessed Saint Peter, however, the Armenian and Syriac churches were not harmed at all. While all this was unfolding, the entire city of the Antiochians was terrified, trembling with fear. Then all of them, the whole city, began to pray to God, weeping and beseeching God with many sighs. Then the patriarch [of the Byzantines] arose with priests, deacons, and clerics, as well as many men and women, old and young, and for hours they circulated around the city with all sorts of ornaments and all the glorious Church vessels. Now when they had reached the Byzantine square, where there is a small bridge over the waters coursing down from the mountains, suddenly the whole ground shrieked and there was an earthquake, which lasted from midday until the sixth hour.

Եւ նոյն ժամայն պատառեցաւ երկիրն եւ բացեալ զբերան իւր եւ զպատրիարգն եւ զամենայն բազմութիւն քահանայից եւ զժողովրդոցն տարաւ յանդունդս աւելի քան զբիւր մի. եւ զաւուրս հնգետասան գայր ձայն աղաղակի նոցա ի խորս անդնդոց. եւ ապա անշնչացան, զի կնքեցաւ երկիրն ի վերայ նոցա, որ կան մինչեւ ցայսօր. զորս ի ձեռն բազմադիմի յանցանացն կրեցին բնակիչք քաղաքին Անտիոքացւոց ի յԱրդար Դատաւորէն Աստուծոյ:

Վասն զի չէին իսկ արժանի յիշել զգործս անօրէնութեանն նոցա, զոր գործէին եկեղեցականքն եւ ամենայն դասք հաւատացելոցն Յունաց ի քաղաքն Անտիոք. զի առաւել բարձրացաւ ծուխ անօրէն գործոցն նոցա քան զՍոդոմայ եւ զԳոմորայ, վասն որոյ եւ պատուհասն ցուցանէր զփոխարէն հատուցումն նոցա ըստ գործոցն. զի ահա անդ հուրն հասանէր ի սատակումն չարաչար գործողացն եւ աստ զնոյն չարագործսն հրով եւ պատառմամբ անդնդոց բնաջինջ սատակեաց ի մեղսասէր քաղաքն Անտիոք, որ դեռ իսկ ի նոյն բորբոքեալ կան անպատկառելի հաւատօք. զի ահա աստուածպաշտութեամբ զանհաւատիցն եւ զանօրինացն գործէին զգործսն, վասն զի բորբոքեցան ի գործս աղտեղիս, զոր եւլսողացն ծանր է առ ի լսել եւ ասողացս կարի զազրալի: Եւ գործողացն զի՞նչ ասացից, զի մինչ զկին հայելն մեզ ծանր գրեաց Փրկիչն, զարուամոլութեանն զի՞նչ ասացից. զոր եւ ինքն Տէր հատուցանէր զհատուցումն Անտիոք քաղաքին:

MATTHEW OF EDESSA'S CHRONICLE

At that hour the ground was torn asunder, it opened its mouth and carried into the abyss the patriarch and the entire multitude of priests and people—more than 10,000 of them. For 15 days, sounds of their cries came from the depths of the abyss. Finally, they suffocated, since the earth closed over them. They are there to this day. Thus, because of their many sins, residents of the city of Antioch bore [these disasters] delivered by God, the Righteous Judge.

It is not worth recalling the wicked acts of impiety which the clerics and the entire ranks of the Byzantine faithful wrought in the city of Antioch. Indeed, the smoke of their evil deeds rose higher than that of Sodom and Gomorrah, and their fate shows that they were repaid for their deeds. There [in Sodom and Gomorrah], fire fell upon [the people] and killed them because of their evil deeds, while in this case, in the sinful city of Antioch, the same malefactors were killed by fire and the opening of abysses. But the residents of this city persisted in their impious beliefs. Behold, unbelievers and impious people performed these deeds, [professing] piety. For they were inflamed with disgusting deeds, which would weary the listener and would be revolting to narrate. What shall I say about the perpetrators? If the Savior wrote that just looking at a woman was bad, what shall I say about [their] homosexuality? Thus, did the Lord himself requite the city of Antioch.

45. Յամի եւ ի թուականութեանն Հայոց ազգիս ՇԳ զարթեալ եղեւ օղն դառնաշունչ եւ մահաբեր ի վերայ աշխարհին Հայոց, վասն զի շարժեալ եղեւ յաթոռոյն իւրմէ սուլտանն Պարսից Տուղրիլ եւ գայր ահագին բազմութեամբ իբրեւ զաւազ ծովու եւ խաղացեալ անթիւ զօրօք հասանէր ի Հայաստան աշխարհն, իջեալ ի քաղաքն, որ կոչի Բերկրի, եւ պատերազմաւ առեալ զքաղաքն, մաշեաց դառնաշունչ մահուամբ: Եւ յարուցեալ որպէս զսեաւ ամպս հրացայտս եւ գայր հասանէր հանդերձ մահաբեր կարկտիւն եւ պատեալ զքաղաքն, որ կոչի Արճէշ, եւ սաստիկ պատերազմ յարուցանէր ի վերայ քաղաքին զաւուրս ութ. եւ ի բազմութենէ զօրացն ձանձրացեալ քաղաքացիքն ի դառն պատերազմէն եւ այնուհետեւ մեծաւ աղաչանօք գային ի հնազանդութիւն ի ձեռն բազում ընծայիւք ոսկւոյ եւ արծաթոյ, ձիոց եւ ջորւոց. եւ սիրոյ սկիզբն արարին մեծաւ պաղատանօք եւ ասացին. «Ո՛վ աշխարհակալ սուլտան, երթ եւ ա՛ռ զքաղաքն Մանծկերտ, եւ յայնժամ մեք եւ ամենայն աշխարհն Հայոց քեզ լիցուք ի ծառայութիւն»:

Եւ լուեալ զայս Տուղրիլ սուլտանն, եւ հաճոյ թուեցաւ նմա ամենայն բանքս այս. եւ յարուցեալ բազմութեամբ զօրօք իւրովք հասանէր ի քաղաքն Մանծկերտ, եւ էր որպէս զօձ լցեալ ամենայն չարութեամբ: Յայնժամ բանակ հարկանէր եւ պատէր շուրջ զքաղաքաւն, եւ իջանէր ի տեղին, որ Քարգլուխ կոչի, եւ անդ օթեվանս արարեալ: Իսկ յորժամ բաժանէր առաւօտն, հրամայէր հարկանել զպատերազմողական փողն եւ ահա անդ էր տեսանել զահաւոր օրն եւ զդառնութիւն ի վերայ քրիստոնէիցն, յորժամ պատեաց զքաղաքն Մանծկերտ. զի յորժամ ձայնքն եւ հնչիւնքն պատերազմողականացն փողոցն հարկանէր եւ առ հասարակ ձայնք գոչմանց զօրաց պատերազմականացն զպարիսպն առ հասարակ դողացուցանէր:

45. In the year 503 of the Armenian Era [A.D. 1054-1055] a bitter and deadly wind came over the land of the Armenians, for the sultan of the Persians, Tughril, stirred from his throne and came and reached the land of the Armenians with a multitude of troops as vast as the sands of the sea. He descended on the city named Berkri and took it in battle, bringing bitter death [to the inhabitants]. Then, arising like a fiery black cloud with its deadly hail, he came and surrounded the city called Archesh. He waged a fierce battle against the city for eight days. The residents, wearied by the bitter warfare from such a multitude of troops then came forth in submission with great entreaties, bringing along many gifts of gold and silver, and horses and mules. With great entreaties they began to be friendly, saying: "O, world-ruling sultan, go and take the city of Manzikert. Then we, and the entire land of the Armenians will submit to you."

When Sultan Tughril heard all these words, they pleased him. He arose with his multitude of troops and reached the city of Manzikert. [He was] like a snake, filled with all kinds of evil. He encamped, surrounding the city, and [himself] spent the night at a place called K'arglux. When day dawned, [the sultan] ordered that war trumpets should be sounded. Behold, there one could see a frightful and bitter day for Christians, when [the Saljuqs] invested the city of Manzikert. For when the noise and sounds of the combatants' trumpets were heard along with the sounds of the fighters' troops, the wall began to shake.

Իսկ այժմ վասն քրիստոնէից քաղաքին զի՞նչ ասացից, որք արիաբար նահատակեալք միաբան ամենայն բազմութիւնք քաղաքին, որք կային ընդդէմ անվճարելի պատերազմացն: Եւ էր զօրապետ քաղաքին իշխանն Հոռոմց Վասիլն՝ որդի Ապուքապայ, այր բարի եւ աստուածապաշտ: Սա զօրացուցանէր զամենայն քաղաքն՝ զարս եւ զկանայս քաջասիրտս, եւ խոստանայր ի թագաւորէն ամենեցուն փառս եւ իշխանութիւնս եւ զտիւ եւ զգիշեր ոչ դադարէր ի քաջալերել եւ ի յորդորել զամենայն քաղաքն:

Իսկ զօրք այլազգեացն ոչ դադարէին ի պատերազմելոյ զբազում աւուրս. եւ արարին գետնափոր ի ներքոյ գետնոյ, վասն զի այնիւ առցեն զքաղաքն. եւ իմացեալ զօրքն քաղաքին փորեցին հանդէպ նոցա եւ կալան զամենայն փորողսն, կալան եւ զաներն սուլտանին, որոյ անուն Ոսկեծամ ասէին, եւ հանեալ ի վերայ պարսպին եւ սպանին զնոսա. եւ տեսեալ սուլտանն՝ յոյժ վիրաւորեալ լինէր եւ յայնժամ առաքեաց ի Բաղէշ եւ ետ բերել զբաբանն, զոր Վասիլ թագաւորն արարեալ էր յաղագս Հերայ հնգետասան ատիլի, ահաւոր եւ զարմանալի: Եւ յորժամ կանգնեցաւ անօրէն բաբանն, սոսկաց ամենայն քաղաքն. եւ զառաջին որ եհար՝ երեք այր պահ եւ զկրծապահն ի քաղաքն ձգեաց. եւ յայնժամ երէց մի յայտնեալ ի քաղաքն եւ ի շտապոյ դրեալ մեքենայ մի ընդդէմ նորա եւ յառաջին քարէն հարկանէր զբաբանն եւ բեկանէր զխոզակն.

Now what shall I say about the city's Christians? The entire multitude of the city fought bravely, united, like martyrs in the endless battles. The military commander of the city was the Byzantine prince Basil, son of Apukap, a good and pious man. He strengthened the entire city and the brave men and women, and promised all kinds of glory and authority from the emperor. Day and night, he did not stop encouraging and supporting the entire city.

Now the troops of the foreigners did not stop fighting for many days, and they also dug a tunnel so that they might take the city that way. When the troops of the city learned about this, they also dug opposite them and seized all the [enemy] diggers, among them the sultan's father- in-law, who was called *Osketsam.*[1] They put [the captives] on the wall and killed them. Seeing this, the sultan was deeply wounded. Then he sent to Baghesh and had the catapult brought to him. [The catapult, which] had been built by Emperor Basil for [the defense of] Her, [weighed] some 15 *atik*s, and was an astonishing and frightful thing. When the impious catapult was set up, the whole city trembled. The first [people] hit by it were three guards and another sentry, who were hurled into the city. Then a priest appeared in the city and quickly made a machine to counter the other one. The very first stone that was hurled struck the catapult and broke its tie beams.

1 *Osketsam:* "Golden-haired".

Եւ զօրացաւ քաղաքն, վասն զի ահիւ պաշարեցան: Եւ յետ աւուրց ամրացուցին այլազգիքն զբաբանն եւ կազմեցին յամենայն կողմանց անմերձենալի, սկսան հարկանել զպարիսպ քաղաքին մեծամեծ քարամբք. եւ յայնժամ ահաբեկեալ երերալով դողայր ամենայն քաղաքն: Յայնժամ Վասիլն ձայն տուեալ առ ամենայն քաղաքն եւ ասէր. «Ով որ կարասցէ ելանել եւ հրով այրել զբաբանն զայն, առցէ յինէն տուրս բազում ոսկւոյ եւ արծաթոյ եւ ձիս եւ ջորիս եւ ի թագաւորէն փառս եւ իշխանութիւնս. եւ եթէ մեռցի յանօրինաց եւ իցեն նորա ազգական կամ որդի, նորա եղիցի այն ամենայն»: Եւ յայնժամ յառաջ եկեալ Փռանգ մի եւ ասէ. «Ես ելից եւ այրեցից զբաբանն զայն, եւ ահա այսօր հեղցի արիւն իմ ի վերայ ամենայն քրիստոնէից, վասն զի ես միայն եմ, ոչ ունիմ կին կամ որդիք, որ լան զիս»: Եւ խնդրեաց զօրաւոր եւ քաջ ձի եւ զգեցեալ զրահս եւ եղեալ սաղաւարտ ի գլուխն եւ առեալ թուղթ կապեաց ի ծայր ռմբին եւ երեք շիշ նաւթ դրեալ ի ծոց իւր՝ եւ թղթաւորի պատճառանօք յառաջ ելեալ, եւ առեալ աղօթս յամենայն քրիստոնէից եւ զԱստուած օգնական կալեալ գնայր դիմօք ի զօրսն այլազգեաց. եւ զօրք անօրինացն տեսանէին զթուղթն եւ համարեցան զնա թղթաւոր եւ ոչ ինչ խօսեցան:

MATTHEW OF EDESSA'S CHRONICLE

And then the city gained strength, for it had been beset by fear. Now after some days, the foreigners strengthened their catapult and attempted to make it inaccessible on all sides. Then they began striking the wall with very large rocks, and the entire city trembled and shook with fear. Then Basil called upon the whole city, saying: "Whoever is able to go and burn down that catapult shall receive from me gifts of much gold, silver, horses, and mules, and shall receive glory and authority from the emperor. Should he be killed by the impious ones, his family or son shall receive all of it." Then a Frank came forth and said: "I will go and set fire to that catapult, and today I will shed my blood for all Christians. For I am alone, having neither wife nor children who would mourn for me." He asked for a strong and valiant horse, donned his coat of mail, and put his helmet on his head. Then he took a letter and tied it to the end of his lance and concealed three bottles of oil in his breast and came forth in the guise of a messenger delivering a letter. Receiving the prayers of all the Christians and the aid of God, he went forth toward the troops of the foreigners. When the troops of the impious ones saw that letter, they considered him to be a courier and said nothing about it.

Եւ էր ժամ օր հասարակ եւ տօթ կարի յոյժ. եւ այր իւրաքանչիւր ննջէր ի վրանս իւր. եւ եկեալ Փռանգն առաջի բաբանին՝ զտեղի առեալ եւ ոչ գնայր. եւ կարծէին ընդ մեծութիւն բաբանին կայ եւ հիանայ՝ եւ ի նոյն ժամայն հանեալ զմէկ շիշն եւ հարկանէր զբաբանն. եւ որպէս զարծիւ շուռ առեալ զբաբանովն նա հարկանէր զմիւս այլ շիշն. եւ դարձեալ շուրջ եկեալ եւ զերրորդ շիշն զարկանէր զբաբանն. եւ ահաւոր բորբոքեցաւ հրով, եւ Փռանգն դարձաւ ի փախուստ:

46. Եւ զոր ինչ արար՝ տեսին ամենայն բազմութիւն բանակին այլազգեացն եւ յարձակեցան զհետ, եւ Փռանգն անվնաս հասանէր ի քաղաքն. Եւ բաբանն սաստկապէս այրեցեալ եղեւ. եւ էր ուրախութիւն մեծ ամենայն հաւատացելոցն, եւ Փռանգն փառաւորեցաւ տրօք ամենայն քաղաքացեացն: Եւ լուաւ թագաւորն Մոնոմախ, տարաւ զնա առ իւր եւ տայր նմա իշխանութիւնս: Իսկ սուլտանն հիացաւ յոյժ ընդ գործ Փռանգին եւ խնդրեաց ի Վասլէն, զի տեսանիցէ զնա, որ արար զայնպիսի քաջութիւնն, զի տացէ նմա պարգեւս. զոր ոչ էառ յանձն գնալ Փռանգն: Եւ սուլտանն զայրացաւ յոյժ եւ դարձեալ փորելոյն սկիզբն արար, վասն զի ի վայր կործանեսցէ զպարիսպն. եւ քաղաքացիքն քաջացան ընդդէմ՝ եւ առ յոչինչ համարէին զամենայն մեքենայս նորա. եւ արարեալ երկաթի ճանկ եւ զամենայն փորողսն արտաքս հանեալ սատակէին: Եւ տեսեալ սուլտանն՝ լռեալ դադարեաց եւ կայր մեծաւ ամօթով:

It was midday and extremely hot, and everyone was asleep in their tents. The Frank came before the catapult and halted, while [the Saljuqs] thought that he had stopped and was amazed by the size of the catapult. At the same moment, he removed one bottle and threw it at the catapult. Then, like an eagle, he [quickly] circled around the catapult and threw another bottle at it. Then he came around and hurled the third bottle at the catapult, which blazed with an awesome fire. Then the Frank turned and fled.

46. What he had done was seen by the entire multitude of the troops of the foreigners, and they pursued him. The Frank reached the city unharmed, while the catapult burned furiously. There was great joy among all the faithful and the Frank was glorified with gifts from all the citizens. Emperor Monomachus heard about this and had that man brought before him, where he was given authority. Meanwhile, the sultan was flabbergasted by the Frank's deed and requested him from Basil, to see the man who had displayed such bravery, in order to give him gifts. However, the Frank did not agree to go. The sultan became enraged and started digging again to make the wall collapse. But the city's residents now had taken heart against him, and regarded all his machines as nothing. They made iron hooks and, with them, pulled out all the sappers and killed them. When the sultan saw this, he grew silent and stopped [that operation] and was greatly shamed.

Յայնժամ առեալ քաղաքացիքն խոզ մի եւ եդին ի բաբանն եւ ձգեցին զնա ի բանակն սուլտանին. եւ ձայնեալ ամենայն քաղաքն զհետ աւէին՝ թէ «Ա՛ռ սուլտան, զայդ քեզ կին արա, եւ մենք տամք զՄանծկերտ քեզ պռոյգ»: Եւ լուեալ սուլտանն՝ ի բարկութիւն շարժեալ եւ զբերողսն գլխատեաց, որ զինքն ի Մանծկերտ բերին, եւ ինքն մեծաւ ամօթով գրնայր յաշխարհն Պարսից. եւ ողորմութեամբն Աստուծոյ փրկեցաւ քաղաքն Մանծկերտ յերեսաց ազգէն Թուրքաց պղծոց:

Դարձեալ ի թուականութեանս Հայոց ամի ՇԴ մեռանէր թագաւորն Հոռոմոց Մոնոմախն. սա կացեալ յաթոռ թագաւորութեանն Հոռոմոց զամս չորեքտասան. եւ թագաւորեաց փոխանակ նորա քենի նորա Կիւրա-Թօտոռն, այն որ անուանեցաւ Ելեխտօռ, եւ էր քոյր Կիւռա-Զոյէ, սրբասէր եւ կոյս եւ յոյժ առաքինի. եւ հրամայեաց ամենայն արարածոց խաղաղութիւն առնել եւ այրեաց եւ գերեաց. եւ արար դարձ ամենայն զրկելոց եւ իրաւունս եւ զամենայն բանդարգեալս հրամայեաց ազատել. եւ սա եհան ի բանտէն զիշխանսն Հայոց զորդիսն Հաբելի՝ զՀարպկանն եղբարսն, եհան ի կղզւոյն եւ մեծաւ փառաւորութեամբ արձակեաց զնոսա ի հայրենի աշխարհն իւրեանց ի բերդն Արկնի. եւ պատուիրեաց այլ մի եւս մեղանչել: Եւ յայնմ ամի փոխեն զՊեռոս կատապանն. եւ փոխանակ նորա գայր Մելիսանոսն՝ այր բարի եւ անուանի, եւ էր ողորմած այրեաց եւ գերեաց, շինող աշխարհի եւ ամենայն փառաւորութեամբ զարդարեալ: Եւ կացեալ յաթոռ թագաւորութեանն Կիւրա-Թօտոռն զամս երկու եւ ամիսս երեք եւ փոխեցաւ առ Քրիստոս բարի խոստովանութեամբ. եւ նստաւ յաթոռ թագաւորութեանն Միխայլ ալեւորն զամիսս եւթն:

The citizens then took a pig, placed it on the catapult, and hurled it into the sultan's camp. Meanwhile, the entire city was shouting: "Take this, sultan, for your wife, and we shall give you Manzikert for a dowry." When the sultan heard this, he was infuriated and beheaded those people who had brought him to Manzikert. Then he returned to the land of the Persians, in great shame. By the mercy of God, the city of Manzikert was saved from the hands of the abominable nation of Turks.

Also, in the year 504 of the Armenian Era [A.D. 1055], Monomachus, emperor of the Byzantines, died. He had occupied the throne of the Byzantine realm for 14 years. His wife's sister, Kyra Theodora, ruled in his place. She had the nickname Elexto'r',[2] and was the sister of Kyra Zoe, and was a blessed virgin and very virtuous. She ordered everyone to behave peaceably, [especially toward] widows and captives, and she restored [the property and] rights of all who had been deprived, and commanded that all those jailed should be freed. It was she who removed from prison the Armenian princes, the sons of Abel, Harpik's brothers. She removed them from the island and, with great glory, released them to return to their patrimonial land, to the fortress of Arkina, ordering them not to do anything blameworthy again. In the same year they replaced the *catapan* Per'os with Melisanos, a good man and someone who was renowned. He was merciful toward widows and captives, and a builder of the land who also was adorned with all that is glorious. Kyra Theodora[3] occupied the throne of the realm for two years and three months, and then passed to Christ with a good confession. Then the elderly Michael[4] sat on the throne of the realm for seven months.

---

2 Greek, "Merciful".
3 Theodora Porphyrogenita, 1055-1056.
4 Michael VI Stratioticus, 1056-1057.

Եւ յաւուրս յայսոսիկ ելանէր իշխան ոմն ի տանէն Հոռոմոց եւ անուն նորա Կոմանոս. սա յարուցեալ ահագին բազմութեամբ եւ գայր ի վերայ Կոստանդնուպօլսի եւ բանակ հարկանէր յեզր ծովուն Ովկիանոսի յայսկոյս եւ մեծաւ բռնութեամբ խնդրէր զաթոռ թագաւորութեանն Հոռոմոց, այս եղեւ ի թուականութեանս Հայոց ՇԵ: Յայնժամ թագաւորն Միխայլ արար ժողով զամենայն աշխարհն աքեւմտից եւ զամենայն բազմութիւնն զօրաց իւրոց անցուցանէր ընդ Ովկիանոս ի Խռոսպօլիս եւ գային ի վերայ Կոմանոսին. եւ յայնմ աւուր խմբեցաւ պատերազմ մեծ եւ ահաւոր ի վերայ քրիստոնէիցն, վասն զի բախէին զմիմեանս ուժգին կոտորածով, եւ հեղոյր արիւն բազում հաւատացելոցն ի վերայ երկրի: Եւ յայնժամ Կոմանոսն որպէս զառիւծ գոչեաց մեծաւ զայրացմամբ եւ հասեալ բեկանէր զարս թագաւորին Հոռոմոց եւ առ հասարակ սրով ի փախուստ դարձուցանէր զնոսա. եւ անողորմ ի սուր սուսերի կոտորեաց զամենայն զօրսն Հոռոմոց, եւ փակեցին զնոսա առ հասարակ յեզր Ովկիանոսի մեծի ծովուն. եւ որպէս զմառախ ի հողմոյ թմբրեալ, այնպէս թմբրեալ լինէին զօրքն Հոռոմոց ի սաստիկ պատերազմէն եւ ի յՈվկիանոս լցեալ մեռանէին. եւ բազումք այն էին, որ դառն սրով ընկալան զմահ: Եւ յաւուր յայնմիկ մեռան ի զօրացն Հոռոմոց արք պատերազմողք հարիւր եւ հնգետասան հազար. եւ զամենայն իշխանսն առ հասարակ եւ կալաւ զթագաւորութիւնն:

MATTHEW OF EDESSA'S CHRONICLE

In his day there arose a certain prince from the House of the Byzantines whose name was Comnenus. With an enormous multitude he arose and came against Constantinople. He pitched camp by the banks of the Ocean Sea [the Mediterranean] on this [Asiatic] side and, with great violence, sought the throne of the Byzantine empire. This transpired in 505 of the Armenian Era [A.D. 1056-1057]. Then Emperor Michael massed troops from all the lands of the West and transported the entire multitude of his troops across the Ocean to Chrysopolis, to go against Comnenus. On that day there occurred a great and frightful battle affecting Christians, since both sides struck each other, causing heavy casualties and the blood of many of the faithful was spilled on the ground. Then Comnenus roared like a lion in great rage and advanced, breaking [the resistance] of the men [fighting for] the Byzantine empire and, by the sword, generally putting all of them to flight. [Comnenus] mercilessly killed all the Byzantine troops with the sword, trapping [the survivors] by the shores of the great Ocean Sea. Like locusts carried by the wind, the Byzantine troops became numb from the fierce warfare, piled into the sea, and perished. There were also many who died by the bitter sword. On that day some 115,000 warring men of the Byzantine troops died. [Comnenus] generally took captive all the princes and seized control of the kingdom.

47. Յայնժամ իշխանքն, որ ի պաղատն էին, իբրեւ տեսին զամենայն կատարած բարկութեանս եւ զայնչափ արեանցն հեղմունսն, խորհեցան տալ զաթոռ թագաւորութեանն ի Կոմանոսն, եւ վասն զի մեծ սուգ էած առ հասարակ ազգին Յունաց. եւ յայնժամ ելեալ պատրիարգն եւ ամենայն իշխանքն Կոստանդնուպօլսի առ Կոմանոսն եւ արարին ընդ նմա բազում երդմունս եւ տարան նստուցին զնա յաթոռ թագաւորութեանն Հոռոմոց. եւ ապա եղեւ խաղաղութիւն աշխարհին Յունաց: Բայց աւերումն եւ յափշտակութիւն բազում եղեւ յերկիր յայնմ ամին, զի Կոմանոսին դեհն եւ Միխայլին զմիմեանս աւերէին. եւ այսպէս բազում աւեր գործեցաւ՝ մինչեւ հաստատեցաւ աթոռ թագաւորութեանն ի Կոմանոսն.

Եւ յայնժամ հանեալ հրովարտակ ընդ ամենայն երկիր եւ արար խաղաղութիւն աշխարհի: Իսկ Կոմանոսն առաւել մեծարեաց զայնոսիկ, որք միամիտ կացին ի վերայ Միխայլին, քան զայն, որ յիւր վերայ նահատակեցան: Եւ եղեւ յառաջ քան զայս գային իշխանքն Հոռոմոց յօգնութիւն Միխայլին՝ Պիզշօնիտն եւ Լիպարիտն. եւ յորժամ հասան ի Ճերճերի, լուան եթէ Կոմանոսն թագաւորեաց, ի գիշերին փախեան առ հասարակ եւ ասէին ցմիմեանս, եթէ՝ «Խալատ ի Ճերճերոյ դառնայ»: Եւ յետ աւուրց ինչ գնային առ թագաւորն. եւ առաւել մեծարեաց զնոսա: Եւ հրամայեաց թագաւորն Կոմանոս դեկան զարկանել յիւր անուն եւ զթուրն հանել ի վերայ ուսոց իւրոց, եթէ՝ «Թրով առի զաթոռ թագաւորութեանս». ընդ որում ոչ հաճեցաւ ընդ բանս այս, նաեւ այլ եւս պէսպէս գործ նենգութեան գործեաց Կոմանոսն ընդ քրիստոնեայսն:

47. Now when the princes at the palace saw all the destruction of anger and the shedding of so much blood, they thought to give the throne of the realm to Comnenus, who had plunged the entire nation of the Byzantines into mourning. Then the patriarch and all the princes of Constantinople arose and went to Comnenus, offered many pledges to him, and took and seated him on the throne of the Byzantine empire. Then there was peace in the land of the Byzantines. However, in that year the country experienced much destruction and ravaging, since the partisans of Comnenus and those of Michael engaged in ruining each other, and great devastation was wrought until Comnenus was established on the imperial throne.

Then he issued a decree throughout the entire country and brought peace to the land. Comnenus honored more those who had loyally remained with Michael than those who had been martyred fighting for himself. Prior to this, [two] princes of the Byzantines, Pizsho'nit and Liparit, were coming to the aid of Michael. Now when they reached [the town of] Gergetha and heard that Comnenus had been enthroned, they all fled in the night, saying to one another: "We found our error at Gergetha." After some days they went to the emperor and he exalted them even more. Emperor Comnenus commanded that coins be minted with his name on them and [with an image of] a sword raised above his shoulders and with this caption: "I took the throne of the empire by the sword." [People] were displeased by these words and by a variety of treacherous deeds that Comnenus wrought against Christians.

Եւ յետ աւուրց ինչ զօրաժողով արարեալ ահագին բազմութեամբ եւ կամեցաւ յարուցանել պատերազմ ընդ ազգն Պածինկացն. եւ երթեալ անցանէր ընդ մեծ գետն Տօնաւիս եւ գնայր խաղայր առ յապականել զամենայն արեւմուտք. եւ ուր հասանէր՝ որպէս զչար գազան մռմռայր ի չարութենէ սրտին իւրոյ, եւ ընդ որ անցանէր՝ բազում արիւն տայր հեղուլ. եւ եղեւ կոծ մեծ յամենայն արեւմուտ, եւս առաւել ի յաշխարհն Բուլղարաց: Եւ էր յաւուրսն ամառնային, եւ հասանէր աստուածասաստ բարկութիւնն ի վերայ զօրացն Կոմանոսին, զոր ոչ բաւէ բերան զմեծ կատարածս արկանել ընդ գրով, զոր ըստ արժանեացն ընկալան: Եւ զի ահա ելանէր ամպ յարեւմտից եւ գայր ի վերայ բանակին Կոմանոսին, եւ էր ամպն սեաւ եւ ահաւոր տեսլեամբ, որ ոչ ոք համարձակէր հայել ի նա. եւ եղեն ճայթմունք եւ որոտմունք, եւ հրացայտ փայլատակմունս յարուցանէր. եւ յայնժամ սկսաւ ի կարկուտս մեծամեծս եւ բախեալ հարկանէր զբանակն եւ սաստկապէս դիպէր ամենայն զօրացն. յայնժամ նոքա մի փախեան եւ զելս իրացն ոչ գտանէին: Եւ տեսեալ թագաւորն՝ լցաւ բարկութեամբ եւ յոչ կամաց դարձաւ որպէս զփախստական, եւ ամենայն զօրքն առ հասարակ ցրուեալք լինէին ընդ լերինս եւ ընդ դաշտս. եւ անդ էր տեսանել զմեծ կատարածն, զոր կրեցին ի բազում հարուածոցն. եւ անթիւք կորեան, հայր յորդւոյ եւ որդի ի հօրէ, եղբայր յեղբօրէ, եւ թագաւորն երեք արամբք կորուսեալ եղեւ մինչեւ ի Տօնաւիս գետն, ապա եղեւ գտեալ: Եւ յորժամ հանդէս արար զօրաց իւրոց, մեծ մասն զօրացն կոտորեալ էին յերկնից բարկութենէն: Իսկ յաղագս ձիոց եւ ջորւոց, ոսկւոյ եւ արծաթոյ եւ այլ կարասեացն աւելորդ է ասել, եւ կամ զամենայն սարք պատերազմի:

After some days [Comnenus] massed a frightful multitude and wanted to stir up war with the nation of Pechenegs. He went and crossed the great Danube River, advancing and intending to pollute the entire West. Wherever he reached, he growled like an evil beast, from the wickedness in his own heart. And wherever he passed through, he caused much blood to be shed. There was a great mourning throughout the West and especially in the land of the Bulghars. Now it was summertime and divine wrath—which was deserved—came upon the troops of Comnenus [in a manner] which is difficult to put into writing properly. For behold, a cloud arose from the West and came against Comnenus' army. The cloud was black and of frightening appearance, [to the point] that no one dared to look at it. There were [the sounds of] explosions and thunder and flashes of lightening appeared and then enormous pieces of hail started to fall and violently hit and kill the camp and all the troops. One by one, all the soldiers fled, not being able to find a way out. When the emperor saw this he was filled with rage and, against his will, turned to flight like a fugitive. All the troops were completely scattered throughout the mountains and plains. There one could see the great disaster they had sustained from the many blows they had received. Countless folk were lost: fathers lost sons; sons lost fathers; brothers lost brothers. The emperor himself lost his way with three men, until he reached the Danube River and was found. When he reviewed his troops, most of them had been killed by anger from On High. It is superfluous to mention [the loss of] horses and mules, gold and silver, baggage and all the war materiel.

Եւ այնուհետեւ գիտացեալ Կոմանոսն, եթէ այս ամենայն աստուածուստ բարկութիւնս վասն իմոյ յանցանացն եհաս ի վերայ քրիստոնէից, զի մեղօք իմովք բարկացուցի զԱստուած, եւ եկեալ ի Կոստանդնուպօլիս եւ անկեալ առաջի Աստուծոյ՝ խնդրէր զթողութիւն մեղաց իւրոց, զոր արար. եւ այնուհետեւ խնդրէր ելանել յաթոռոյ թագաւորութենէն եւ մտանիլ ի կարգս ապաշխարութեան պահօք եւ արտասուօք:

48. Եւ եղեւ ի թուականութեանն Հայոց ՇԵ թագաւորեցոյց Կոմանոսն զՏուկիծն, զի յաղագս այնր գործոյն, զոր յառաջն ճառեցաք, գիտացեալ թէ ոչ հաճեցաւ Աստուած ընդ թագաւորութիւնս նորա՝ վասն անմեղ արեանցն, զոր եհեղ յազգէ հաւատացելոցն. եւ եղեւ, զի մէկ կողմն անձինն թուլացաւ. եւ յորժամ ետես զաստուածաստ բարկութիւնն ի վերայ անձին իւրոյ, կամեցաւ զգենուլ զգեստ կրօնաւորութեան եւ միաւորիլ ի վանք կրօնաւորութեան: Եւ յայնժամ առաքեաց ի կողմն Տաճկաց ի քաղաքն յՈւռհա եւ բերեալ զտուկ քաղաքին Ուռհայոյ, որում անուն էր Տուկիծ, վասն զի ի մեծամեծաց ազգէ էր, եւ առեալ զթագն դնէր ի գլուխ Տուկծին եւ երկրպագէր նմա, եւ նստոյց զնա յաթոռ թագաւորութեանն եւ ինքն գնացեալ յանապատ եւ եղեւ վանական: Եւ Տուկիծն բռնակալեալ ի վերայ թագաւորութեանն Յունաց եւ զամենայն անհաւատս ածէր ի հաւանութիւնս. եւ եղեւ ուրախութիւն ի վերայ ամենայն տանն Յունաց վասն Տուկծին:

Following this, Comnenus realized that all this divine anger was punishment for his own sins, taken out upon the Christians, since he had angered God through his sins. When he reached Constantinople he fell [on his knees] before God begging forgiveness for the sins he had committed. After this he sought to leave the throne of the realm and enter the life of a penitent, with fasts and tears.

48. In 507 of the Armenian Era [A.D. 1058-1059], Comnenus enthroned Ducas [in his place], for he knew that because of his own deeds, which we have described earlier, God was displeased with his reign because of the innocent blood of the faithful which he had shed. Then it happened that one side of his body became paralyzed. When [Comnenus] saw the divine wrath so visited upon himself, he wanted to don the clothing of a cleric and to become a monk in a monastery. Then he sent to the *Tachik* area, to the city of Edessa, and had brought to him the duke of the city of Edessa, whose name was Ducas, since he was of a grandee line. Taking the crown, [Comnenus] placed it on Ducas'[5] head, prostrated himself before him, and seated him on the throne of the realm. He himself went to a retreat and became a monastic. Ducas tyrannized over the empire of the Byzantines and led all those who were unfaithful [to him] into acceptance. Consequently, because of Ducas, there was joy throughout the entire House of the Byzantines.

---

5 Constantine X Ducas, 1059-1067.

Յայսմ ամի մեռանէր ամենագովելին Տէր Պետրոս կաթուղիկոսն Հայոց, որ գլուխ էր մարմնոյ Հայաստանեայց եւ պարիսպ սրբոյ եկեղեցւոյ։ Սա կացեալ յաթոռ հայրապետութեան զամս քառասուն եւ երկու եւ յաւելաւ առ հարս իւր. եւ ձեռնադրեաց յաթոռ հայրապետութեանն իւրոյ զեբանելին զՏէր Խաչիկ, որ էր քուրորդի իւր, լցեալ ամենայն սրբասնունդ առաքինութեամբ եւ բարեհամբաւ անուամբ, զարդարեալ շնորհօք առաքելականօք եւ մարգարէականօք։ Եւ թաղեցին զՏէր Պետրոսն ի քաղաքն, որ կոչի Սեբաստիա, ի վանք սրբոյ Նշանին, հանդերձ բազմութեամբ։

Ի նոյն թուականութեանս Հայոց երկրորդեալ յարձակեցան ազգն անօրինաց ի վերայ հաւատացելոցն Քրիստոսի. եւ ահա ելեալ գայր ի Պարսից նահանգէն ամիրայ ոմն մեծ եւ հզօր՝ Դինար անուն, եւ զօրօք բազմօք գայր անկասկած դառնաշունչ բռնութեամբ եւ նենգաւոր սրտիւ ծածկեալ զչարութիւն իւր։ Եւ անցանէր անվնաս ի բազում տեղեաց եւ խաղայր գնայր եւ հասանէր մինչեւ ի հռչակաւոր քաղաքն եւ յանուանին, որ կոչի Մելտենի, վասն ի բազում ժամանակաց մատնած էր քաղաքն Պարսից՝ թէ անչափ է հարստութիւն ոսկւոյ եւ արծաթոյ՝ ականց եւ մարգարտաց եւ դիպակաց։ Եւ էր քաղաքն անպարիսպ. եւ յորժամ գայր յառաջ զՀասաւն էառ եւ առ հասարակ կոտորեաց սրով։ Եւ գայր անցանէր ի Մելտենի. եւ եղեւ առաջնորդ զօրացն անօրինաց որդին Լիպարտին միաբանեալ ընդ նոսա. Եւ էր յաւուրսն ձմերայնոյ՝ ի մուտսն յիսնակին, յորժամ պատեաց զքաղաքն Մելտենի. եւ վասն հռչակաւոր անուանն, որ ընդ ամենայն աշխարհն Պարսից տարածեցաւ անուն գեղեցկութեան նորա. յայնժամ որպէս սեաւ ամպ շրջանակաւ պատեաց զամենայն քաղաքն առ հասարակ.

In this year the most praiseworthy *Catholicos* of the Armenians, Lord Petros[6], died. He was the head on the body of the Armenians and the [protecting] wall of the blessed Church. He occupied the throne of the patriarchate for 42 years, and then was gathered to his fathers. They ordained to the throne of the patriarchate the blessed Lord Xach'ik,[7] who was [Petros'] sister's son. He was a man filled with every pious virtue and someone with a reputation for goodness, adorned with the grace of apostles or prophets. They buried Lord Petros in the city named Sebastia, in the monastery of the Holy Cross, [a funeral attended by] a multitude [of mourners].

In the same year, the nation of infidels repeated their attacks on the Christian faithful. A certain great and powerful emir, named Dinar, arrived from the state of Persia. Accompanied by many troops and bitter violence and a treacherous heart, he arrived unexpectedly, concealing his evil. He crossed over many places unharmed and arrived at the renowned city called Melitene. This was because for a long time it had been known to the Persians that its wealth was unlimited when it came to gold, silver, precious stones, pearls, and brocades. Moreover, the city lacked a wall. En route, Dinar had captured Hasawn and put everyone to the sword. Then he advanced to Melitene. The leader of the infidels' troops was the son of Liparit, who had united with them. It was wintertime and the beginning of Lent when [Dinar] surrounded the city of Melitene, because of its renown and its reputation for beauty, which had spread throughout the entire land of the Persians. Like a black cloud he surrounded the whole city.

---

6 Petros I Getadardz, 1019-1058.
7 Xach'ik II Anets'i, 1058-1065.

Եւ տեսեալ քաղաքացեացն զահաւոր բարկութիւնն՝ միաբան ի փախուստ դարձան արք եւ կանայք, ծերք եւ տըղայք. եւ տեղի փախստեան ոչ գոյր։ Յայնժամ հատաւ սէր բարեկամաց եւ յոյս կենաց յամենայն մտաց. ի դառնաշունչ բարկութեանցն մոռանայր հայր զորդի եւ որդին՝ զհայր. մայր՝ զդուստր եւ դուստր զմայր իւր լայր, եղբայր առ եղբայր՝ եւ սիրելիք առ սիրելիս։ Եւ յայնժամ լայնատարած դաշտք քաղաքին առ հասարակ ի փախուստ ելեալ, բազմութիւնքն գային ի մէջ թշնամեացն. եւ տեսեալ անօրինացն, սակաւ մի զտեղի առին եւ հիանային ընդ բազմամբոխութիւն քաղաքին, զի էին որպէս զաւազ ծովու անթիւ բազմութեամբ. եւ ոչ համարձակէին այլազգիքն՝ մինչեւ փախեան քաղաքացիքն։

Յայնժամ յարձակեցան սրով ի վերայ, եւ ամենայն սուրք նոցա առ հասարակ ի գործ արեան սկսեալ մխեցան. եւ առ սակաւ ժամ մի լցաւ արեամբ ամենայն քաղաքն. եւ ծփայր ծայրէ ի ծայր արեամբ քաղաքն Մելտենի, եւ ոչ ոք էր որ ողորմէր ծերոց եւ կամ տղայոց։ Եւ անդ էր տեսանել մարմինքն փառաւորք եւ պատուականք, որք անկեալք եւ թաւալեալք կային ի մէջ արեանցն, եւ տղայքն ի գիրկս մարցն մասն առ մասն հարեալ լինէին, եւ արիւնն եւ կաթն ընդ միմեանս միաւորեալ խառնեցան։ Եւ ո՞վ կարէ ի գիր արկանել զաստուածասաստ բարկութիւնն, զոր յաւուր յայնմիկ կրեաց քաղաքն Մելտենի, վասն զի փոխանակ քաղցր ցօղոյն՝ արիւն ծածկեալ ունէր զամենայն բոյսս դալարոյ անդաստանացն։ Եւ յետ այսչափ կատարածի արեանցն եւ գերութեանց, զորս վարէր առաջի իւր ի գերութիւն, կանայս պատուականս եւ գեղեցիկս եւ մանկունս եւ աղջկունս վայելուչս եւ անհամար գանձս ոսկւոյ եւ արծաթոյ անթիւ. եւ յարուցեալ խաղայր ուրախութեամբ եւ գայր յաշխարհն Պարսից եւ անցեալ զԵփրատ գետն՝ արար ձըմերոց ի Յանձիթ։ Եւ յայնժամ զօրքն Հոռոմց յարձակեցան զհետ Թուրքին, եւ ի հասանելն նոցա՝ ոչ համարձակեցան պատերազմել ընդ նոսա, այլ դարձան խաղաղութեամբ ի Հոռոմս։

When the residents saw the dread wrath [awaiting them], one and all, man and woman, old and young, they turned to flight. However, there was no place they could flee to. Then love for friends and hope for life quit all their thoughts and, from the bitter wrath, father forgot son, and son, father; mothers wept over daughters, and daughters over mothers; brothers over brothers, and loved ones over their loved ones. Then fleeing over the broad fields surrounding the city, the multitude came into the midst of the enemy. When the infidels saw them, for a moment they stopped and marveled over the multitude of the city, for they were as countless as the sands of the sea. The infidels did not dare to do anything until the residents had begun to flee.

Then they attacked with their swords, and all their swords were engaged in shedding blood. In a short while, the entire city was filled with blood. Melitene, from one end to the other, billowed with blood. Nor was there anyone to pity the old or the young. There one could see the bodies of glorious and distinguished [people] fallen and drenched in blood; children cut to pieces in the arms of their mothers, with blood and milk flowing together. Who can put into writing the divine wrath which the city of Melitene bore on that day? All the green plants of the fields were covered with blood, instead of sweet dew. After so much shedding of blood and captive-taking, they led before them into slavery beautiful and distinguished women, boys and girls, with an inestimable amount of gold and silver. [Dinar] happily led them off toward the land of the Persians. Crossing the Euphrates River, he wintered in Andzit'. A force of Byzantines pursued the Turks, but when they reached them, [the Byzantines] did not dare to battle with them. Rather, they returned peacefully to Byzantine [territory].

49. Իսկ ի ժամանակս գարնանային հասեալ՝ գնաց զօրքն այլազգեաց ի գաւառն Տարօնոյ եւ բռնակալեալ առ ստորոտ լերամբն Տօրոսի մերձ ի Սասուն: Եւ լուեալ զայս իշխանին Հայոց՝ զօրաւորն եւ քաջ որդին Մուշեղայ Թոռնիկ եւ ժողով արարեալ զամենայն Սասուն եւ հասանէր ի վերայ զօրացն այլազգեացն: Յայնժամ զօրք այլազգեացն հնչեցուցանէին զփողս պատերազմին եւ միաբան ելին ի պատերազմ: Եւ եղեւ օրն այն մեծ եւ ահաւոր, վասն զի որպէս զջոկս առիծոց զիմեանս բախէին երկուցունց կողմանցն. եւ յայնժամ գոչեաց քաջն Թոռնիկ եւ ձայն տըւեալ աջոյ թեւին իւրոյ՝ եւ հասանէր ի վերայ ձախոյ թեւին այլազգեացն եւ պատառէր զնոսա մեծաւ յաղթութեամբ. եւ դարձաւ հայեցաւ ի վանքն սրբոյ Կարապետին եւ ուժգին զձայն արձակեալ եւ ասէր. «Գլակա՛յ Վանք, սո՛ւրբ Կարապետ, հասի՛ր մեզ յօգնութիւն եւ արա՛ զօրս զայս եւրեւելի ի վերայ հաւատացելոցս». եւ միաբան ձայն տուեալ միմեանց յարձակեցան ի վերայ այլազգեացն եւ առին զառն եւ զամենայն աւարն եւ դարձուցին զամենայն գերութիւնն. եւ մնացեալքն յայլազգեացն մազապուրծ զերծեալք՝ ամօթով գնացին յաշխարհին Պարսից: Եւ քաջն Թոռնիկ մեծաւ ուրախութեամբ դարձաւ ի Սասունք՝ գոհանալով զԱստուծոյ, որ ազատեաց զանթիւ բազմութիւնն զՄելտենոյ քաղաքին ի ծառայութենէ անօրէն ազգին Պարսից:

49. Now when springtime arrived, the forces of the infidels went to the district of Tar'on and encamped at the foot of the Taurus Mountains, near Sasun. Now when this became known to T'ornik, Mushegh's son, a prince of the Armenians, a general and a valiant man, he massed troops from all of Sasun and went against the troops of the infidels. Then the troops of the infidels sounded their war trumpets and unitedly arose to fight. That day was a great and awesome one, since the two sides clashed like packs of lions. Then the brave T'or'nik shouted and signaled to his right flank and reached the left flank of the infidels and broke it with a great victory. [T'or'nik] turned and gazed at the monastery of Saint Karapet and cried out fervently: "Glak Monastery, Saint Karapet, come to our aid and make this day an illustrious one for the faithful." Unitedly calling one another, [the Armenians] attacked the infidels and took loot and booty and retrieved all the captives. The remainder of the infidels escaped by a hairsbreadth and returned to the land of the Persians in disgrace. Brave T'or'nik, with great joy, returned to Sasun, thanking God for having freed such a countless multitude [of people] from the city of Melitene from service to the impious nation of the Persians.

Դարձեալ ի յայսմ ամի եւ ի նոյն ձմերոցին եղեւ նշան ահաւոր եւ հրաշալի, սոսկալի եւ մեծ բարկութիւն ի վերայ քրիստոնէից, վասն զի յառաջագոյն երեւեալ գուշակ անցման հաւատացելոցն Քրիստոսի. զի որպէս ի պիղծ գիշէն հոտ զազրութեան յառաջագոյն գայ, այսպիսի օրինակաւ յառաջ քան զկատարածն նշանքն չարաչար երեւէին ի վերայ աշխարհի՝ դառնաշունչ հողմն հարաւայնոյ: Եւ արդ ահա յաւուր միում յորժամ՝ լուսանայր օր առաւօտուն եւ ելանէր ամենայն մարդ ի տանէ իւրմէ, տեսանէին ի պարզոյ ի վերայ ցամաք գետնոյն կարմիր ձիւն եկեալ. եւ էր լըցեալ զչորս կողմն աշխարհիս՝ ի յարեւելս եւ յարեւմուտ, ի հիւսիս եւ ի հարաւ. եւ սկիզբն արար գալոյ ի յաւուր երկուշաբաթւոջ եւ զաւուրս վաթսուն անդադար եկեալ. ի գիշերն գայր եւ ի ցերեկն հոսէր ընդ երեսս երկրի, բայց կարմիր ձիւն մէկ օր էր եկեալ: Եւ յայնմ ամին եղեւ անցումն ամենայն չորքոտանեաց՝ անասնոց եւ գազանաց՝ եւ թռչնոց. եւ ի սաստիկ բարկութենէն ոչ գտանէին կերակուր իւրեանց, ի շէն առ հասարակ դէմ արարեալ նոցա եւ յիւրեանց թշնամիսն ապաւինէին: Եւ յայնժամ ամենայն ոք անխնայ կոտորէր զնոսա անողորմաբար. վասն զի անասունքն ջոլիր ջոլիր լինէին, եւ թռչունքն երամ երամ ի փողոցս եւ ի տունս մըտանէին. եւ անդ էր տեսանել զահաւոր կատարածն ի վերայ անասնոց եւ թռչնոց վասն մեղաց որդւոց մարդկան: Իսկ որ ողորմածքն էին՝ ի տունս իւրեանց կերակրէին զնոսա զամենայն աւուրս ձմերանն եւ արձակէին զնոսա խաղաղութեամբ. եւ առ հասարակ ամենայն ոք ի գութս ողորմութեան դառնային ի վերայ անասնոցն: Եւ մեծ ամիրայն Նսրտոլ, որ նստէր ի քաղաքն Մուֆարղին, քառասուն քոռ ցորենոյ եւ գարւոյ, կորեկոյ եւ զայլ ամենայն ընդաց ցանել հրամայեաց ընդ դաշտս եւ ընդ լերինս վասն թռչնոցն, եւ խոտ եւ յարդ անչափ յաղագս անասնոցն, եւ այսպիսի օրինակաւ բազում անասունք եւ թռչունք ապրեցան ի բազմութենէ անտի:

In this same year, during the same winter, there appeared an awesome, wondrous, and dreadful omen of the great wrath [waiting] to fall on the Christians. This was to be a prediction of the death of believers in Christ. Just as a loathsome odor betrays a decaying corpse, similarly, a bitter wind from the south, preceded the evil omens [about to fall] on the earth. Lo and behold, one day at daybreak when everyone emerged from their homes, they saw in clear daylight that red snow had fallen on the ground and covered the four directions of the land: east, west, north, and south. [White] snow had begun to fall on a Monday and it continued without let up for 60 days. It fell during the nighttime and during the daytime it drifted over the country. However, the red snow fell [only] on one day. In this same year there occurred the deaths of [almost] all quadrupeds—animals, beasts, as well as birds. From the great wrath, they were unable to find their food. Generally, they all headed to cultivated settlements, to take refuge with their enemies. At that point everyone mercilessly and ruthlessly killed them. For the animals were in bands and the birds in flocks in the streets and they entered homes. There one could see a dreadful destruction of animals and birds, all for the sins of the sons of mankind. Now there were those who were compassionate and fed [the animals] in their own homes, every day of winter, and let them go in peace [in springtime]. These folk were motivated by their compassion for the animals. There was a great emir [named] Nasr ad-Daulah who resided in the city of Mayyafariqin. He commanded that 40 *k'or'* of wheat, barley, millet, and all sorts of grains should be scattered over the fields and mountains for the birds, and a huge quantity of hay and straw for the animals. In such a fashion many animals and birds were able to survive because of the plenty [found there].

50. Յայսմ ամի եղեւ սով սաստիկ ընդ երկիր, եւ բազումք մեռան չարաչար եւ դառն մահուամբ յերեսաց սովոյն, վասն զի սաստկութենէ ձեանն անձրեւ ոչ եկն յերկիր, եւ վաստակ ոչ եղեւ, եւ բազում պտղաբերք չորացան. եւ եղեւ ի փոխել միւս այլ տարւոյն՝ եղեւ լիութիւն եւ առատութիւն ամենայն կերակրոց, վասն զի մէկ մոդն հարիւր վաստակեաց:

Իսկ ի վերանալ թուականութեանս Հայոց ամի ՇԼ ժամանեալ հասանէր արհաւիրք եւ կատարածք մահաբերք ի վերայ հաւատացելոց Քրիստոսի, զորս ոչ կարեմք պատմել զոր ինչ գործեցաւ յամիս այսմիկ աղէտ ահաւոր դառնութեան. վասն զի շարժեցաւ ամենայն տունն Պարսից առ հասարակ եւ յարուցեալ գային ահագին բազմութեամբ առանց համարոյ՝ որպէս զաւազ ծովու, եւ խաղայր հասանէր ի վերայ հաւատացելոց տանն Հայոց. եւ բազում գաւառք մաշեալք լինէին սրով եւ գերութեամբ յերից ամբարիշտ գազանացս այսոցիկ, որք ելեալք ի տիւանէն Տուղրիլ սուլտանէն ամիրայք երեք՝ Սամուխն եւ Ամրքափրն եւ Գիճաճիճի, արք չարք եւ արիւնարբուք առաւել քան զգազանս, եւ սեւագունդ զօրօք եւ մահաբեր նշանօք հասանէին ի վերայ բազմամբոխ եւ նշանաւոր քաղաքին Սեբաստիոյ. եւ մռնչալով որոտային եւ կամեցան զմեծասաստ բարկութիւն իւրեանց ածել ի վերայ հաւատացելոցն Քրիստոսի եւ մանաւանդ խորհեցան ի միտս իւրեանց ձերբակալս առնել զորդիսն Սենեքարիմայ զորդիք թագաւորին Հայոց՝ զԱտոմ եւ զԱպուսահլ, զորս յառաջագոյն նոցա լուեալ զօրացն այլազգեացն՝ փախեան ի Խաւանէքն, եւ այլ բազում իշխանքն գնացին զհետ:

50. In the same year a severe famine enveloped the country. Many died a wicked and bitter death due to this famine. This was because, due to the severity of the winter, rain had not fallen, and so there were no crops and many fertile areas dried up. On the other hand, at the beginning of the next year there was plenitude and abundance of all food stuffs. In fact, a single *mod* of [sown] grain yielded a hundredfold when harvested.

At the start of the year 508 of the Armenian Era [A.D. 1059-1060], disasters and deadly events descended upon the Christian faithful. I am unable to narrate [adequately] what occurred during that year of dreadful bitterness. For the entire House of the Persians arose and came against the faithful in the House of the Armenians. They came with an enormous multitude of men, as uncountable as the sands of the sea. Many districts were put to the sword and enslaved by three impious beasts, emirs of Sultan Tughril, who had come from the divan: Samux, Amr-Kafur, and Kijaziz, evil men who were more bloodthirsty than beasts. They came against the populous and notable city of Sebastia with troops wearing black and [carrying] death-bringing [battle] standards. They growled and thundered and wanted to vent their violent rage upon the believers in Christ. They particularly had planned to arrest the sons of Senek'erim, king of the Armenians, Atom and Apusahl. Now it happened that [Atom and Apusahl] had heard about [the arrival of] the infidel troops and had fled to Xawane'k' [Gabadonia], and many other princes had gone with them.

Եւ յօր բարեկենդանի Վարդավառին պատեալ զքաղաքն բազմութիւն զօրացն անօրինացն եւ պաշարեաց առ հասարակ շուրջանակի զամենայն քաղաքն. եւ սուր ի գործ մտեալ ամենայն զօրացն եւ անհամար մարմինք չարաչար խոցմամբ ի յերկիր թաւալէին, եւ հոսեալ արեանցն լնոյր զերկիր, որ եւ տեսողացն սոսկալի երեւէին. վասն զի որպէս փայտ անտառի կուտեալ լինէին մարմինք պատուականք ի վերայ երկրի, եւ արեամբ ծածկեալ եղեւ հող երկրի ի բազմութենէ դիականցն:

Եւ զի անպարիսպ էր քաղաքն Սեբաստիոյ, իսկ այլազգիքն զառաջինն ոչ համարձակեցան մտանել ի քաղաքն, զի տեսանէին զբազմութիւն եկեղեցեացն սպիտակս եւ գումբեթաձեւս, գիտացին եթէ վրանք զօրացն իցեն. եւ իբրեւ գիտացին՝ յայնժամ զաստուածասաստ բարկութիւնն ածին ի վերայ քրիստոնէիցն, անողորմ եւ անխնայ կոտորեցին զայնքան բազմութիւն քաղաքին եւ անթիւ եւ անհամար աւարաւ եւ գերութեամբ արանց եւ կանանց, մանկունս եւ աղջկունս վարէին ի գերութիւն եւ այնչափ գանձս ոսկւոյ եւ արծաթոյ, ականց եւ մարգարտաց եւ դիպակաց յափշտակեալ հանին ի Սեբաստիոյ, եւ վասն զի տուն եղեւ նա Հայոց թագաւորացն: Եւ էր օրն այն դառնաշունչ եւ չար ի վերայ բնակչաց քաղաքին, վասն զի առ սակաւ ժամ մի եղեւ քաղաքն եւ դաշտն արեամբ լցեալ. եւ գետն՝ որ անցանէր ընդ մէջ քաղաքին՝ փոխանակ յստակ ջրոյն ի յարիւն դարձուցանէր զգոյնն, եւ բազումք այն էին, որ հրով այրեցան. եւ ահա անկեալ կային բազում իշխանք եւ մեծ եւ փառաւորք՝ մահաբեր խոցմամբ ի մէջ մաքուր եւ պատուական դիականցն արեամբ ծածկեալք լինէին, եւ ի սպիտակութենէ մարմնոցն որպէս զաստեղս փայլէին:

On the day before the fast for [the feast of] *Vardavaṙ* [Transfiguration], a multitude of infidel troops had surrounded and completely blockaded the city. All the soldiers put their swords to work and an uncountable number of bodies, wickedly pierced, fell on the ground, while flowing blood covered the ground, which would have horrified a beholder. This was because the bodies of illustrious people were stacked up on the ground like wood [cut] in a forest, while the soil itself was covered with blood from the multitude of corpses.

Now since the city of Sebastia was not walled, the infidels at first did not dare to enter the city. This was because when they saw the multitude of churches, white and domed, they thought they were seeing the tents of the [defending] soldiers. It was when they realized [their mistake] that divine wrath descended upon the Christians. [The infidels] mercilessly and ruthlessly cut down a vast multitude of the city. A vast, inestimable amount of loot and slaves—men, women, boys, and girls—were led into captivity. Moreover, as [the city] had been the home of the Armenian kings, there was a limitless quantity of gold, silver, precious stones, pearls, and brocades there, which were ravished from Sebastia. That day was a bitter, wicked one for the residents of the city since, in a short time, the city and the plain became filled with blood. As for the river which flowed through the city, instead of running clear, its water had acquired the color of blood. There were also many people who had been burned with fire. And behold, there lay fatally wounded on the ground many great and glorious princes. [They lay there] covered with blood, in the midst of pure and venerable corpses and, because of the whiteness of their bodies, they gleamed like stars.

Զի՞նչ եւ վասն քահանայիցն եւ սարկաւագացն ասացից եւ յաղագս վեց հարիւր եկեղեցեացն, որ ի նմա կային. ամենայն սրով վճարեցան: Բազում կոյսք եւ հարսունք եւ փառաւոր տիկնայք վարեցան ի գերութիւն յաշխարհն Պարսից, եւ սակաւ ժամ մի եղեւ Սեբաստիա իբրեւ զխուղ մի այրեցեալ հրով: Եւ կացեալ զօրք այլազգեացն ի Սեբաստիա աւուրս ութ եւ խաղաց գնաց յաշխարհն Պարսից անթիւ եւ անհամար գերութեամբ:

Ո՞վ կարասցէ մի ըստ միոջէ պատմել զկորուստ բարկութեանն եւ զլաց ապաշաւանաց տանս Հայոց, զոր յանօրէն եւ յարեանարբու գազանացն զօրացն Թուրքաց կրեաց յանտիրութենէ, ի սուտ պահապանացն, ի տկար եւ ի թուլամորթ վատ ազգին Յունաց. վասն զի մի առ մի քակեալ հանին զքաջ զզօրականսն ի տանէն Հայոց, զորս հանին յարկաց եւ ի գաւառաց եւ բարձեալ խափանեցին զաթոռ թագաւորութեանն Հայոց. քակեցին զցանկ պահպանութեանն զօրաց եւ զօրավարաց. եւ ազգն Հոռոմոց իւրեանց անուն քաջութեան զանդարձ փախչելն արարին պարծանք. նմանեցան վատ հովուացն, որ յորժամ զգայլն տեսանէ՝ փախչի: Սակայն Հոռոմք յայն ջանս ջանացան, որ լուր զպարիսպ ամրութեան տանս Հայոց քակեալ կործանեցին եւ զՊարսիկք ի վերայ արձակեցին սրով եւ զամենայն յաղթութիւնն՝ իւրեանց համարեցան եւ ինքեանք անպատկառելի երեսօք կուրտ զօրավարօք եւ ներքինի զօրօք զՀայք պահել ջանային, մինչ եւ Պարսիկք անտէր տեսին զամենայն արեւելք:

What shall I say about the priests and deacons there, all put to the sword, or about the 600 churches. Many virgins, brides, and glorious women were led into captivity to the land of the Persians. In an hour, Sebastia became like a burned-out hut. The infidel troops remained in Sebastia for eight days and then went to the land of the Persians with an immense, inestimable number of captives.

Who is capable of narrating one by one the losses [caused by divine] anger and the weeping of our penitent House of the Armenians? [These were losses] inflicted by the impious, bestial troops of Turks and endured by [the Armenians who were] lordless, [undefended] by their false defenders—the weak, cowardly, and evil nation of Byzantines. For one by one [the Byzantines] pulled apart and removed the brave forces of the House of the Armenians from their homes and districts. They overthrew and eliminated the throne of the Armenian kingdom. They pulled apart the network of protection [which had been provided] by the troops and generals. The Byzantines transformed their own boasts of bravery into [a story of] irrevocable flight. They resembled the bad shepherd who, at the sight of a wolf, runs away. Moreover, as for the defending walls, the Byzantines had tried to pull down and demolish them. They brought on the attack of the sword-wielding Persians and all the victories [of the Persians, the Byzantines] regarded as their own triumphs. Furthermore, they shamelessly tried to protect the Armenians with castrated generals and eunuch troops. The Persians looked and saw the entire East undefended.

51. Եւ յայնժամ մեծաւ զօրութեամբ զօրացան այլազգիքն, որ ի մէկ տարւոյ հասան մինչեւ ի դուռն Կոստանդնուպօլսի եւ առին զամենայն աշխարհն Հոռոմց, զքաղաքս ծովեզերաց եւ զկղզիս նոցա եւ արարին զազգն Յունաց որպէս զբանտարկեալս ի ներս ի Կոստանդնուպօլիս: Եւ յորժամ առաւ Հայք ի Յունաց, արգելաւ ամենայն չարութիւնն Հոռոմց յազգէն Հայոց.

Եւ զկնի այսորիկ հնարեցան այլ կերպիւ պատերազմ յարուցանել ընդ ազգն Հայոց. նստան ի քննութիւն Հայոց եւ այսու ատեալ զհանդէս պատերազմին, զմարտի եւ զկըռիւս եւ զաղմուկ յեկեղեցի Աստուծոյ կարգեալ հաստատեցին: Ի Պարսից պատերազմէն յօժարութեամբ փախչին եւ զամենայն ճշմարիտ հաւատացեալքս Քրիստոսի ի հաւատոյն ջանային խափանել եւ խախտել, վասն զի յորժամ այր քաջ եւ զօրաւոր գտանէին, զաչսն խաւարեցուցանէին եւ կամ ի ծովն ձգեալ խեղդամահ սատակէին. եւ այն էր փոյթ յօժարութեան նոցա, որպէս զամենայն իշխանսն Հայոց եւ զքաջ զօրականսն հանին յարեւելից եւ բերին բնակեցուցին ի Յոյնսն. եւ յայնժամ ինքեանք զմանկութեան արիութիւնն ի կուրտս փոխարկեցին եւ փոխանակ լեկուր զրեհացն, զոր քաջքն զգենուին, նոքա զծոցն հանդերձիցն լայն եւ երկայն արարին եւ փոխանակ պողովատ սաղաւարտին պէլեւտառ եդին եւ փոխանակ երկաթապատ թիկանցն՝ զփողպատն ի վերայ յուսոցն լայն արարին. եւ որպէս կանայք հեզ եւ ցած խօսին, քաջ եւ մանուկ արանց հանապազ կորուստ խորհին. եւ ի ձեռաց սոցա ամենայն հաւատացեալք մատնեցան ի գերութիւն յաշխարհն Պարսից:

51. At that point, the foreigners became much stronger, such that within one year they had reached the gates of Constantinople and had taken the entire land of the Byzantines, the coastal cities and their islands, confining the Byzantine people inside Constantinople, like prisoners. When [the Persians] took Armenia from the Greeks, all the wickedness that the Greeks had practiced on the Armenian people was stopped. And yet, after this [defeat], [the Byzantines] came up with other means of making war against the Armenian people.

They sat and began to examine the Armenians' [religious beliefs] and thereby, scorning warfare, battles, and combats, they tried to introduce discord into the Church of God. They gladly fled from warfare with the Persians, while they sought to destroy and corrupt the faith of the true believers in Christ. For whenever they found a brave fighting man, they would blind him or drown him in the sea. The desire that motivated them was to remove all the princes and brave generals of the Armenians from the East and bring and settle them among the Byzantines. They transformed brave youths into eunuchs and, instead of [wearing] the tightly-constructed coats of mail which brave men use, they wore loosely hanging garments, wide and long. Instead of steel helmets, they put on *pe'lewtar*'s; instead of iron coverings for the shoulders, they used wide neckerchiefs. Like women, they spoke in low tones and meekly. They were always worried about the loss of brave young men. Because of [the Byzantines], all the faithful [Christians] were betrayed into slavery in the land of the Persians.

Յայսմ ժամանակիս թագաւորն Տուկիծ խորհեցաւ խորհուրդ չար եւ կամեցաւ բառնալ եւ խափանել զաթոռ հայրապետութեան սրբոյն Գրիգորի ի տանէն Հայոց. եւ որպէս ասացաք, յարուցանէր հալածանս եւ առնէր քննութիւնս պէսպէսս յաղագս հաւատոյ Հայաստանեայց ազգիս: Մանաւանդ յորժամ մեռաւ Տէր Պետրոսն, յայնժամ յարեան Հոռոմք ի վերայ սուրբ Աթոռոյն եւ կամեցան եղծանել զնա եւ կամեցան առ հասարակ դարձուցանել զՀայք ի հաւատն անօրէն Քաղկեդոնի: Եւ յայսմ ժամու արարին Հոռոմք խնդիր բազմութեան գանձուցն ոսկւոյ եւ արծաթոյ Տեառն Պետրոսի Հայոց կաթուղիկոսի եւ զբազումս ի խոշտանգս մատնեցին ի Սեբաստիա եւ զօծեալն ի յաթոռ հայրապետութեանն զՏէր Խաչիկ հանդերձ եպիսկոպոսօք տարան ի Կոստանդնուպօլիս եւ զամենագովելին զՏէր Եղիսէ եւ պահեցին զնոսա յաքսորս զամս երիս. եւ յաւուրսն յայնոսիկ բազում վտանգ գործեցաւ ի հաւատս Հայոց: Եւ յայնժամ թագաւորքն եւ իշխանքն Հայոց, Գագիկ Անեցի եւ Ատոմ եւ Ապուսահլ՝ որդիք Սենեքարիմայ ջան յանձինս կրեցին եւ հազիւ կարացին հանել զնոսա: Եւ զկնի այս ամենայն եղելոցս նստուցին յաթոռ հայրապետութեան ի Թաւբլուր. եւ կացեալ անդ զամս երիս եւ ընդ ամենայն վեց ամ կալեալ զաթոռ հայրապետութեանն Տէր Խաչիկ:

In this period the emperor Ducas[8] conceived an evil plan. He wanted to confound and eliminate the throne of the patriarchate of Saint Gregory in the House of the Armenians. Consequently, as we have said, he stirred up persecutions and initiated various inquiries into the faith of the Armenian people. This was especially so upon the death of Lord Petros [d. 1058]. At this point, the Byzantines attacked the blessed See and wanted to destroy it, and, generally, they wanted to turn the faith of the Armenians to the impious [doctrine of the] Chalcedonians. The Byzantines sought after the great wealth of gold and silver possessed by the Armenian *Catholicos*, Lord Petros, and they tortured many people in Sebastia [to acquire it]. Furthermore, the one who had been ordained to the patriarchal throne, Lord Xach'ik, was taken to Constantinople along with [his] bishops, as well as the most praiseworthy Lord Eghise'. They were kept there in exile for three years. In those days many dangers threatened the faith of the Armenians. Then it happened that the kings and princes of the Armenians—Gagik of Ani, Atom and Apusahl, the sons of Senek'erim—expended effort and barely were able to remove [the clerics from Constantinople]. Following all these events, they seated Lord Xach'ik on the throne of the patriarchate, at T'awblur. [Following this ceremony, Xach'ik] occupied the patriarchal throne for three years, for a total of six years altogether.

---

8 Constantine X Ducas, 1059-1067.

52. Իսկ ի գալ հասանել մերոյ թուականութեանս ի յամս ՇԺԱ հարուածք չար եւ դժնդակ դառն օդով սփռեալ տարածեցաւ ի վերայ հաւատացելոց Քրիստոսի: Զի եղեւ յաւուրս աշնանային եւ յամսեանն յարեգի բարկութիւն շարժեցաւ ի Դրանէն Պարսից եւ գային արք երեք մեծք եւ երեւելիք ի տիւանէ անտի Տուղրէլ սուլտանէն, որք են այսոքիկ՝ Սլար-Խորասան եւ Ճմճմ եւ Իսուլվ. եւ սոքա բազում արեան հեղմամբ գային ի վերայ ազգին քրիստոնէից. եւ հասեալ նոցա բազում զօրօք ի գաւառն, որ կոչի Պաղին, եւ սրով սրտմտութեամբ հեղաւ բազում արիւն ի հաւատացելոցն, եւ գերեցաւ ամենայն գաւառն Պաղնայ: Եւ անտի յարուցեալ գային որպէս զօձ թունաւորք եւ հասանէր ի վերայ գաւառին Թլխոյ յԱրկնոյ եւ առանց պատրաստութեան գտանէր զամենայն գաւառն:

Եւ եղեւ յորժամ տեսին զամենայն երկիրն յանամրութիւն եւ գաւառն ամենայն կային ի մեծ ուրախութեան: Իսկ նոքա որպէս զարեանարբու գայլ եւ կամ իբրեւ զկատաղի շունս սրով անողորմ յարձակեցան ի կոտորել զամենայն գաւառն առ հասարակ: Եւ էր երկիրն ամենայն բոլոր շէն, լցեալ մարդով եւ անասնով, եւ էր բազմամբոխ յամենայն գաւառն. եւ յարեգի չորս յաւուր շաբաթու յութերորդ ժամուն լցաւ լայնատարած դաշտն արեամբ եւ գերութեամբ եւ անողորմ կոտորածով, զորս ոչ կարեմք պատմել. բազում եւ անթիւ այն էին, որ կրակով այրեցան. եւ յամենայն գաւառն ոչ ոք էր, որ կարաց զերծանել յերեսաց սրոյն. եւ յաւուր յայնմիկ բազումք հասին մարտիրոսութեան:

52. Now at the beginning of the year 511 of our Armenian Era [A.D. 1062-1063] a wicked blow accompanied by an evil wind assaulted the believers in Christ. It was autumn, in the month of Areg, when [divine] anger caused three grandee and prominent men to come [here] from the divan of the court of the Persians, from Sultan Tughril. [Their names were] *Slar-Xorasan*,[9] Chmchm, and Isulv, and they came against the Christians with great shedding of blood. They arrived with many troops at the district named Paghin, and shed much Christian blood with their angry swords. They led the entire district of Paghin into slavery. Then they arose like poisonous snakes and came against the district of T'lkhum at Arkni fortress. They found the entire district unprepared.

When they saw that the entire country and all the districts were not fortified, they were overjoyed. Like bloodthirsty wolves or mad dogs, they mercilessly attacked with their swords and generally wrecked all the districts. [Before the attacks] the entire country was completely cultivated, full of people and animals, and all the districts were heavily populated. On the fourth day of the month of Areg on a Saturday, at the eighth hour, the broad plain filled up with blood, slave-taking, and merciless destruction, which I am incapable of narrating. There were very many, countless, people who were burned in the fire. In all the districts there was no one able to save himself from the edge of the sword. On that day many achieved martyrdom.

---

9 *Slar-Xorasan:* a title meaning "General of Khorasan".

Եւ զկնի անհամար զերութեանն եւ անհամար կոտորածոյն ասացից եւ զճշմարիտ քահանայիցն Աստուծոյ՝ զՔրիստափոր եւ զորդիս նորա զԹորոս եւ զՍտեփանոս, որ հանդերձ ամենայն ժողովրդեամբն մարտիրոսացան. վասն զի յորժամ տեսաւ զբազմութիւն զօրացն այլազգեացն, ժողովեաց զամենայն գիւղն յեկեղեցին՝ զարս եւ զկանայս հանդերձ տղայօքն եւ ինքն սկիզբն արար պատարագին Քրիստոսի եւ հաղորդեցոյց առ հասարակ զամենայն ժողովուրդն: Եւ զօրքն անօրինաց պատեալ շուրջ զեկեղեցւովն, եւ դասք հաւատացելոցն, որք հաղորդէին, մի՛ առ մի ելանէին առ արիւնարբու գազանքն, եւ նոքա սրախողխող առնէին զհաւատացեալսն Քրիստոսի. եւ յորժամ մնացեալ լինէր ինքն եւ որդիքն իւր, ծունր կրկնեցին Աստուծոյ եւ գոհանալով համբուրեցին զմիմեանս, եւ ելեալ նոցա ընկալան զմարտիրոսական մահն բարի խոստովանութեամբ ի Քրիստոս Յիսուս:

Եւ յորժամ լուաւ զչար բարկութիւն կատարածիս ամիրայն, որ նստէր յԱմիթ քաղաքի, որդին Նսրտօլայ, գրեաց առ Սլար-Խորասանն եւ հաստատեաց ընդ նմա սէր եւ զամենայն գերութիւնն հրամայեաց ծախել ի գաւառն իւր, վասն զի էր բարի եւ ողորմած ի վերայ քրիստոնէից ազգին. եւ եհան հրովարտակ ընդ ամենայն երկիրն, զի գընեսցեն զամենայն զգերութիւնն. եւ արարին այնպէս: Եւ յորժամ յԱմիթ ի ծախս բերէին, բազումք ի դուռն քաղաքին մարտիրոսացան. եւ տեսանէին լոյս իջեալ յերկնից ի վերայ նոցա՝ հրակերպ տեսլեամբ:

After the enslavement or death of so many countless [folk], let me speak about those true priests of God, K'ristap'or and his sons, T'oros and Step'anos, who were martyred along with all the other people. For when [K'ristap'or] saw the multitude of the troops of foreigners, he assembled all the village inside the church—men, women, and their children. Then he started to celebrate the divine liturgy of Christ and gave communion to all the people. The troops of the infidels surrounded the church while the ranks of the faithful who had communed, one by one emerged [from the church] where these believers in Christ were stabbed and killed by the bloody beasts. When the only ones left [in the church] were [K'ristap'or] and his sons, they knelt before God, thanking Him, and kissed one another. Then they emerged and received the death of martyrs with a good confession in Jesus Christ.

Now when the emir of the city of Amida, [Said ad-Daulah,] who was the son of Nasir ad-Daulah, heard about the consequences of this evil wrath, he wrote to Slar-Khorasan and established friendship with him. He ordered that all the captives should be sold in his own district, for he was good and merciful toward Christians. He promulgated an edict throughout the entire country that all the captives should be purchased, and they did [do this]. [Yet] when [captives] were brought to Amida for sale, many were martyred at the city gate. A light with a fiery appearance was seen to descend upon them from the sky.

53. Արդ ո՞վ կարասցէ պատմել զկատարածս եւ զանցումն կատարածիս տանն Հայոց. զի արեամբ ծածկեցաւ առ հասարակ ամենայն արարածք եւ սմբակք երիվարաց նոցա մաշեցին զլերինս եւ զբլուրս, որ եւ ի բազմութենէ դիակացն հոտեցաւ երկիր եւ անհամար գերութեանցն լըցաւ ամենայն տուն Պարսից, եւ արեամբ արբեալ եղեն ամենայն ազգ գազանաց. եւ ի լաց եւ ի սուգ տրտմութեան մտեալ նստան ամենայն որդիք մարդկան հաւատացելոցն Քրիստոսի, վասն զի արարիչն Աստուած դարձոյց ի մէնջ զերեսս բարերարութեան իւրոյ. այս եղեւ վասն մեղաց եւ չար գնացից մերոց, եւ մատնեաց զմեզ անօրէն եւ չար գազան ազգին Թուրքաց, ըստ բանի մարգարէին՝ որ ասաց. «Աստուած, թէ մերժեցեր զմեզ եւ աւերեցեր եւ բարկացար եւ գթացիս եւ ոչ ելեր ընդ զօրս մեր, դարձուցեր զմեզ յետս քան զթշնամիս մեր, եւ ատելիք մեր յափշտակեցին զմեզ. ետուր զմեզ որպէս ոչխար ի զենումն եւ ընդ հեթանոս ցըրուեցեր զմեզ»:

Իսկ յետ այսչափ բարկութեանս եւ կատարածիս՝ որ եղեւ, խաղացուցին զբազմութիւն գերութեան յաշխարհն Պարսից եւ տանէին զնոսա երամ երամ որպէս զբազմութիւն թռչնոց. եւ տեսեալ զնոսա ազգն այլազգեացն հիանային եւ հարցուկ լինէին առ գերեալսն եւ ասէին, եթէ՝ «Զիա՞րդ գերեցայք այդչափ անպատրաստութեամբ եւ վասն է՞ր յառաջագէտ ոչ կարացիք լինել, եւ ելեալ էիք փախստական կա՛մ լսելով կամ նշանօք»: Եւ նոքա ասացին, եթէ՝ «Բնաւ ամենեւին ոչ կարացաք իմանալ»: Եւ ասացին կանայք այլազգեացն, եթէ՝ «Ահա այս էր նշանն կատարածին ձերոյ. յորժամ յերեկորէն ձեր հաւն խօսէր եւ ձեր պախրէն եւ կամ ոչխարն ի նստուկ աղբէր, այն էր նշան բարկութեան»: Եւ ասացին ազգ գերեացն, թէ՝ «Այդ բազում անգամ լինէր յաշխարհին մեր, եւ ոչ կարացաք գիտել, եթէ նըշան բարկութեան է մեզ»:

53. Who can narrate the events and destructions in the House of the Armenians? For all creation became covered with blood, while the hooves of [the invaders'] horses wore down mountains and hills. From the multitude of corpses, the country stank; while the entire House of the Persians filled up with the multitude of captives. The entire nation of wild beasts drank blood. All the sons of man who believed in Christ sat weeping and mourning, for God the Creator had turned His angry face away from us. This happened because of our sins and evil ways. He betrayed us to the impious and wicked and bestial nation of Turks. This was in accordance with the words of the prophet: "God, You rejected and ruined us and grew more angry [at us] and had no pity for us. You did not go forth with our armies, You made us turn back from our enemies while those who hate us have plundered us. You have given us as sheep to be slaughtered, and have scattered us among the pagans."[10]

After so much rage and [such] developments, [the infidels] led the multitude of captives to the land of the Persians, leading them like flocks of birds. When the nation of foreigners saw them, they were astonished, and asked the captives: "How did you become captives through such a lack of preparedness? How is it that you were not informed in advance by word or sign to flee?" [The captives] replied: "We were unable to know anything." The foreigners' women remarked: "Behold this was the sign of your [coming] destruction: when your cock crowed in the nighttime and your cattle and sheep squatted down to defecate—such was the omen of your destruction." The nation of slaves responded: "That happened many times in our land, yet we were unable to realize that it was a sign of [divine] anger against us."

---

10 *cf.* Psalms 44:9-11.

Յետ այսր ամենայնի, զոր ասացաք զկատարածն բարկութեանս, հասաւ չար համբաւս այս առ թագաւորն Տուկիծ. եւ յայնժամ զօրաժողով արարեալ եւ կացուցանէր զօրավար զմեծ իշխանն, որ կոչէր Փռանգապօլ, եւ առաքեաց զնա բազում զօրօք ի գաւառն Թըլմխոյ. եւ գային հասանէին ի Թըլմուխ մեծաւ զօրութեամբ: Եւ արար զօրաժողով Ուռհայոյ տուկն, որոյ անուն ասէին Դաւատանոս, այր քաջ եւ հզօր ի պատերազմի եւ անուանի ի վերայ երկրի. եւ նորա զօրաժողով արարեալ զՈւռհա եւ զԿարկառ եւ զՀարսնմսուր եւ խաղայր զօրօք ի վերայ Տաճկաց եւ վրէժխնդիր լինէր արեան քրիստոնէիցն, զոր հեղին, եւ երթեալ բազում զօրօք բանակ հարկանէր ի դաշտ Թըլմխոյ. եւ տեսանէր ի տեղիս զայնքան բազմութիւն կոտորածին՝ լային առ հասարակ ամենայն զօրքն: Իսկ զօրք Թուրքացն լուեալ զգալ զօրացն Հոռոմց, փախեան յաշխարհին Պարսից. եւ յայնժամ Դաւատանոսն գոչեաց որպէս զառիւծ ի վերայ Տաճկաց եւ յարձակեցաւ ի պատերազմ ի վերայ քաղաքին Ամթայ, մանաւանդ զի յայնմ աւուրսն զմեծ ամիրայն զամիր Սայիտ զորդի Նսըրտօլայ դեղեալ էին քաղաքացիքն եւ սպանեալ:

Իսկ յորժամ լուան քաղաքացիքն զգալ զօրացն Հոռոմոց, յուղարկեցին գաղտ առ Փռանգապօլն տասն հազար դահեկան. եւ արար Փռանգապօլն գաղտուկ սէր ընդ Տաճկունքն. եւ գիտացեալ զայն Դաւատանոսին՝ նախատեաց յոյժ զՓռանգապօլն. եւ յորժամ հասան ի դուռն քաղաքին Ամթայ, ի տեղին՝ ուր Հոռոմ Դուռն կոչի, ելին ամենայն զօրք այլազգեացն ի պատերազմ: Իսկ Փռանգապօլն զպատերազմն նենգաւորութեամբ Դաւատանոսին տայ եւ ինքն ամենայն զօրօքն ի յետ կայր պարապ ի պատերազմէն, եւ հեծեալք վաթսուն հազար ընդ նմա:

After all these examples of [divine] anger we have described, the wicked news [of them] reached Emperor Ducas. [Ducas] massed troops and appointed as general the great prince who was named Frankopolos. [Ducas] sent him to the district of T'lxum with many troops. And the duke of Edessa also gathered troops. His name was Dawatanos and he was a brave and mighty man of war, renowned throughout the country. He raised troops from Edessa, Karkar', and Hisn-Mansur and then moved against the *Tachiks*, to exact vengeance for the Christian blood they had shed. [Dawatanos] went with many troops and pitched camp in the plain of T'lxum. All the troops wept when they saw the multitude of dead [bodies] there. Meanwhile, when the troops of Turks heard about the arrival of the Byzantine troops, they fled to the land of the Persians. Then Dawatanos roared like a lion at the *Tachiks* and went to do battle against the city of Amida. This was especially the case since on that day the residents had poisoned and killed the great emir [of their city], Sayid, son of Nasir-ad-Daulah.

Now when the residents became aware of the Byzantine troops, they secretly sent 10,000 *dahekan*s to Frankopolos. Then Frankopolos secretly established friendship with the *Tachiks*. When Dawatanos heard about this he greatly loathed Frankopolos. When they arrived at the gates of the city of Amida, at the place called "Gate of the Romans," all the troops of the foreigners arose to fight. But as for Frankopolos, he deceitfully turned the fighting over to Dawatanos while he, with all his troops—including 60,000 cavalry—remained in the rear, avoiding battle.

Եւ յորժամ խմբեցաւ պատերազմն, մի ոմն ի զօրաց այլազգեացն այր քաջ, որում անուն ասէին Հէճն-Պշարա, մեծ ոճիրս գործէր զօրացն Հոռոմոց, որպէս զարծիւ պատառէր զճակատ Դաւատանոսին զօրացն եւ ի ներս դառնայր կրկնէր: Եւ տեսեալ զայն Դաւատանոսն, ձայն տուեալ ձիոյ եւ ասէր `թէ «զԿամամն մատուցէք ինձ»: Եւ իբրեւ ելեալ գայր Պշարայ, Դաւատանոսն որպէս զառիւծ ի վերայ յարձակեցաւ եւ նիզակաւն հարեալ զսիրտն՝ պատառեաց զերկաթն եւ յայնկոյս հանեալ զգեղարդն. եւ երկոքեանն ի ձիոյ անկեալ լինէին: Եւ բախեալ երկոցունց կողմանց ի վերայ՝ սպանաւ ի նոյն տեղին Դաւատանոսն, եւ Պշարայ սատակեալ կայր ի մէջ նիզակին: Եւ լուեալ քաղաքացիքն, եթէ մեռաւ Դաւատանոսն, միաբան առ հասարակ ի դուրս բախեալ ելանէին: Եւ յայնժամ մի ոմն ի զօրոց Դաւատանոսին գնացեալ առ Փռանգապօլն եւ դատախազ վարէր ընդ նմա վասն մահուանն Դաւատանոսի, որում անուն Տավառ ասէին. եւ իմացեալ զայս Փռանգապօլն՝ յարձակեցաւ ի վերայ այլազգեացն եւ արար սաստիկ կոտորած ի դուռն քաղաքին՝ հնգետասան հազար, եւ դարձաւ ի Հոռոմք:

54. Յայսմ ամի ժողով արարեալ ոմն Յեհնուկ անուն, հինգ հազար արամբք գնացեալ ի վերայ Քրդաստանաց ի գաւառն Ամթայ ի տեղին՝ ուր Ճեպու-Շահար կոչի. եւ առեալ բազում եւ անթիւ աւար՝ ոչխարս եւ պախրէս, ձիս եւ ծառայս եւ այլ բազում աւարս՝ եւ գայր ի բերդն, որ կոչի Սեւերակս. եւ հասանէր ի հետ՝ որ աւագ էր Քրդացն՝ որում անուն Խալթ ասէին, ինքն եւ իւր երեք որդիքն. եւ տեսեալ Յեհնուկն եւ իւր զօրքն ի փախուստ դարձան: Եւ յայնժամ աստուածասաստ բարկութիւնն հեղաւ ի վերայ նոցա, վասն զի հասան յԱմթայ զօրք եւ արարին բազում կոտորածս եւ թափեցին զամենայն առն եւ զգերութիւնն:

When the battle was under way, a certain brave man from among the foreigners named He'chn-Pshara, wreaked great havoc upon the Byzantine troops. Like a [swift] eagle, he broke through Dawatanos' front line and repeated his destruction from inside. When Dawatanos saw this he called for his horse, saying: "Bring Kamam to me." Now when Pshara arose and advanced, Dawatanos, like a lion, attacked him and, with his lance, pierced his heart, with the spear splitting through the iron [armor] and emerging from the other side of his body. Both [combatants] fell from their horses. Meanwhile, as the two sides were clashing, Dawatanos was killed in that same area while Pshara lay dead with the spear in him. When the residents of the city heard that Dawatanos had died, they arose, emerged [from the city] and struck. Then a certain man from Dawatanos' troops, whose name was Tavar', went to Frankopolos and accused him of [responsibility for] Dawatanos' death. When Frankopolos heard this, he attacked the foreigners and wrought severe damage—killing 15,000 at the city gates. Then he returned to Byzantium.

54. In this same year a certain man named Yehnuk massed troops and went with 5,000 men against the Kurds in the district of Amida, at the place called Chep-Shahar. Having seized an inestimable amount of sheep, cattle, horses, servants, and much other booty, he went to the fortress named Sewerak. Now it happened that the senior [man] among the Kurds, whose name was Khalid, along with his three sons, caught up with [the invaders]. When Yehnuk and his troops saw this, they turned to flight. It was then that divine anger poured down upon them, for [defending] forces from Amida arrived, wrought much killing, and freed all the men and captives.

Յայսմ ամի գնաց Փռանգապօլն ի Կարնոյ քաղաք եւ անդ հանդիպեալ թուրք զօրացն՝ որ կոտորէր զգաւառն Թլմխոյ, եւ հարան ընդ միմեանս ի պատերազմ. եւ յաղթեաց նորա Փռանգապօլն եւ կոտորեաց զամենայն զօրսն Թուրքաց եւ սատակեաց զամիրայն այլազգեացն՝ որում անուն Իսուփ ասէին, եւ արար անթիւ աւար եւ թափեաց անթիւ գերութիւն ի նոցանէ: Իսկ յորժամ լուաւ թագաւորն Տուկիծ զմահ Դաւատանոսին, որ նենգութեամբ Փռանգապօլին եղեւ, կոչեաց զնա ի Կոստանդնուպօլիս, եւ ծովահեղձ արար զնա, վէմ կապեաց ի պարանոցն եւ ընկէց յՈվկիանոս:

Դարձեալ ի թուականութեանս Հայոց եւ յամի ՇԺԳ զօրաժողով արար թագաւորն Պարսից Ապօլան սուլտանն, եղբայր Տուղրիլ սուլտանայ, որ զկնի մահուան եղբօրն նստաւ յաթոռ թագաւորութեանն, զօրաժողով արարեալ զՊարսիկս եւ զազգս Թուրքաց եւ զամենայն Խուժաստան աշխարհն մինչեւ ի Սագաստան. եւ շարժեալ մեծաւ ցասմամբ եւ ահագին բազմութեամբ՝ ծփայր չարեօք ալեօք եւ խաղայր որպէս զգետս յարուցեալ մրրկաբեր բարկութեամբ եւ որպէս զգազան արիւնարբու բնութեամբ զայրացեալ եւ գայր հասանէր ի Հայաստան աշխարհս եւ անհամար բազմութեամբ զօրօք մտանէր յաշխարհն Աղուանից եւ մատնեաց զնոսա ի սուրս եւ ի գերութիւնս. եւ անթիւ եւ անհամար արար զանցումն քրիստոնէից, որ ոչ ոք կարէ պատմել զկատարածն դառնաշունչ աղէտիցն հաւատացելոցն Քրիստոսի, վասն զի դառն ճաշակմամբ ընկալան զմահն ի կատաղեալ չարաթոյն ազգէն թուրքաց. եւ ի բազմութենէ զօրացն ծածկեալ եղեւ ամենայն երեսք դաշտացն, եւ փակեաց զամենայն տեղի փախստեան: Եւ ահա աստ կատարեցան բանք Փրկչին որ ասաց, թէ «Վա՛յ իցէ յղեաց եւ ստնտուաց յաւուրսն յայնոսիկ», վասն զի բազում քահանայք եւ կրօնաւորք եւ հայրապետք եւ փառաւոր իշխանք ընկալան զմահս դառնաշունչս եւ եղեն կերակուր գազանաց եւ թռչնոց:

In this year Frankopolos went to the city of Karin. There he encountered Turkish troops who were destroying the district of T'lxum. The two sides clashed in battle. Frankopolos defeated them, killed all the troops of the Turks, including the emir of the foreigners, named Yusuf, taking inestimable booty, and freeing an inestimable number of captives from them. Now when Emperor Ducas learned about the death of Dawatanos, which had happened through Frankopolos' treachery, [Ducas] summoned him to Constantinople and had him drowned—he had a rock tied to his neck and then he was thrown into the Ocean [Mediterranean Sea].

Again in the year 513 of the Armenian Era [A.D. 1064-1065], the king of the Persians, Sultan Alp-Arslan [A.D. 1063-1072], brother of Sultan Tughril, who sat on the throne of the realm after his brother's death, assembled forces from the Persians, the nation of Turks, and the whole territory from Khuzastan to Sagastan. With great anger and innumerable troops, he surged ahead like the waves in a river stirred up by the wrath of a storm, or like a wild beast whose bloodthirsty nature is aroused. Thus did [Sultan Alp-Arslan] come to the land of Armenia with countless troops, entering the land of the Aghuans, subjecting them to the sword and taking them as slaves. The number of slain Christians was countless, so many that no one can relate the calamitous bitter destruction that the believers in Christ suffered from the poisonous nation of Turks. All the plains were covered with the multitude of their troops and all places of refuge were blocked. In this place the words of the Savior were fulfilled, [words] which said: "Woe to those who are pregnant or nursing."[11] Many priests, clerics, patriarchs, and glorious princes experienced bitter deaths and became food for animals and birds.

---

11 *cf.* Luke 21:33.

Եւ զկնի այսչափ բարկութեանս առաքեաց սուլտանն առ թագաւորն Աղուանից ի Կիւրիկէ եւ խնդրեաց զդուստրն իւր ի կնութիւն, որ յաղագս ահին տուեալ եղեւ. եւ արար սուլտանն ընդ նմա սէր եւ խաղաղութիւն յաւիտեան եւ զթագաւորն Աղուանից զԿիւրիկէ զորդի Դաւթի Անհողինի յուղարկեաց մեծաւ պատուով ի քաղաքն իւր Լոռէ բազում ընծայիւք: Եւ անտի յարուցեալ սուլտանն ահագին բազմութեամբքն իւրով մտաւ յաշխարհին Վրաց եւ մեծաւ սրտմտութեամբ մատնեաց զնոսա ի սուր եւ ի գերութիւն. եւ իջեալ բանակեցաւ ի գաւառն, որ կոչի Ջաւալխս, եւ ի պատերազմաւ մեծաւ պատեաց զքաղաքն՝ որ կոչի Ալախ. եւ ուժգին զօրութեամբքն առաւ Ալախ քաղաքն. եւ առհասարակ զամենայն քաղաքն սրով կոտորեաց՝ զայր եւ զկին՝ անողորմ եւ զամենայն քահանայսն եւ զկրօնաւորսն եւ զիշխանսն սրախողխող արարեա. եւ լցաւ ամենայն քաղաքն արեամբ. եւ անհամար մանկունս եւ աղջկունս տարան ի Պարսիկս ի գերութիւն, եւ գանձս ոսկւոյ եւ արծաթոյ՝ ականց եւ մարգարտացն որ ոչ էր թիւ:

55. Յայսմ ամի յարուցեալ սուլտանն մեծաւ յաղթութեամբ եւ խաղաց չար վիշապն Պարսից եւ գայր մտանէր յաշխարհին Հայոց եւ զաստուածասաստ բարկութիւնն հեղոյր ի վերայ տանն արեւելից եւ արբուցանէր զմաղձն դառնութեան իւրոյ ամենայն ազգին Հայոց. եւ սփռեցաւ բոց բորբոքեալ մահու առհասարակ հաւատացելոց Քրիստոսի, եւ լցաւ ամենայն տունն Հայոց արեամբ, սրով եւ գերութեամբ: Եւ յարուցեալ գայր որպէս զամպս սեւացեալս եւ իջեալ ի վերայ թագաւորաբնակ քաղաքին Անւոյ եւ պատեաց առհասարակ շուրջանակաւ՝ նման չար վիշապի:

After such rage, the sultan sent to Kiwrike,[12] king of the Aghuans, requesting his daughter in marriage. She was given [to him], out of fear. And then the sultan made friendship and eternal peace with him, and sent Kiwrike, king of the Aghuans, son of Dawit' *Anhoghin*, back to his city of Lo'r'e' with great honor and many gifts. From there, the sultan arose and with his great multitude entered the land of the Georgians. With great wrath he subjected them to the sword and captivity. Then he descended, and encamped in the district which is called Jawali and enveloped the city named Alax with great warfare. Then he took the city of Axalts'ixe with unbridled force. Generally, the entire city was put to the sword, men and women mercilessly [killed], and all the priests and clerics and princes pierced with weapons. The entire city filled up with blood. They took countless boys and girls to the Persians in slavery, as well as such treasures of gold, silver, precious gems and pearls, that there was no counting them.

55. In this year the sultan, that wicked dragon of Persia, arose in his triumph and entered the land of the Armenians. Then did divine wrath pour down upon the House of the East and the entire Armenian nation drank bitter bile, while the flames of death spread all over the believers in Christ. The entire House of the Armenians filled up with blood, the sword, and slave-taking. [The sultan] arose and came like a lowering black cloud which descended upon the royal city of Ani, surrounding it like a wicked dragon.

---
12 Gurgen II Kiwrike, 1046-1081/89.

VOLUME II

Եւ տեսեալ բազմութիւն քաղաքին՝ դողաց առհասարակ, եւ պատրաստեցան ի պատերազմ ընդդէմ Պարսից՝ ուժգին զօրութեամբ: Իսկ զօրք անօրինացն յարձակեցան գազանաբար ի պատերազմ մեծաւ սրտմտութեամբ եւ ի քաղաքն Անի հարկանէին զզօրսն Հոռոմց եւ գումարեցին զնոսա առհասարակ ի քաղաքն. եւ ահաւոր պատերազմաւ արկանէին զքաղաքն ի մեծ վտանգս: Եւ յայնժամ յահէ չար գազանին դողաց սասանելով ամենայն ազգն հաւատացելոց, սկսան լալ հայր ի վերայ որդւոյն իւրոյ եւ որդի ի վերայ հօր իւրոյ. լայր մայր ի վերայ դստերն եւ դուստր ի վերայ մօր իւրոյ, լայր եղբայր՝ զեղբայր, լայր սիրելի՝ զսիրելիս իւր: Եւ ահա ամենայն բազմութիւն քաղաքին Անւոյ կային ի մեծ վտանգի, եւ պատերազմն եւս առաւել սաստկանայր յոյժ, որ եւ սասանէր ամենայն քաղաքն: Եւ յերկարել պատերազմացն՝ աղօթից եւ պահոց սկիզբն արար ամենայն քաղաքն եւ լալով եւ հառաչանօք միաբան ձայն առ Աստուած արձակէին, զի փրկեսցէ զնոսա ի չար գազանէն: Վասն զի էր Անի բազմամբոխ, քաղաքն լցեալ բիւր բիւրուց արանց եւ կանանց, ծերոց եւ տղայոց, որ հիացումն արկանէր տեսողացն, զոր կարծեալ զօրացն բազմաց՝ եթէ մեծ մասն աշխարհիս Հայոց իցէ.

MATTHEW OF EDESSA'S CHRONICLE

When the multitude of the city saw this, though they all trembled, they prepared to battle against the Persians with fierce determination. Meanwhile, the troops of the infidels attacked the city of Ani like wild beasts in great rage, striking at the Byzantine troops and forcing them back into the city. The city was placed into dire straits from the frightful warfare. Then did the entire nation of believers tremble and shake from fear of that wicked beast. Fathers began to weep over their sons, and sons, over their fathers; mothers for their daughters, and daughters, for their mothers; brother for brother; dear one for dear one. Behold, the entire multitude of the city of Ani was in great danger, while the battle grew ever fiercer and the city shook. When the battle prolonged, the entire city began praying and fasting, weeping and crying out together to God to save them from the evil beast. For Ani was a populous city, filled with myriad upon myriad of men and women, old and young—[so full of people] that a viewer was astonished and [the enemies'] troops would have thought that a large part of the land of Armenia was [resident] there.

Եւ յայնմ աւուր հազար եւ մէկ եկեղեցի ի պատարագի կայր ի յԱնի: Եւ էր քաղաքն շուրջանակի քարակտուր, եւ էր գետն Ախուրեան շրջապատ, բայց միայն ի մի կողմն տեղի ինչ կայր դոյր՝ որպէս թէ նետընկէց մի, զոր բաբնով փլուցին այլազգիքն. եւ բազում աւուրս պատերազմեալ ոչ կարացին մտանել ի քաղաքն, յայնժամ թուլացան ի պատերազմէն: Իսկ անօրէն իշխանքն Հոռոմց՝ զորս կացուցեալ էր թագաւորն պահապանս տանն Հայոց, Բագրատ հայրն Սմբատայ եւ Գրիգոր Բակուրանին որդին՝ Վրացի ազգաւ, սկսան սոքօք ամրանալ ի վերին բերդն եւ ի ներքին: Եւ յայնմ աւուր սուլտանն եւ ամենայն զօրքն Պարսից բանակաւն խլեցան եւ կամեցան գնալ ի Պարսիկս. եւ յորժամ տեսին քաղաքացիքն զաստուածուրաց պահապանացն ամրանալն, բեկան եւ այր իւրաքանչիւր ի փախուստ լինէր առանց պատճառի, եւ ամենայն քաղաքն առհասարակ ի փոշի դարձաւ. եւ մեծամեծքն քաղաքին երթեալ լալով եւ անկանէին ի վերայ գերեզմանացն առաջին թագաւորացն Հայոց եւ անդկոծ առեալ սաստկապէս լալով եւ ասէին՝ թէ «Արիք տեսէք զտուն հայրենեաց ձերոց»:

MATTHEW OF EDESSA'S CHRONICLE

On that day there were 1,000 churches in Ani offering mass. The city was built on steep rocks which rose on all sides and was surrounded by the Akhurian River. Only on one side, [a spot] about the distance of an arrowshot, was it accessible and the foreigners had demolished [this access] with their catapult. They battled for many days but were unable to enter the city, and then they became weakened from fighting. Now the impious princes of the Byzantines whom the emperor had set up as guardians of the House of the Armenians—Bagrat, Smbat's father, and Grigor Bakuran's son—who were Georgian by nationality [*i.e.*, of Chalcedonian confession] began to fortify themselves in the upper and inner citadel. On that same day the sultan and all the Persian troops drew back and wanted to go to Persia. When the residents saw the apostate defenders fortifying themselves, they fractured and all of them turned to flight without any reason at all. The entire city filled up with dust [as they broke ranks], while the city's grandees went in tears and fell upon the tombs of the first kings of the Armenians, sobbing and weeping hard and saying: "Come see your patrimonial home."

56. Եւ իբրեւ զայս տեսին զօրք այլազգեացն՝ հասեալ պատմեցին սուլտանին, եւ նա ոչ հաւատայր: Իսկ զօրք այլազգեացն յորժամ տեսին զպարիսպն անպահապանս, առհասարակ ի քաղաքն մտին, առին տղայ մի ի մօրէն իւրմէ, հասուցին սուլտանին եւ ասեն. «Այս քեզ նշան ի քաղաքէն՝ զի ահա առաք զքաղաքն Անի»: Եւ լուեալ զայս սուլտանն եւ հիացաւ յոյժ եւ այսպէս ասաց, եթէ «Աստուածն նոցա մատնեաց զնոսա այսօր զանառ քաղաքն Անի ի ձեռս իմ». եւ դարձաւ բազմութեամբ եւ մտաւ ի քաղաքն Անի եւ առհասարակ ամենայն զօրքն անօրինաց ունէին դանակ քաջասուր, զերկուսն ունելով յերկոսեան ձեռսն եւ զմէկն ունելով յատամունսն. եւ այսպիսի օրինակաւ սկսան զամենայն քաղաքն առհասարակ կոտորել անողորմաբար եւ զայնքան բազմութիւն քաղաքին նման դալար խոտոյ ի հունձս ածին եւ կամ՝ որպէս զքարակոյտս ի միմեանց վերայ կոյտ արարին. եւ առ վայր մի ծովացաւ ամենայն քաղաքն արեամբ. եւ ամենայն մեծամեծ իշխանք տանն Հայոց եւ դասք ազատացն երկաթի կապանօք կային առաջի սուլտանին. եւ կանայք գեղեցիկք եւ ահարկուք՝ ի փառաւոր տանէն, վարեցան ի Պարսիկք ի գերութիւն. եւ անհամարք եւ անթիւք մանկունս լուսատեսիլ եւ աղջկունս վայելուչս տարան զհետ մարցն. եւ բազում սրբասունունդ քահանայք այրեցան հրով, նա եւ զոմանս յոտից մինչեւ ցգլուխսն քերթեալ չարաչար խոցուածով, որ եւ տեսողացն սոսկալի էր:

56. Now when the troops of foreigners observed this, they went and informed the sultan, but he did not believe it. When the troops of the foreigners saw the walls undefended, they all entered the city. Taking a child from its mother, they brought him before the sultan and said: "Let this be a sign for you that we have taken the city of Ani." The sultan heard this and was dumbfounded. He said: "Today their God has delivered the impregnable city of Ani into our hands." Then he turned with his multitude of troops and entered the city of Ani. All the troops of the impious ones had sharp daggers, one in each of their two hands, and one held between their teeth. In this manner they generally began to destroy the city mercilessly, [cutting down] such a multitude of people in the city that it was as though they were mowing green grass, piling up bodies one on top the other, as though they were throwing rocks onto a heap. In a moment the entire city billowed in blood. All the grandee princes of the House of the Armenians and the ranks of the *azat*s stood before the sultan in iron chains. Beautiful and powerful women from glorious Houses were led to the Persians in captivity. Countless, numberless, bright-faced boys and charming girls were taken, along with their mothers. Many blessed priests were buried alive, while others had the skin flayed from their bodies from head to toe [dying from] evil wounds, horrifying beholders.

Եւ այլ ոմն ի չարագործ ազգէն՝ ելեալ ի վերայ բարձրութեան եկեղեցւոյն սուրբ կաթուղիկէին եւ զծանրագին խաչն՝ որ կայր ի գումբէթն՝ ընկէց յերկիր եւ մտեալ ի դըրանն որ կայր ի գումպէթն եկեղեցւոյն, եւ զպլօր կանթեղն ընկէց ի մէջ եկեղեցւոյն եւ մանրեաց, զոր Սմբատ տիեզերակալն էր բերել տուեալ ի Հնդկաց ընդ բիւր մի գանձուց. երկոտասան լիտր էր կշիռ նորա եւ նոյն չափովն՝ երկոտասան լիտր տանէր. եւ յորժամ ընկէց զխաչն ի գմբեթէն, նոյնժամայն եղեւ սաստիկ որոտմունք եւ անձրեւ բազում, եւ զամենայն զգետն կոտորածոյն ելից ի յԱխուրան գետն եւ լուաց յարենէ զամենայն քաղաքն: Իսկ յորժամ մանրեցաւ պլօրի կանթեղն, որ այլ չէր լեալ ի վերայ արարածոց, լուեալ սուլտանն յոյժ վիրաւորեցաւ. եւ զխաչն զարծաթին՝ զոր ընկեցին, որ էր մարդաչափ մի, տարան եդին զնա ի կոխ դրան՝ ի դուռն մոկթին Նախչուանայ քաղաքին, որ կայ մինչեւ ցայսօր:

57. Յայնմ ժամանակին էր Գագիկ ի Կարս որդին Աբասայ շահնշահին եւ յղեաց առ նա դեսպան սուլտանն, զի զայցէ նմա յերկրպագութիւն: Եւ էր Գագիկ այր հանճարեղ եւ իմաստասէր եւ խորհեցաւ հնարս զերծանիլ խաղաղութեամբ ի սուլտանէն. յայնժամ զգեցաւ սեւ զգեստ արգաւորի եւ նստաւ ի վերայ սեւաւ բարձի. եւ յորժամ տեսաւ զնա դեսպանն սուլտանին, հարցուկ լինէր եւ կամեցաւ զպատճառն ուսանիլ, եթէ

A certain man from among that wicked people went up onto the heights of the blessed cathedral church and threw down to the ground the very heavy cross which was on the dome. Then he entered the church via a door in the dome, and threw down the crystal chandelier, where it broke into pieces. [This chandelier] which Smbat the Conqueror[13] had brought from India with myriad other treasures, weighed and could bear 12 *ltr*s. At the same moment that the cross was thrown down from the dome, violent thundering and heavy rains occurred, causing all the corpses of the slain to fill into the Akhurian River, while the whole city was washed clean of blood. Now when the sultan learned that the matchless crystal chandelier had been smashed, he was very upset. As for the silver cross—the size of a man—which they had thrown down, they took and put it under the threshold of the door of the mosque in the city of Naxchuan [to be stepped on], where it remains to this day.

57. In this period Gagik, son of Abas *shahnshah* was [ruling] in Kars. The sultan sent an envoy to him for him to come forth in obeisance. Now Gagik was a wise and smart man, and he came up with a means of peacefully freeing himself from the sultan. He donned mourning garb and sat himself upon a black cushion. When the sultan's envoy saw [Gagik], he questioned him, wanting to know the reason [and saying]:

---

13 Smbat II, 977-989.

Վասն է՞ր ես սեւօք, զի ահա այր դու թագաւոր ես: Եւ նա ասէր՝ թէ «Յորժամ մեռաւ իմ բարեկամն Տուղրիլ սուլտանն՝ եղբայր Ապասլանայ ես յայնմ աւուր զգեցայ զայս սեւ զգեստ»: Եւ հիացեալ այրն այն եւ երթեալ պատմեաց սուլտանին, եւ նա զարմանայր յոյժ եւ յարուցեալ ամենայն բանակովն եկն առ Գագիկ ի Կարս եւ արար ընդ նմա սէր եւ ուրախութիւն մեծ եւ զգեցոյց նմա զգեստ թագաւորական. եւ արար Գագիկ ճաշ սուլտանին: Եւ զայս այսպէս լսեցաք, եթէ ի մէկ գառինն վերայ զոր խորովեաց՝ ծախք եհան հազար դահեկան եւ հարիւր հազար դահեկան սեղան տըւեալ սուլտանին եւ ամենայն զօրացն նորա. եւ այսու զերծաւ խաղաղութեամբ:

Եւ եղեւ զկնի աւուրցս այսոցիկ թողեալ Գագիկ զԿարս եւ գնաց ի Հոռոմս. եւ թագաւորն Տուկիծ տայր նմա զԾամնդաւ. եւ անդ եկեալ Գագիկ ազատօք իւրովք եւ թողեալ զտունն հայրենեաց իւրոց: Արդ՝ այսպիսի նմանութեամբս գերեցաւ տունն Հայոց, եւ արեամբ լցաւ առհասարակ ամենայն աշխարհն, որ իբրեւ զծով ծփայր ծայրէ ի ծայր, եւ քակտեալ ապականեցաւ հայրենատունն մեր խլեալ, խախտեցաւ հիմն բնակութեան Հայաստան ազգացս, ոչ մնաց տեղի յուսոյ ապաւինի, եղաք մատնեալք ի ծառայութիւն ազգաց անօրինաց եւ օտար գազանաց. ահա եկեալ կատարեցաւ ի վերայ մեր բան Դաւթի մարգարէին՝ որ ասէ. «Վաճառեցեր զժողովուրդս քո առանց գնոյ, եւ ոչ գոյ թիւ աղաղակի մերոյ. արարեր զմեզ յառակս հեթանոսաց, ծաղր եւ այպն կատականաց այնոցիկ՝ որ շուրջ էին զմեօք, եւ վասն այսորիկ աղաղակեմք եւ ասեմք. դարձ առ մեզ Աստուած Փրկիչ մեր եւ դարձո զսրտմտութիւնս քո ի մէջ»: Այս էր կատարած տանս Հայոց:

"Why are you dressed in black, you, a man who is king?" [Gagik] replied: "From the very day when my friend—Sultan Tughril, brother of Alp-Arslan—died, I have worn these black mourning clothes." That man was astonished and went and told the sultan. [The sultan] was really astounded by this. He arose with his entire army and came to Gagik in Kars, making friendship with him, [displaying] great joy, and dressing him in royal apparel. Gagik made a feast for the sultan. We have heard that 1,000 dahekans were spent on the table provided to the sultan and all his troops. Thus did [Gagik] peacefully free himself.

After some days Gagik left Kars and went to the Byzantines. Emperor Ducas gave [the city of] Tsamndaw to him. That is where Gagik went, with his azats, leaving behind his patrimonial House. In this manner the House of the Armenians was enslaved and the entire land was completely filled with blood, like a sea, billowing [with blood] from side to side. Our patrimonial House was pulled apart, corrupted, and seized from us. The foundation of our Armenian dwelling place collapsed, nor was there any hope of deliverance anywhere. We were betrayed into servitude to impious peoples and foreign beasts. Behold, those words of the prophet David were fulfilled upon us: "You have sold your people for a trifle, and there is no number for our cries. You have made us an object of scorn among the heathens, and of ridicule and contempt of those living around us. Because of these things we cry out and say 'Turn toward us, our God and Savior, and turn Your anger away from us.'" Such was the end of our House of the Armenians.

Իսկ ի հասանել թուականութեանս Հայոց յամս ՇԺԴ ի յաւուրս Տուկծին՝ Հոռոմց արքային՝ շարժեցաւ պատերազմ մեծ ի յաշխարհն յարեւմտից ի յազգէն Ուզաց: Եւ զօրաժողով արար թագաւորն Տուկիծ զամենայն ազգն Յունաց եւ զօրս Հայոց աշխարհին եւ կացոյց զօրագլուխ զմեծ իշխանն Հոռոմց զՎասիլն զորդին Ապուքապայ, եւ խաղացեալ բազում զօրօք եւ գնաց իջաւ ի վերայ մեծ գետոյ որ Տօնաւիս կոչեն: Եւ եղեւ սաստիկ պատերազմ երկոցունց կողմանցն խառնելով ընդ միմեանս առ ափն գետոյն. եւ եղեւ կոտորած բազում յերկուց կողմանցն. եւ անդ էր տեսանել զմեծ բարկութիւն կատարածի, որ զմեծ ժամ աւուրն զմիմեանս կոփէին, եւ որպէս զհօտս ոչխարաց զմիմեանս բախէին յերկոցունց կողմանցն. եւ ի սաստկանալ պատերազմին եղեն պարտեալ զօրք Հոռոմց եւ եղեն փախստական, եւ զօրք Ուզացն սրով յարձակեցան զհետ մեծաւ կոտորածով եւ կալան զՎասիլ զօրապետն Հոռոմց եւ տարան զնա ի գերութիւն յաշխարհն իւրեանց. եւ առին առհասարակ զամենայն բանակն Հոռոմց, զբազմութիւն ոսկւոյ եւ արծաթոյ եւ այլ հանդերձ բազում աւարաւ, եւ զամենայն մեծամեծ իշխանսն Յունաց տարան ի գերութիւն: Եւ զբազում աւուրս կացեալ Վասիլն գերի յաշխարհն Ուզաց, եւ զանձիւ ոչ կարացին գնել զնա, վասն զի անհամար ուզէին զգանձն: Յետոյ մի ոմն ի զօրաց այլազգեացն խորհուրդ արար ընդ Վասիլն զի գողասցէ զնա, եւ նա խոստացաւ նմա բազում ինչս եւ ի թագաւորէն տալ նմա իշխանութիւնս. եւ յետ սակաւ աւուրց այլօք ընկերօք գողացաւ զՎասիլն եւ վաղվաղակի հասուցանէր զնա առ թագաւորն Տուկիծ. եւ եղեւ ուրախութիւն մեծ ամենայն տանն Յունաց, եւ բերողացն բազում պարգեւս տուեալ թագաւորն: Եւ եկեալ Վասիլն առ Ապուքապ հայրն իւր ի յՈւռհա, եւ հայրն եւ ամենայն ազգ իւր լցան ցնծութեամբ:

In the year 514 of the Armenian Era [A.D. 1065] during the reign of Ducas, emperor of the Byzantines, a great war started in the western lands by the Uz people. Emperor Ducas massed troops from the entire Byzantine nation and troops from the land of the Armenians. [Ducas] designated as their military commander the great Byzantine prince, Basil son of Apuk'ap. [Basil] advanced with many troops, went and encamped by the great river, called the Don. There was a fierce battle when the two sides clashed by the banks of the river, with many fatalities on both sides. There one could observe a very violent conflict with each side hacking at the other most of the day. They were like flocks of sheep. When the battle became more ferocious, the troops of the Byzantines were defeated and fled. The Uz troops pursued, attacking and killing many with their swords. They seized Basil, the military commander of the Byzantines and took him to their land as a captive. Moreover, [the Uz] seized the entire camp of the Byzantines, with its multitude of gold and silver and much other booty besides. They took captive all the grandee princes of the Byzantines. Basil remained captive for many days in the land of the Uz. [The Byzantines] were unable to pay his ransom, since [the Uz] wanted an exorbitant amount. But then it came about that one of the foreigners' soldiers plotted with Basil so that [Basil] would be abducted. In exchange, [Basil] promised that man much wealth and that he would receive [some] authority from the emperor. After a few days, [this man] with some friends abducted Basil and speedily got him to Emperor Ducas. The entire House of the Byzantines rejoiced, while the emperor gave many gifts to those who had brought him. Then Basil went to Apukap, his father, in Edessa. And his father and his entire clan were overjoyed.

58. Յայսմ ամի մեռաւ ամենագովելին Տէր Խաչիկ կաթուղիկոսն Հայոց. սա կեցեալ յաթոռ հայրապետութեան զամս վեց յօտար աշխարհի, պանդխտեալ յիշխանութիւնն Յունաց եւ բարուք քաղաքավարութեամբ լցեալ զժամանակս կենաց իւրոց. եւ բազում վիշտս կրեաց ի յանհրաւ եւ ի մոլի ազգէն Հոռոմոց ի մէջ Կոստանդնուպօլսի, որ եւ ի պէսպէս փորձութիւնս ածէին զնա վասն հաւատոց. զի այսպէս լսելով մեր՝ եթէ հրով փորձեցին զնա, եւ նա անվնաս անցանէր ընդ մէջ հրոյն, զոր նոցա զայրացեալ՝ եւ առաջօք ասէին զայն: Եւ այսպիսի օրինակաւ սուգ ունէր Տէր Խաչիկ ի սրտի իւրում. եւ յիշեալ զաւերումն հայրապետական աթոռոյն տանն Հայոց, նաեւ զխափանել աթոռոյ թագաւորութեանն յազգէն Բագրատունեաց եւ գալ ծառայել չարամիտ ազգաց Յունաց, եւ աղքատութեամբ տիրապէս ել յաթոռոյ սրբոյն Գրիգորի Հայոց լուսաւորչին. վասն զի յորժամ էր Տէր Պետրոս յաթոռ հայրապետութեանն եւ ի Հայաստան աշխարհին, ունէր կազմութիւն հայրենեաց՝ տրուեալ ի թագաւորացն Հայոց՝ հինգ հարիւր գեղ անուանի եւ մեծանիստ եւ շահաւէտ ընտիր ընտիր, նոյնպէս եւ եպիսկոպոսս հինգ հարիւր փառաւոր եւ գաւառապետս ի վերայ եօթն հարիւր թիմի հանապազ. երկոտասան եպիսկոպոս եւ չորս վարդապետ ի տանն հայրապետին եւ վաթսուն երէց ի կրօնաւորաց՝ եւ յաշխարհականաց՝ հինգ հարիւր. եւ չէր նուաստ աթոռ հայրապետութեանն քան զթագաւորութեանն Հայոց: Նաեւ զարդարանք եկեղեցեացն եւ տանն հայրապետութեանն բազում եւ անհամար եւ հրաշալի մեծութեամբ լցեալ, որ յառաջին թագաւորացն տրուեալ հաստատութեամբ առաջին հայրապետացն. որ գայր հասանէր մինչեւ ի Տէր Պետրոս եւ առ նովաւ խափանեալ լուծաւ:

58. In this year there died the most praiseworthy Lord Xach'ik,[14] *Catholicos* of the Armenians. He had occupied the throne of the patriarchate for six years in a foreign land, exiled under the rule of the Byzantines. Throughout his entire life he was filled with virtuous activity. He bore much grief and injustice from the unjust and fanatical nation of Byzantines in Constantinople. There they subjected him to various torments because of his faith. We have heard that they [even] tried him with fire and that he emerged from the flames unharmed. This enraged [his tormentors] who lamented [his salvation]. In this manner Lord Xach'ik mourned within his heart. For he also recalled the destruction of the patriarchal throne of the House of the Armenians, and also the overthrowing of the throne of the kingdom of the line of the Bagratids, and coming to serve the evil-minded nation of Byzantines, as well as the poverty now embracing the throne of Saint Gregory, Illuminator of the Armenians. For, [by contrast,] when Lord Petros sat on the throne of the patriarchate and when it was [located] in the land of the Armenians, it had the patriarchal properties given to it by the Armenian kings: 500 renowned large villages with very profitable revenues, 500 glorious bishops and district heads, who administered 700 dioceses without interruption. [At that time there were] 12 bishops and four *vardapet*s in the house of the patriarch, as well as 60 priests and 500 members of the laity. Indeed, the throne of the patriarchate was not inferior to the throne of the kingdom of the Armenians. Furthermore, the churches and the House of the patriarch were filled with countless, innumerable, marvelous adornments, which the first kings had permanently given to the first patriarchs, and which had been handed down to Lord Petros. But after him, they were broken apart and melted down. Lord Xach'ik, reflecting on all this, and seeing the overturning of the patriarchal throne of the Armenians, became profoundly depressed.

---

14 Xachik II Anets'i, 1058-1065.

Արդ՝ զայն ամենայն զմտաւ ածէր Տէր Խաչիկ եւ տեսանէր ի տառապանս զհայրապետական աթոռն Հայոց եւ կայր յոյժ վիրաւորեալ: Իսկ յորժամ հրաժարեաց ի յաշխարհիէս սուրբ հայրապետն Տէր Խաչիկ, որք մնացեալ էին ի թագաւորացն եւ յիշխանացն Հայոց, յայնժամ խնդիր արարին գտանել զմի ոք արժանաւոր՝ զի նստցի յաթոռ հայրապետութեան սուրբ Լուսաւորչին Գրիգորի. եւ գտին մանուկ մի յազգէ Պալհաւունեաց Վահրամ անուն, զորդի Գրիգորին Մագիստրոսի մեծի իշխանին Հայոց. սա լցեալ ամենայն առաքինութեամբ, որ եւ ըստ օրինի աշխարհիս կին արարեալ էր եւ սրբութեամբ եւ անարատութեամբ պահեալ էր զինքն եւ յայսմ ժամանակիս հրաժարեալ էր ի կնոջէն իւրմէ եւ մտեալ ի կարգ կրօնաւորութեան, ուսման եւ աստուածային շնորհացն պարապեալ եւ հասեալ եղեւ ի վերայ հին եւ նոր կտակարանացն Աստուծոյ յօժարամիտ եւ մեծաւ փափագանօք:

Յայսմ թուականութեանս նստաւ յաթոռ կաթողիկոսութեան Հայաստան ազգին ամենագովելին Տէր Գրիգորիս, որ համանուն Վահրամ, որդի Գրիգորի Մագիստրոսի, որդի Վասակայ Բջնեցիք եւ ազգաւ Պալհաւունիք: Տէր Գրիգորիս նստաւ յաթոռ հայրապետութեանն հրամանաւ Գագկայ շահնշահի՝ որդւոյ Աբասայ Կարնեցոյ վասն զի զկնի մահուանն Տեառն Խաչկայ զսա տեսին արժանաւոր սուրբ աթոռոյն, զի էր յոյժ առաւելեալ հռչակաւոր անուամբ, լցեալ սրբութեամբ եւ արդարութեամբ, տիրեալ ամենապայծառ առաքինութեամբ եւ հասանէր ի վերայ հռետորական իմաստութեանց, տեղեկացեալ ամենայն հին եւ նոր կտակարանացն Աստուծոյ, եւ յամենայն դիմաց կարող էր օգնել հօտին Քրիստոսի:

Now when the blessed patriarch Lord Xach'ik passed from this world, those remaining of the royalty and princes of the Armenians sought to find a worthy individual to seat upon the throne of the patriarchate of Saint Gregory the Illuminator. They found a youth from the line of the Pahlawunids, named Vahram. He was a son of Grigor Magistros, a great prince of the Armenians. [Vahram] was filled with virtues. Having taken a wife, after the ways of this world, he held himself [celibate] in holiness and purity. Then he separated from his wife and entered the ranks of the clergy, occupying himself with study and practice of divine grace with great eagerness and desire, until he had a deep understanding of God's Old and New Testaments.

In this year there was seated on the throne of the Catholicosate of our Armenian people the most praiseworthy Lord Grigoris, also called Vahram, son of Grigor Magistros, son of Vasak Bjnets'ik', of the Pahlawuni line. Lord Gregory sat upon the throne of the patriarchate at the order of Gagik *shahnshah*, son of Abas Karnets'i, since after the death of Lord Xach'ik they saw him [Gregory] as deserving of the blessed throne. For Gregory was much more renowned [than the other candidates], filled with holiness, righteousness, and the most glorious virtue. Beyond this, he had achieved renown as a wise rhetorician, informed of all the Old and New Testaments of God. Thus, he was able to aid the flock of Christ in every way.

Զաա յայտնեաց Հոգին Սուրբ նստել յաթոռ սուրբ Լուսաւորչին Գրիգորի նախնւոյն իւրոյ, վասն որոյ զսա տեսանէին զարդարեալ հեզութեամբ եւ ամենայն արդարութեամբ՝ երկրորդս Գրիգոր անուանի երեւալ: Սորա թողեալ զսէր աշխարհիս եւ բուռն հարեալ զյաւիտենական կենացն. սա լուսաւորեաց զՀայաստան աշխարհս բազում եւ ազգի ազգի մեկնութեամբ, որ եւ յամենայն ազգաց թարգմանութիւնս արարեալ եւ լցեալ առհասարակ զեկեղեցի Աստուծոյ ամենայն աստուածային կտակարանօք. եւ սա պայծառացոյ զկարգ կրօնաւորութեանն յազգս Հայոց, եւ սովաւ նորոգեցաւ սուրբ Լուսաւորչին Գրիգորի ի Հայաստան աշխարհս, վասն զի փայլեաց սրբութեամբ եւ ամենայն պարկեշտութեամբ եւ պարապեալ կայր պահօք եւ աղօթիւք:

59. Յայսմ ամի դարձեալ երկրորդ ժողով արար անօրէն իշխանն Պարսից անօրէն Սլար-Խորասան եւ գայր ի վերայ բերդին Թլմխոյ եւ մեծաւ պատերազմաւ ի նեղ արկեալ զբազում աւուրս՝ եւ ոչ կարաց առնուլ: Եւ յարուցեալ բազում զօրօք գայր յերկիրն Ուռհայոյ եւ հասանէր ի բերդն՝ որ կոչէր Սեւերակս. եւ կայր անդ Փռանգ զօրք կողմնապահ երկերիւր ձիաւոր, գնաց ի պատերազմ ընդդէմ Թուրքին եւ զառաջին երեսն դարձուցին կոտորելով՝ ի փախուստ. եւ յորժամ բազմացան զօրք այլազգեացն՝ աբարին փախստական զՓռանգն եւ սպանին ի նոցանէ արս հնգետասան:

It was this man whom the Holy Spirit revealed as the one to sit on the throne of the blessed Gregory the Illuminator—who was his ancestor. Thus, it was that they saw him as someone adorned with modesty and righteousness —someone appearing as the second renowned Gregory. He had forsaken the love of this world and ardently pursued the life eternal. He illuminated the land of the Armenians with many diverse commentaries translated from [the languages of] many peoples, and he filled the Church of God with all sorts of divine testaments. He made to gleam the ranks of the clergy among the Armenian people and with these [activities] renewed the throne of Saint Gregory the Illuminator in the land of Armenia. For he himself glowed with holiness and all modesty and also occupied himself with fasting and prayer.

59. In this year, once again, the impious prince of the Persians, the impious Slar-Khorasan massed troops for a second time and came against T'lxum fortress. For many days he put it into dire straits through warfare, but was unable to capture it. Arising with many troops, he came to the Edessa country, reaching the fortress named Sewerak. Located there was a Frankish force of 200 cavalry who were guards. It went into battle against the Turks and killed or put to flight the first [attackers]. However, when the troops of the foreigners increased, they put the Franks to flight, killing 15 of them.

Եւ յայնժամ անօրէն զօրքն յարձակեցան ի գաւառն Սեւերակացն եւ ի Նսեպնայ. եւ էր ամենայն գաւառն բազմամբոխ լցեալ արանց եւ կանանց, եւ հօտք ոչխարացն ի բազմութենէն՝ որպէս զծով ծփայր առհասարակ ամենայն գաւառն. եւ սրով ի վերայ յարձակեցան գազանաբար եւ անողորմ ի բերան սրոյ կոտորեցին եւ արեամբ լցին զերկիրն եւ զկանայս նոցա եւ զորդիսն վարեցին ի գերութիւն անհամար աւարաւ: Եւ յետ սակաւ աւուրց հասանէր ի գաւառն Ուռհայոյ եւ բանակ հարկանէր ի վերայ հռչակաւոր բերդին Թոռիճայ եւ արար աւար զամենայն գաւառն. եւ կէս զօրացն իջաւ ի վերայ չափաւոր բերդին՝ որ կոչէր Նշենեկ. եւ սաստիկ պատերազմաւ ի յառ ածին զբերդն:

Եւ մի ոմն ի Հայոց քաջ զօրականացն յայնժամ ի յՈւռհայ հանդիպեցաւ՝ Պեխտ անուն, եւ էր տուկ Անտիոքայ քաղաքին. եւ սորա ձայն տուեալ զօրաց իւրոց՝ յարձակեալ գնայր ի վերայ Թուրքին. եւ քաղաքին տուկն՝ որ կոչէր Փիղոնիտ տայր զզօրս քաղաքին ի Պոօքսիմոսն իւր եւ պատուէր տայր զկնի՝ վասն կորստեան Պեղտին, վասն զի մի՛ արասցէ քաջութիւն եւ եղցէ անուն զօրութեան նորա: Իսկ Պեխտն հասանէր ի Նշենեկն ի մթան ժամուն, եւ Թուրքն անհոզացեալ եւ առհասարակ կրակ էին վառեալ, սկսան ապուր զուգել. եւ չարախորհուրդ այրն Պոօքսիմոսն զերդ որ ունէր ի սրտին զնենգութիւն վասն կորստեանն Պեխտին, ի հեռաստանէ զփող պատերազմին հարկանէր եւ ազգ արարեալ Թուրքին՝ եւ ինքն յայլ կողմն գնաց զօրօքն:

Then did the troops of the infidels make attacks in the district of Sewerak and in Nisibis. The entire district was so full of men and women and flocks of sheep that it seemed to be an ocean billowing with their multitude. [The infidels] fell upon them with their swords like wild beasts and mercilessly killed, filling the country with blood. The women and children were led into slavery along with inestimable booty. After a few days, [the General of Khorasan] arrived at the district of Edessa, pitched camp by the renowned fortress of T'or'ich, and looted the entire district. Half the troops descended upon the citadel known as Nshenek and captured it after a fierce battle.

Now it happened that in Edessa at this time was one of the brave Armenian military men, named Pext.[15] He was also duke in the city of Antioch. He alerted his troops to go and attack the Turks. The duke of the city [of Edessa], whose name was Pegonites, gave the city's troops to his proximus and bade him follow them, to kill the vestris. This was to prevent [the vestris] from displaying any bravery or gaining renown for his military activities. Now the vestris reached Nshenek at nighttime, while the Turks, without a care, had lit a fire and were preparing to make soup. The malevolent proximus, who harbored in his heart a treachery aimed at killing the vestris, sounded his war trumpet from a distance, thereby alerting the Turks. He himself went off in a different direction with his troops.

---

15 *Pext:* i.e., vestris, "supervisor".

Եւ յայնժամ իշխանն Հայոց գիտացեալ զնենգութիւն ազգին Հոռոմոց, ձայն տուեալ ազատաց իւրոց եւ յարձակեցաւ ի վերայ Թուրքին. եւ ի հասանելն արար բազում կոտորածս եւ զայլն արար փախստական եւ զբերդն եհան յայլ ամրութիւն. եւ ի բազմանալ անօրինացն ի վերայ՝ մըտանէր անվնաս ի բերդն՝ որ մերձ կայր ի Ծուլման՝ եւ հարցաւ թէ՝ Ո՞ւր է Փռանգ զօրքն քաղաքին. եւ ասեն՝ եթէ ի տէր Կօղման գնաց Պռօքսիմոսն ամենայն զօրօքն: Եւ ասէ Պեխտոն. «Ո՛վ աստուածուրաց Հոռոմք, եւ ա՞ստ աբարիք զձեր նենգութիւնդ»: Դարձաւ ի յՈւռհայ, եւ յետ աւուրց գնաց ի քաղաքն Անտիոք. եւ զայս ամենայն գրեալ ծանուցանէր թագաւորին՝ Տուկծին: Եւ տարեալ թագաւորն զՊռօքսիմոսն եւ քերթեալ զմարմին նորա եւ զմորթին ելից խոտով եւ առաքեաց յՈւռհա եւ զՊեղոնետոն ընկէց ի փառաց:

Յայսմ ամի դարձեալ գայր անօրէն եւ արեանարբու գազանն Սլար-Խորոսան ի գաւառն Ուռհայոյ եւ իջանէր ի Ջալապն. եւ արար անդ սաստիկ կոտորածս ի բերան սրոյ զբազում տեղիս եւ անցոյց զամենայն բնակիչսն եւ բազում գերութեամբ իջաւ ի վերայ բերդին՝ որ կոչի Տէպ՝ եւ սաստիկ պատերազմաւ առեալ զՏէպ եւ առհասարակ կոտորեաց զամենեսեան. եւ յարուցեալ գայր բնակէր ի տեղի՝ որ կոչի Քսօս:

At that point, the Armenian prince realized the treachery of the Byzantine nation and shouted to his azats and attacked the Turks. When he reached them, he wrought many deaths and caused others to flee. He also secured the fortress. When the number of infidels increased, the vestris, unharmed, entered the fortress which was close to Tsulman. Then he asked: "Where are the city's Frankish troops?" They told him: "The proximus with all his troops has gone to Lord Ko'zma." Then the vestris said: "O, you apostate Byzantines, have you wrought your treachery here, too?" The vestris returned to Edessa and, after some days, went to Antioch. He wrote down a description of all this, familiarizing Emperor Ducas with [these developments]. The emperor had the proximus brought and flayed alive, stuffing his skin with straw. Then [the body] was sent to Edessa. However, the vestris was deprived of his honor.

In this same year, once more that impious, bloodthirsty beast, the General of Khorasan came to the district of Edessa, where he descended on Jalap. There he wrought a big slaughter in many places, killing all the inhabitants. With numerous captives he descended on the fortress named Te'p and took it after a fierce battle. Generally, he killed the entire population. Then he arose and went to dwell at a place called K'so's.

Իսկ զօրքն Հոռոմոց՝ որ էր ի քաղաքն Ուռհայ հետե-ւակ եւ ձիաւոր գնացին ի վերայ Թուրքին արք չորս հազար եւ հասանէին ի Թլակն՝ մերձ ի Քսօս. եւ տեսեալ Սլար-Խորասան՝ ձայն տուեալ զօրաց իւրոց յարձակեցաւ ի պա-տերազմ. եւ յառաջ քան զպատերազմն փախեան Հոռո-մոց զօրքն, եւ ի Հայոց հետեւակացն երկու եղբայր կալան զկարմունջն եւ զամենայն Թուրքն արգելական արարին առ վայր մի՝ մինչեւ ընկալան զմահ սաստիկ պատերազ-մաւ: Եւ գնայր Հոռոմոց զօրքն ի փախուստ, եւ Թուրքն սրով ի հետ. եւ յայնժամ Փռանգ մի դարձաւ ի վերայ Թուր-քին. գոչեաց որպէս զառիւծ եւ զբազումս խոցեալ սատակ-եաց եւ արգել զնոսա՝ մինչեւ փախստականքն հեռացան. յայնժամ բազում խոց առեալ ձին, որ եւ զինքն ի տե-ղին կատարեցին քաջապէս մահուամբ. եւ մինչեւ ի խան-դակ քաղաքին վարեցին սաստիկ կոտորածով. եւ լցաւ դաշտն արեամբ, եւ բազում իշխան պակասեաց:

60. Յայսմ ամի դարձեալ գայր Սլար-Խորոսանն ի գաւառն Ուռհայոյ, ի տեղին՝ որ կոչի Կուպին, եւ արար անդ ահաւոր կոտորածս եւ բնակեցաւ ի նմա զաւուրս բազումս եւ արար աւար եւ գերութիւն զամենայն գաւառն եւ գնաց յաշխարհն Պարսից անհամար աւարաւ եւ բազում գերու-թեամբ եւ անդ սատակեցաւ:

Meanwhile, the Byzantine troops in the city of Edessa, infantry and cavalry, some 4,000 men, went against the Turks, arriving at T'lak, near K'so's. When the General of Khorasan observed this, he notified his troops and engaged in battle. Prior to the battle, the Byzantine troops fled. Two brothers from the Armenian infantry forces secured a bridge and stopped all the Turks [from crossing it] for a while, until they themselves were slain in a fierce battle. The Byzantine troops fled and the Turks pursued with their swords. Then one Frank turned upon the Turks. He roared like a lion, wounding, killing, and stopping them, until those fleeing had distanced themselves. But then he died valiantly, his horse having sustained many wounds. [The Turks] advanced, right up to the city's moat, wreaking a great slaughter and filling the plain with blood. Many princes were killed.

60. In this same year the General of Khorasan again came to the district of Edessa, to the place called Kupin. He caused a frightful slaughter and remained there for many days, enslaving the entire district. Then he departed for the land of the Persians, taking along inestimable booty and many slaves. He died there.

Յայսմ ամի Տուկիծ թագաւորն Հոռոմոց եւ պատրիարգն եւ ամենայն կղերիկոսքն եւ ամենայն դասք ներքինեացն լծակիցք լեալ չարաշունչ եւ պիղծ խորհրդոյ անօրէն թագաւորին եւ ամենայն մեծամեծ իշխանքն Հոռոմոց ձեռն տուեալ խաւարային խորհրդոցն. վասն զի կամէր թագաւորն չար միաբանելովք իւրովք բառնալ զՀայոց հաւատոյ դաւանութիւնն եւ խորհէին եղծանել զհաւատս սուրբ Լուսաւորչին Գրիգորի. եւ կամեցաւ զիւր դիւաբուն եւ զխառնափնդոր եւ զթերակատար զհաւատսն հաստատել ի Հայք. եւ զհաւատսն, զոր ի վաղ ժամանակաց հետէ ամրացեալ էր ի Հայաստան աշխարհս, վասն զի հիմնարկեալ էր անդամանդ վիմօք՝ աշխատանօք եւ մահուամբ սրբբոց առաքելոցն Թադէոսի եւ Բարդուղիմէոսի եւ բազմադիմի եւ ազգի ազգի չարչարանօք Լուսաւորչին սրբոյն Գրիգորի, որ կայ եւ մնայ անսասանելի մինչեւ յաւիտեան: Եւ արդ՝ սա հրապուրեալ եղեւ ի դիւաց, կամեցաւ նմանել առ թշնամւոյ՝ որ ցանեաց զորոմն ի վերայ մաքուր ցորենոյ. որպէս եւ ասէ իսկ ի սուրբ Աւետարանին, այսպէս եւ սա կամեցաւ զլուսաւոր հաւատս խաւարեցուցանել եւ զճշմարտութիւնն ընդ ստութեանն փակել, որպէս եւ սովոր են Յոյնք. եւ զայսքան բարձրացեալ աշտարակ հաւատոյս յօժարութեամբ կամեցաւ ի փուլ ածել, զորս ոչ կարաց կատարել զչար խորհուրդն իւր:

MATTHEW OF EDESSA'S CHRONICLE

In this year Ducas, emperor of the Romans, together with the patriarch, all the clerics, and all the ranks of eunuchs joined in a vile, filthy, and benighted plan. [The plan] was hatched by the impious emperor and all the grandee princes of the Byzantines, all of whom supported it. This was because the emperor with his associates wanted to eliminate the confessional faith of the Armenians and planned to corrupt the doctrines of the blessed Illuminator, Gregory. He wanted to establish their diabolical, confused, and defective [Byzantine Chalcedonian] doctrines in Armenia. [This was despite the Armenians having] a faith which had long ago become established in the land of Armenia, built on a foundation of diamond-like rocks, and through the works and deaths of the blessed Apostles Thaddeus and Bartholomew, through the many diverse tortures of Saint Gregory the Illuminator—[a faith] which exists and will remain unshaken for eternity. Beguiled by demons, [the emperor] wanted to resemble an enemy who sows tares among the clean grain. As [such people are] described in the blessed Gospel, [the emperor] also wanted to dim our luminous faith and bind the truth with falsehood—as is the custom of the Greeks. He wanted to demolish the tower of our faith, which had grown so tall. But he was unable to effect his wicked plan.

Եւ արդ ահա առաքեաց թագաւորն Տուկիծ ի Սեբաստիա քաղաքն եւ կոչեաց զորդիսն թագաւորաց Հայոց զԱտոմ եւ զԱպուսահլ գալ ի Կոստանդնուպօլիս: Եւ նոքա ծանեան առ սակաւ մի զչար խորհուրդն եւ առեալ ընդ ինքեանս զՅակոբս վարդապետն ըստ աւելի անուանն Քարափնեցի, այր գիտնական գրոց բանից, եւ գնացին ի Կոստանդնուպօլիս: Եւ թագաւորն զառաջինն բարով ընկալաւ զորդիք թագաւորացն Հայոց եւ զկնի սակաւ աւուրց սկսաւ յայտնել զչար խորհուրդ մտաց իւրոց եւ ասէր, եթէ «Հրամանք է թագաւորութեանս մերում՝ զի դուք եւ ամենայն իշխանք Հայոց աշխարհին առնուք յանձինս ձեր զկնունք հաւատոյ ազգիս Հոռոմոց»: Եւ յայնժամ նոքա ի մէջ Հոռոմոց անկան ի մեծ տարակուսանք եւ ասացին ցթագաւորն Ատոմն եւ Ապուսահլն. «Մեք առանց Գագկայ Աշոտոյ որդւոյն ոչ ինչ կարեմք առնել, զի նա այր քաջ է եւ թագաւոր եւ մեր փեսայ. առաքեա եւ կոչեա զնա այսր, զի եթէ մեք առանց նորա իրք առնեմք, հրով այրէ զմեզ ի գաւառն մեր»: Եւ լուեալ թագաւորն՝ ոչ կամեցաւ զգալն Գագկայ, վասն զի այր հզօր էր յիմաստասիրական ջոկսն եւ անյաղթ ի պատասխանիսն. զի սա ի սուրբ Սոփիի յամբիոնն նստէր ընդ ամենայն վարդապետսն Հոռոմոց: Եւ յայնժամ Ատոմ եւ Ապուսահլ զաղտ խնդիր հանին Գագկայ ի Կոլօնպեղատն:

Emperor Ducas sent to the city of Sebastia and summoned to Constantinople Atom and Apusahl, the sons of the Armenian kings. They, somewhat familiar with [Ducas'] evil intention, took along with them to Constantinople the most renowned vardapet Yakobos of K'arap'in, a man skilled in Scripture. At first, the emperor received the sons of the Armenian king nicely, but after a few days he began to reveal the wicked plan in his mind and said: "It is the command of our majesty that you and all the princes of the land of the Armenians receive baptism according to the faith of the Roman nation." At that point, Atom and Apusahl—who were located there among the Byzantines—had grave doubts [about refusing] and so they replied to the emperor: "We cannot do anything without [the approval of] Gagik, Ashot's son, for he is a brave man, the king, and our in-law. Send and summon him here. For if we do something [like this] without him, he will burn us with fire in our own district." Now when the emperor heard this response, he did not want Gagik to come there for [Gagik] was a mighty man among the philosophers and invincible in responding to questions. Moreover, [Gagik] had even [at one time] sat in the pulpit of Saint Sophia, among all the Byzantine doctors of the Church. At this point Atom and Apusahl secretly sent to Gagik in [the city of] Kalon-Peghat, notifying him.

61. Իսկ թագաւորն Տուկիծ արար քննութիւն հաւատոյ իւր առաջի, եւ Յակոբոս վարդապետն՝ որ ասի Սանահնեցի, արար դիմադրութիւն բազում յամենայն հարցմունսն ընդդէմ Հոռոմց. բայց սակաւ մի վասն երկբընութեանն Քրիստոսի ի կողմն Հոռոմց դարձաւ: Եւ յամենայն պատճառսն հաւատոցն հաճեալ թագաւորն եւ հրամայեաց յայնր վերայ գիր միաբանութեան գրել ընդ Հայք եւ ընդ Հոռոմք. եւ վարդապետն Հայոց Յակոբոս գրեաց գիր միաբանութեան Հայոց եւ Հոռոմց: Եւ հաճեալ թագաւորին ի գիր հաւատոյն, հրամայեաց դնել զգիրսն ի սուրբն Սոփի, զի ահա յայսմ հետէ եղիցին ի միասին միաբանեալ Հայք եւ Հոռոմք:

Եւ ի նոյն ժամայն իբրեւ զարծիւ թռուցեալ հասանէր Գագիկ ի Կոստանդնուպօլիս, եւ լուեալ թագաւորն՝ ուրախ եղեւ յոյժ. եւ իբրեւ մտաւ առ թագաւորն, հրամայեաց բերել զգիրս միաբանութեանն. եւ առեալ ընթերցաւ Գագիկ եւ իբրեւ ծանեաւ զգրեալսն Յակոբոսի, պատառեաց զնա առաջի թագաւորին յերկուս ծուէնս եւ ընկէց զնա յերկիր. եւ թագաւորն տեսեալ՝ ամաչեաց յոյժ: Եւ ասէր Գագիկ ցթագաւորն վասն վարդապետին, եթէ «Ահա սա այր կրօնաւոր է, եւ այսպիսի բազումք կան յաշխարհին Հայոց, որք ոչ ընդունին. եւ ոչ ոք հնազանդի գրոյ սորա, եւ մեք ընդ կատարեալ վարդապետսն Հայոց ոչ ունիմք զսա»:

61. Now Emperor Ducas began an inquiry into the [Armenians'] faith, in his presence. Vardapet Yakobos, who was called Sanahinets'i, refuted many of the Byzantine positions; however, he did somewhat incline toward the diophysitic conception of Christ's nature, [that is], to the Byzantine side. The emperor was satisfied with all the articles of the faith [so professed] and commanded that based on it a document of unity between the Armenians and the Byzantines should be written. Then Yakobos, vardapet of the Armenians, wrote that document of unity between the Armenians and the Byzantines. The emperor, pleased with this profession of faith, ordered that it should be placed in Saint Sophia, so that thereafter the Armenians and Byzantines would be [doctrinally] united.

At that very moment, like a soaring eagle, Gagik arrived in Constantinople. When the emperor heard about this, he was truly delighted. [Ducas], when the king had entered his presence, commanded that the document of union should be brought forth. Gagik took and read it and, when he had familiarized himself with what Yakobos had written, he tore it in two in front of the emperor and cast it to the ground. The emperor, seeing this, was greatly embarrassed. Then Gagik spoke to the emperor about that vardapet, saying: "Behold this man is [just] a cleric. There are many like him [in rank] in the land of the Armenians, who do not accept [what he wrote], nor will anyone accept this document. We do not accept him as one of the accomplished vardapets of the Armenians."

Եւ յայնժամ առաջի թագաւորին յանդիմանեաց զՑակոբոս եւ ասէր՝ թէ «Զիա՛րդ համարձակեցար զայդ գործել, մտանել քեզ յաւերաքանութիւն, զի այր կրօնաւոր ես»: Եւ ասաց Գագիկ ցթագաւորն Տուկիծ. «Ահա ես այր թագաւոր եմ եւ որդի թագաւորացն Հայոց, եւ ամենայն Հայք հնազանդին հրամանաց իմոց, եւ ամենայն կտակարանացն Աստուծոյ հնոյ եւ նորոյս հմուտ եմ, եւ ամենայն Հայք վկայեն բանից իմոց, զի հաւասար վարդապետացն ընդունին զիս. եւ ահա ես խօսեցայց այսօր ընդ Հոռոմց վասն հաւատոյ ազգիս Հայոց»:

Եւ գրեաց Գագիկ գիր հաւատոյ ձեռամբ իւրով այսպէս եւ տայր զնա ի թագաւորն եւ ի պատրիարգն.

62. Եւ այսպէս խօսեցաւ Գագիկ արքայ Հայոց դէմ յանդիման թագաւորին Տուկծին եւ ի մէջ ամենայն հռետոր վարդապետաց տանն Յունաց ի քաղաքն Կոստանդնուպօլիս: Եւ յոյժ հաճեալ թագաւորն Տուկիծ եւ ամենայն իմաստասէրքն, որ նստէին ի ճեմարանին, եւ հիանային ընդ կորովութիւն բանիցն եւ ընդ հաստատութիւն շնորհացն. եւ յայնժամ արարին սէր եւ խաղաղութիւն ընդ որդւոց թագաւորացն Հայոց եւ թողեալ զաւելախօսութիւն բանիցն եւ եղեն յամօթ ամենայն չարայոյզքն Հայոց, վասն զի ամենայն դասք վարդապետացն Հոռոմց ոչ կարացին արատ եւ կամ բիծ երկբայութեան գտանել հերձուածոյ ի հաւատոյ խօստովանութիւնսն, զորս գրով Հոռոմց խօսեցաւ Գագիկ արքայ Հայոց: Նաեւ այլ բազում բանք են նորա անպարտելի բանիւք, զորս արար դիմադրութիւն առ ի յանդիմանութիւն տանն Յունաց:

And then and there, right in front of the emperor, [King Gagik] upbraided Yakobos, saying: "How could you dare to do such a thing, to engage in such nonsense, and you a cleric?" Then Gagik said to emperor Ducas: "Behold, I am a king, a son of kings of the Armenians. All Armenians are subject to my commands, [moreover] I am knowledgeable in all the books of the Old and New Testaments. All Armenians will testify to my words, since they accept me as equal to the vardapets. Now today I shall speak among the Byzantines about the faith of the Armenian nation."

Then did Gagik write this profession of the faith with his own hand and gave it to the emperor and to the patriarch.[16]

62. Thus did Gagik, king of the Armenians, discourse opposite Emperor Ducas among all the rhetorician-vardapets of the House of the Byzantines in the city of Constantinople. Emperor Ducas and all the sages who sat in the [examining] academy were greatly pleased and marveled at the forcefulness of his words and the strength of his intellect. Then they established friendship and peace with the sons of the kings of the Armenians. They abandoned their frivolous discourse, and all those who wished ill to the Armenians were shamed. This was because none of the Byzantine vardapets was able to find the merest trace of heresy or contradiction in this profession of the faith delivered [orally] and in writing by Gagik, king of the Armenians. He also mentioned many other matters using invincible dialog which he mustered to counter and upbraid the House of the Byzantines.

---

16 We omit the profession of the faith.

Զորս տեսեալ թագաւորին եւ յոյժ հաճոյացեալ, վասն զի լի իսկ էր բանիւք ամենայն ուղղափառութեամբ եւ ճըշմարիտ խոստովանութեամբ՝ որ ի Քրիստոս Յիսուս: Եւ արար թագաւորն Տուկիծ սէր եւ ընդունելութիւն նոցա եւ շնորհեաց բազում պարգեւս Գագկայ եւ Ատոմայ եւ Ապուսահլի եւ այլոց իշխանացն: Եւ փառաւորեցաւ անունն Գագկայ ընդ ամենայն վարդապետաց տանն Հայոց, որք երեւեցան յայնմ ժամանակին լուսաւորք. եւ այս են անուանք վարդապետացն.

Տիրանն Կապանեցին,

Սայլահանն եւ կամ Լասգիվերցին, եւ Ատոմ Անձաւացին,

Անանէ եւ Գրիգոր Նարեկացիքն,

Սարգիս Սեւանեցին,

Յովսէփ Ընծայեցին,

Գէորգ Ուծեցին,

Դէոսկորոս Սանահնեցին,

Անանէ Հաղբատացին,

Յակոբոս Քարահատայ որդին,

Անտոն եւ Տիմոթէոս,

Յովհաննէս՝ որ անուանեցաւ Կոզեռն, Պօղոս եւ Յովսէփ

Գէորգ վարդապետ, եւ Թամռեցին, եւ Պարկճակ

եւ այլք այսպիսիք անյաղթք՝ որք կային լցեալք աստուածային շնորհօքն, որք երեւացան յաշխարհս Հայոց յայսմ ժամանակիս: Իսկ թագաւորն Գագիկ նմանեալ էր շնորհաց նոցա:

When the emperor saw this, he was delighted since all of [Gagik's] words were fully orthodox and a true confession of Jesus Christ. Then Emperor Ducas accepted and established friendship with Gagik, Atom, Apusahl, and the other princes and bestowed many gifts on them. Gagik's name was glorified among all the vardapets of the House of the Armenians who were the luminaries of that period. Here are the names of those vardapets:

Tiran Kapanets'i,

Saylahan, also called Lastiverts'i, Atom Andzewats'i,

Anane' and Grigor Narekats'i,

Sargis Sewanats'i,

Yovse'p' E"ntsayets'i,

Ge'org Urtsets'i,

De'oskoros Sanahnets'i,

Anane' Haghbatats'i,

Yakobos, son of K'arahat,

Anto'n and Timot'e'os,

Yovhanne's, who was called Kozer'n, Po'ghos and Yovse'p',

[and] G'eorg vardapet Ewt'amr'ets'i, Parichak,

and other invincible [clerics] of this sort who were filled with the grace of God and who, in this period, graced the land of the Armenians. King Gagik resembled them in their graces.

63. Եւ յայնժամ ելեալ Գագիկ յերեսաց թագաւորին, եւ մեծաւ փառաւորութեամբ գնացին յաշխարհն իւրեանց: Եւ գայր խաղայր Գագիկ շահն եւ գայր հասանէր մինչեւ ի Կեսարիա քաղաք Գամրաց. եւ որպէս էր յառաջագոյն զայրացեալ ընդ Յունաց՝ եւ յարձակեցաւ ի վերայ մետրապօլտին Կեսարու մեծաւ սրտմտութեամբ, որում անուն աւէին Մարկոս, վասն զի էր յոյժ հերձուածող չար եւ պիղծ հերետիկոսն Մարկոս. եւ այնչափ լրբեալ եղեւ անօրէնն Մարկոս, մինչեւ իւր շանն անուն Արմէն կոչէր: Եւ յառաջ ժամանակաց զայս ամենայն լուեալ էր Գագիկ արքայ Հայոց եւ էր յոյժ զայրացեալ ցասմամբ, բայց ի մէջ Հոռոմոց էր, ոչ ինչ կարէր առնել. եւ էր մետրապօլիտն անուանի եւ մեծ եւ ահարկու ամենայն տանն Յունաց, բայց հայհոյիչ էր յոյժ ազգիս Հայոց եւ ամենայն շան Արմէն կոչէր. նաեւ այլ անպատմելի սուգ էած ազգիս Հայոց՝ յորժամ լուաւ եթէ կամի թագաւորն զորդիս թագաւորացն Հոռոմ կնքել: Եւ ընդ որ գայր Գագիկ յամենայն իջեւանսն, հրամայեաց ամենայն զօրացն Հայոց խայտառակել զփառաւոր կանայս Հոռոմոց եւ այնու նախատեաց զնոսա, վասն զի խորհեցաւ այլ ոչ մտանել բնաւ ի Կոստանդնուպօլիս, այլ խորհեցաւ գնալ առ Աբասլան սուլտանն Պարսից եւ տիրանալ աթոռոյ թագաւորութեան տանն Հայոց, զի բազում անգամ կոչէր զԳագիկ սուլտանն, եւ նա յաղագս քրիստոնէական հաւատոյ արգելեալ լինէր:

63. Then Gagik arose from the emperor's presence and, in great glory, [he and the princes] headed for their own lands. *Shahnshah* Gagik reached the city of Caesarea in Cappadocia. As he was furious with the Byzantines already, in the greatest rage he [decided to] attack the metropolitan of Caesarea, whose name was Markos. The impious Markos was a big, evil, and loathsome heretic, so vile that he had named his own dog "Armen." Earlier, Gagik, king of the Armenians, had heard all about this and was really seething. However, because he himself was among the Byzantines, he was unable to do anything. Moreover, the metropolitan was great, renowned, and formidable throughout the entire House of the Byzantines. Yet he greatly cursed the Armenians, calling all dogs "Armen." Beyond this, [Markos] had brought indescribable mourning upon the Armenian people when he heard that the emperor wanted to [re]baptize the sons of [Armenian] kings as Romans [Chalcedonians]. At all the lodging places where Gagik arrived, he ordered all the Armenian troops to disgrace the glorious Byzantine women. He so insulted them, since he never again planned to enter Constantinople. Rather, he thought to go to Alp-Arslan, sultan of the Persians, and to rule over the throne of the kingdom of the House of the Armenians. For the sultan had summoned Gagik many times, but the latter's Christian faith had blocked this.

VOLUME II

Իսկ Գագիկ յորժամ մերձ եղեւ առ մետրապօլիտն, կամեցաւ զիջեւանս առ նա առնել. եւ գնացին նուիրակապետքն եւ ասեն ընդ հերետիկոսն Մարկոս. «Գագիկ արքայ Հայոց առ քեզ կամի իջեւանել այսօր»: Եւ լուեալ կիւռ Մարկոս՝ ուրախ եղեւ եւ հրամայեաց զարդարել զամենայն տունն իւր եւ ակամայ եւ ոչ կամայ ելանէր ընդդէմ Գագկայ հանդերձ քահանայիւք եւ մեծաւ փառաւորութեամբ բերեալ իջուցանէր զնա ի տունն իւր. եւ արար Մարկոս ուրախութիւն մեծ: Բայց Գագիկ կայր յոյժ զայրացեալ զօրն ամենայն եւ իբրեւ սկսաւ ուրախանալ զգինեաւն, յայնժամ սկսաւ ասել Գագիկ ցկիւռ Մարկոս, եթէ «Լուեալ եմ, եթէ զօրաւոր շուն կայ քո եւ կամիմք տեսանել զնա»: Եւ գիտացեալ Մարկոսն եթէ իւր կամի ուզել զնա՝ եւ զանց արար զբանիւն. եւ յորժամ կրկնեաց զբանն Գագիկ, կոչեցին զշունն. եւ նա ոչ գայր, քանզի զանունն ոչ համարձակեցան ձայնել զԱրմէնն.

Եւ ասէ Գագիկ. «Զիւր անունն ձայնեցէք՝ որ գայ»: Եւ յայնժամ Մարկոս յաղթահարեալ ի գինւոյն՝ ձայն տուեալ շանն եւ ասէր. «Արմէ՛ն, Արմէ՛ն». եւ եկեալ շունն նմանեալ առիւծու. եւ տեսեալ Գագիկ ասէ. «Արմէ՞ն կոչի շունս այս». եւ ամաչեալ յոյժ Մարկոս՝ ասէ. «Մանուկ է, վասն այնր կոչեմք իւր Արմէն»: Եւ ասէ Գագիկ. «Այժմ տեսանեմք թէ ո՛վ է մանուկն, Արմէն՝ եթէ Հոռոմն»: Եւ մեծ քուրձ մի պատրաստական ունէին. եւ ակնարկեաց Գագիկ, եւ յայնժամ հետեւակքն պատեցին զշունն եւ մեծաւ աշխատութեամբ արկանէին զնա ի քուրձն:

Now when Gagik was near the metropolitan['s residence], he wanted to lodge with him. [Gagik's] chief messengers went and told the heretic Markos: "Gagik, king of the Armenians, wants to lodge with you today." When Kyr Markos heard this, he was happy and commanded that his entire house should be decorated. Then, unwillingly, he went out before Gagik with priests and, with great grandeur, brought him into his house. Markos made a great feast. However, Gagik was extremely angry that entire day. When they began to gladden themselves with wine, Gagik said to Kyr Markos: "I have heard that you have a very powerful dog and I would like to see it." Markos thought that [Gagik] wanted to make that dog his own, and so he spoke on other matters. However, when Gagik repeated his words, they called the dog. But it did not come, since they did not dare to call out "Armen."

Then Gagik said: "Call him by his own name, so he comes." Then Markos, overcome by drink called to the dog: "Armen, Armen." And the dog bounded over, like a lion. Seeing this, Gagik inquired: "You call this dog Armen?" Vastly embarrassed, Markos replied: "We call him Armen because he is brave." Gagik responded: "Now we shall see who is the brave one, Armen or the Roman." It happened that [the Armenians] had prepared a large sack and, at this point, Gagik signaled with his eyes and his attendants surrounded the dog. With great labor they got it into the sack.

Եւ տեսեալ կիւռ Մարկոս եւ գիտացեալ՝ եթէ զշունն կամին ընդ իւրեանց տանել, սկսաւ բարկանալ եւ մեծամտել ի վերայ պաշտօնէիցն. եւ ժամ տուեալ Գագիկ եւ ձեռամբ արարեալ սպասաւորացն, եւ յայնժամ ընդ չորից կողմանց պատեցին զանօրէնն Մարկոս եւ պաշարեալ զնա մեծաւ բռնութեամբ եւ չարչարանօք արկանէին զնա ի քուրձն առ Արմէն կոչեցեալն. եւ ասէր Գագիկ եթէ. «Տեսանեմք եթէ ով է զօրաւոր եւ մանուկ՝ Հոռոմ մետրապօլի՞տն՝ եթէ շունն կոչեցեալ ի նմանէ Արմէն»:

64. Եւ հրամայեաց Գագիկ ուժգին սաստկապէս հարկանել զշունն. եւ նորա զայրացեալ յարձակէր ի վերայ Մարկոսին եւ լափէր զնա ատամացի. եւ զմեծ մասն աւուրն այնպէս հարկանէին զշունն, եւ նա բարկութեամբ հեղոյր զարիւնն պիղծ հերետիկոսին Մարկոսի. եւ ձայն ուժգին եւ աղաղակ բազում ելանէր ի Մարկոսէն. եւ այսպիսի օրինակաւ պատերազմ ահաւոր կայր յատակս քրձին եւ կրճտումն ատամանց. եւ հառաչումն սրտին ելանէր ի խորոց քրձէն. եւ այսպէս չարեաւ սատակեցաւ չար եւ պիղծ հայհոյիչն եւ եղեւ կերակուր շանց: Եւ յայնժամ հրամայեաց Գագիկ աւար հարկանել զամենայն տունն նորա, վասն զի էր մեծատուն եւ անուանի յոյժ. եւ անհամար զանձս ոսկւոյ եւ արծաթոյ առեալ, եւ հօտս ոչխարաց էին նորա վեց հազար եւ լուծք գոմշի քառասուն եւ եզանց՝ քսան, եւ զայս ամենայն հարուածս արարեալ՝ գնաց ի տուն իւր բազմութեամբ ձիոց եւ ջորւոց: Արդ՝ զայս այսպէս գործեաց Գագիկ ի մէջ Հոռոմոց, զոր ոչ այլ ոք համարձակեցաւ գործել ոչ յառաջն եւ ոչ զկնի. եւ այլ ոչ եւս մտաւ ի Կոստանդնուպօլիս եւ ոչ գնաց ի կոչն Հոռոմոց:

Kyr Markos, seeing this, thought that they wanted to take the dog away with them. He started to get angry and to lambaste the retainers. At that moment, Gagik made a hand gesture to the attendants who surrounded the impious Markos on four sides, seized him, and, with great force and violence, threw him into the sack with Armen. And Gagik said: "Let's see who is more vigorous and ferocious, the Byzantine metropolitan or the dog he calls Armen."

64. At this point Gagik commanded that they should violently beat the dog. [The dog,] enraged, attacked Markos, biting him with its teeth. In this manner, for much of the day, they beat the dog which, furiously shed the blood of the loathsome heretic Markos, who emitted many loud screams and shouts. In this fashion, a frightful battle took place at the bottom of that sack, accompanied by the gnashing of teeth and piteous groans. Thus did [Markos] perish wickedly—he who had been a wicked, foul curser [of Armenians] became dog food. Then Gagik ordered that his entire home be looted, as [Markos] had been wealthy and quite renowned. An inestimable treasure of gold and silver was taken, along with 6,000 sheep, 40 pair of yoked buffalo, and 20 [pairs of] oxen. [Gagik] gathered all this up and went to his own home, with a multitude of horses and mules. This is what Gagik did among the Byzantines—something no one had dared to do, not before or after. He never again entered Constantinople or responded to Byzantine summonses.

Եւ էր յայսմ աւուրս Գագիկ արքայ որդի Աբասայ Կարգ-ւոյ այր իմաստասէր եւ լցեալ ամենայն շնորհօք փիլիսո-փայականացն եւ հռետորական արուեստիւքն. ընդ վար-դապետսն Հոռոմոց ճեմէր եւ յորժամ մտանէր ի Կոստանդ-նուպօլիս՝ ի յամբիոնն նստէր ի մէջ սրբոյն Սոփեայ. եւ բո-վանդակ գիտէր զհին եւ զնոր կտակարանսն Աստուծոյ եւ էր յոյժ ճարտարաբան: Նաեւ Գրիգոր Պալհաւունին՝ որ-դին Վասակայ էր անպարտելի շնորհօք լցեալ եւ զարմա-նալի էր սա յամենայն պատասխանիսն ընդդէմ Հոռոմոց, այր քաջակիրթ եւ ամենայն հմտութեանց հետեւեալ եւ բովանդակ հասեալ սորա ի վերայ հին եւ նոր կտակարա-նացն Աստուծոյ. եւ սա ի յամբիոնսն նստէր ընդ իմաստա-սէրսն ի մէջ սրբոյն Սոփեայ եւ խօսէր ընդ վարդապե-տացն Հոռոմոց, եւ ի կարգի վարդապետացն էր սա ազ-գիս Հայոց:

Ատրներսէհ ի Բագրեւանդ գաւառէ իշխան Հայոց, եւ սա էր այր կորովի եւ յոյժ հանճարեղ, բանիբուն եւ իմաս-տասէր, ուսեալ ի մեծ Արգինա, հասեալ ամենայն շնոր-հաց աստուածեղէն կտակարանաց եւ կարող էր կալ ի դի-մի ամենայն իմաստնոցն Հոռոմոց հզօր գիտութեամբ եւ զարմանալի ատենախօսութեամբ, նմանեալ Գագկայ եւ այ-լոց իմաստասիրացն Հայոց, զոր գրեցաք:

Արդ՝ յաւուրս Գագկայ շահնշահի՝ որդւոյ Աշոտոյ թա-գաւորին Հայոց եղեւ ահաւոր եւ զարմանալի նշան Աստու-ծոյ վասն սուրբ Խորհրդոյն ի վանքն, որ կոչի Պիզու, զոր շինեաց Գագիկ արքայ:

In those days, [among the noteworthy intellectuals were] King Gagik, son of Abas of Kars, a sage full of all the graces of philosophers and the arts of rhetorician. He [even] discoursed with the Byzantine doctors of the Church and, when he went to Constantinople, sat in the pulpit of Saint Sophia. [Gagik] was thoroughly familiar with the Old and New Testaments of God and was extremely eloquent. Another [luminary] was Grigor Pahlawuni, Vasak's son, full of invincible graces and marvelous in all retorts countering the Byzantines. He was truly well-educated and someone who had pursued all [kinds of] learning and had a thorough knowledge of the Old and New Testaments of God. [Grigor] also sat in Saint Sophia's pulpit among the philosophers and discoursed among the Byzantine vardapets and was ranked among [the great] vardapets of the Armenians.

[Another luminary in that period was] Atrnerse'h, from the district of Bagrewand, a prince of the Armenians. He, too, was a very competent, brilliant and sagacious philosopher who had studied at the great [center of learning in] Argina, where he mastered all the graces of the divine Testaments. Moreover, he could hold his own refuting all the Byzantine philosophers with his mighty knowledge and astounding debating skills. [Atrnerse'h] resembled Gagik and the other Armenian philosophers about whom we have written.

During the days of Gagik *shahnshah*, son of Ashot, king of the Armenians, an awesome and wondrous sign from God occurred regarding the holy communion. [This miracle took place] in the monastery called Pizu, which King Gagik had built.

Արդ յաւուր Պենտէկոստէին մինչ զուրբ պատարագն մատուցանէին յեկեղեցին Աստուծոյ, մասն ինչ ի սուրբ խորհրդոյն ընկէց ժամարարն առաջի սրբոյ սեղանոյն. եւ յերրորդում աւուրն տեսանէին տեսիլ երկու արժանաւորք ի ճգնաւորացն՝ եւ եկեալ ի տեղի աղօթիցն յառաջ քան զհարցն, եւ ասէր առաջինն՝ թէ «Տեսանէի ի տեսլեան գիշերոյս կանթեղն՝ որ կայր ի գումբէթ տաճարին՝ անկանէր առաջի սրբոյ սեղանոյ Աստուծոյ, եւ լոյսն անշիջանելի մնաց ի նմա»: Դարձեալ միւսն այսպէս ասէր. «Եւ ես իսկ տեսանէի. եւ ահա աստղ մի մեծ եւ զարմանալի ի բարձրութենէ երկնից անկեալ եղեւ առաջի սրբոյ սեղանոյն Աստուծոյ, եւ լոյսն առաւել եւս բորբոքէր ի նմա»: Եւ հիացեալ ամենեցուն ընդ տեսիլն. եւ յայնժամ հայր վանացն գիտացեալ հոգւովն՝ եւ ասէր. «Տեսէք՝ եւ ահա անկեալ կայ մասն ի սուրբ Խորհրդոյն». եւ նոյն ժամայն լուցեալ մոմեղէնս եւ հանդերձ խնկօք հասանէին ի տեղին. եւ ոչ էին աւել ածեալ եկեղեցւոյն զայնքան աւուրսն. իսկ յորժամ ելանէին ի բեմն՝ գտանէին զմասն սուրբ Խորհրդոյն անարատ առաջի սրբոյ սեղանոյն Աստուծոյ, եւ առեալ գոհացան զԱստուծոյ մերոյ զՏեառնէ Յիսուսէ Քրիստոսէ. եւ բազումք հաստատեցան ի հաւատս ուղղափառութեան եւ յայնմ օրէ ծանեան եթէ Խորհուրդս այս երկնային է եւ աստուածային՝ եւ ճշմարիտ սա է մարմին Որդւոյն Աստուծոյ:

Now it happened on the day of Pentecost, while the blessed Mystery was being offered in this church of God, that the celebrant dropped a piece of the holy wafer in front of the sacred altar. Three days later, two meritorious hermits came to that place of prayer ahead of the [church] fathers. The first one said: "In a night vision I saw that the lamp—which is in the dome of the temple—fell down in front of the altar of God, and that an inextinguishable light remained in it." Then the other [hermit] said: "I, too, had a vision: [in which] behold, a large and wondrous star fell from the heavens, right in front of the altar of God, and an even brighter light blazed forth from it." All were astounded by the vision. Then the abbot of the monastery, enlightened by the Holy Spirit, said: "Let us see if a fragment of the divine wafer fell there." Right away they lit candles and, censing incense, approached the altar. Now the church had not been swept since the day [the wafer fell]. When they got up on the bema, they discovered the uncontaminated fragment of the divine Mystery right in front of the blessed altar of God. Taking it, they thanked our God, Lord Jesus Christ. [As a result,] many were strengthened in our orthodox faith and, from that day forth, they realized that this sacrament was heavenly and divine, and truly a part of the body of the Son of God.

Իսկ ի փոխել թուականութեանս Հայոց յամս ՇԺԵ երեւեցաւ աստղ մի գիսաւոր յարեւելից կողմանէ եւ յարեւմուտս ընթացեալ. եւ կացեալ նորա ամիս մի՝ եւ եղեւ աներեւոյթ. եւ յետ բազում աւուրց երեւեցաւ յարեւմուտս կոյս ի յերեկոյէն, զոր բազմաց տեսեալ ասէին՝ եթէ այս այն գիսաւոր աստղն էր, որ երեւեցաւ յարեւելս: Յայսմ ժամանակիս ելանէին այլազգիքն եւ ապականեալ աւերէին զամենայն աշխարհն Հայոց եւ մաշեցին զամենայն հաւատացեալս ի սուր եւ ի գերութիւն:

65. Յայսմ ժամանակիս զօրաժողով արար ամիրայն Պարսից՝ որ ասի Օշէն, եւ յապականութիւն դարձոյց զբազում գաւառս, եւ արեան ջաղխիս արարեալ զդաշտ հաւատացելոցն Քրիստոսի. եւ բազում սուգ եւ խաւար տարածեցաւ ի վերայ երկրի ի ձեռաց անօրինիս այսմիկ: Եւ գայր խաղայր բազմութեամբ զօրօք եւ արար ձմերոց ի Սեւ լեառն. եւ ահագին արեան հեղութիւն եւ կոտորած լինէր յամենայն գաւառն, եւ բազում անձինք ի սրբոց կրօնաւորացն մատնեցան ի բերան սրոյ եւ յայրումն հրոյ եւ եղեն կերակուր գազանաց եւ թռչնոց եւ ոչ ժամանեցին ծածկիլ հողով, վասն զի մնացին անթաղք մինչեւ յաւիտեանս. եւ անթիւ վանորայք եւ գեղք այրեցան հրով, որք երեւին մինչեւ ցայսօր. եւ Սեւ լեառն եւ ամենայն գաւառն ի ծայրէ ի ծայր լցաւ արեամբ կրօնաւորաց եւ քահանայից եւ արանց եւ կանանց ծերոց եւ տղայոց՝ ըստ բանի մարգարէին՝ որ ասէ, եթէ «Զերիտասարդս նոցա եկեր հուր, եւ վասն կուսանաց նոցա ոչ ոք սգացաւ. եւ քահանայք նոցա անկան ի սուր, եւ զայրիս նոցա ոչ ոք էր որ լայր» եւ թէ՝ «Հեղին զարիւնս նոցա որպէս ջուր շուրջ զԵրուսաղեմաւ, եւ ոչ ոք էր որ թաղէր զնոսա»: Արդ՝ այսպիսի կատարած բարկութեան էած ի վերայ հաւատացելոց անօրէնն եւ չար գազան Օշէն, որ եւ անպատմելի է ասացողացս գործ նորա:

At the beginning of the year 515 of the Armenian Era [A.D. 1066-1067], a comet appeared in the east and moved westward. It remained [visible] for one month, and then vanished. After many days it appeared again in the west, and many who saw it said that it was the same comet which had appeared in the east. In this period the foreigners arose, polluting and ruining the entire land of the Armenians and subjecting all believers to the sword and captivity.

65. In these times the emir of the Persians, who was called O'she'n [Afshin] massed troops and ruined many districts, drowning in blood the believers in Christ. Because of this impious man, much mourning and darkness spread over the country. He came with a multitude of troops and wintered at Black Mountain, shedding a vast amount of blood and causing great destruction throughout the district. Many individuals from the ranks of the blessed clerics were put to the sword, burned in fire, and became food for wild beasts and birds. They remained unburied forever, never covered with soil. Many monasteries and villages were burned with fire and are visible [in that condition] to this day. Black Mountain and the entire district from one end to the other was filled with the blood of clerics and priests, men and women, old and young, just as the prophet wrote, that "Fire will devour their young men, nor will anyone mourn for their maidens. Their priests will fall to the sword, nor will anyone weep for their widows." And also: "Their blood will flow like water around Jerusalem, nor will there be anyone to bury them." Such was the rage that the wicked and impious beast Afshin let loose on believers, that it cannot be narrated.

Յայսմ ամի ելանէր ամիրայ մի մեծ եւ հզօր ի դրանէ Աբասլանայ սուլտանայ, որ էր հեճպ նորա՝ Գումէշ-Տիկին անուն նորն, եւ յարուցեալ գայր մեծաւ ահարկութեամբ եւ ախոյեան զօրօք հասանէր ի վերայ քրիստոնէիցն եւ վրտակս արեան յարուցանէր ի յազգէ հաւատացելոց. եւ որպէս զգազան բազում խոցուածով զայրացեալ ի վերայ գաւառին Թլխմոյ եւ արար սաստիկ կոտորածս զմնացեալսն յառաջին բարկութենէն. եւ մեծաւ պատերազմաւ էառ զբերդն՝ որ կոչի Թլէթութ, եւ անողորմ զամենեսեան սրով կոտորեաց. եւ անհամար գերութեամբ հասանէր ի գաւառն Ուռհայոյ եւ իջեալ ի վերայ բերդին՝ որ կոչի Նսեպի, եւ աւուրս ինչ պատերազմեալ ի վերայ նորա՝ եւ ոչ կարաց առնել ինչ. յայնժամ անցանէր ընդ հունն Եփրատ գետոյն եւ սրով յարձակեցաւ ի վերայ Հարսանմսրոյ գաւառին եւ աստուածասաստ բարկութեամբ ի բերան սրոյ հաշեաց զայնքան քաջ վայելուչ գաւառն եւ զմաղձ դառնութեան իւրոյ չարութեանն եհեղ ի վերայ ամենայն գաւառին, վասն զի որպէս զկարկուտ հրացայտ փայլատակմամբ հասանէր ի վերայ ամենայն բնակչաց երկրին սոսկալի կոտորածով. եւ հրով այրէին եւ զամենայն իշխանսն գաւառին Հարսանմսրոյ սրով եւ մահու խոցմամբ սատակէին եւ զփառաւոր կանայսն եւ զվայելուչ որդիսն նոցա հանդերձ դըստերօքն ի գերութիւն վարէին: Եւ ահա անդ էր տեսանել զաստուածասաստ բարկութիւնն ի վերայ հաւատացելոցն Քրիստոսի, վասն զի առհասարակ մեծամեծք եւ աղքատք զմի ճաշակ դառնութեան ճաշակէին յանողորմ գազանէն ի չարաշունչ ազգէն Թուրքաց. եւ առհասարակ ի սուր սուսերի մաշեալ լինէր վայելուչ գաւառն այն, եւ զաւուրս երիս անդադար լինէր կոտորումն քրիստոնէից:

In this same year a great and mighty emir arose from the court of Alp-Arslan. His name was Gumush-Tegin, and he was [Alp-Arslan's] chamberlain. He arose with a formidable army of champions and came against the Christians, shedding torrents of the blood of the faithful. Resembling an enraged beast that had been wounded many times, [Gumush-Tegin] poured his wrath upon the district of T'lxum, causing frightful casualties among the survivors of the previous anger. With great warfare he captured the fortress called T'let'ut', mercilessly putting everyone to the sword. Then, with a countless number of captives, he arrived at the district of Edessa, descending on the fortress called Nisibis. Though he battled against it for some days, he was unable to capture it. Then [Gumush-Tegin] forded the Euphrates River and fell upon the district of Hisn-Mansur with the sword. As an instrument of divine wrath, [Gumush-Tegin] put such a magnificent district to the sword and spewed out the bile of his wicked bitterness upon the entire district. Like hailstones accompanied by flashing lightning, he came upon all the inhabitants of the country, bringing frightful destruction and burning everything with fire. [The invaders] wounded with the sword and killed all the princes of the district of Hisn-Mansur and led into captivity their glorious women, with their comely sons and daughters. There one could observe the divine wrath visited upon believers in Christ, since the grandees and the poor, generally, experienced the same bitterness from the merciless beasts, the vile nation of Turks. Generally, that beautiful district was put to the sword and, for three days nonstop, Christians were killed.

Եւ ի վերայ այսքան բարկութեանս եւ դառն կատաբածիս՝ իշխան ոմն՝ որ էր ի բերդն Նսեպնայ՝ որ ասի Սիբար քաղաք, փութապէս առաքեաց ի քաղաքն Ուռհա եւ ազդ արարեալ տուկին՝ որ կոչէր Արուանդանոս, եւ ասաց թէ՝ «Ամիրայն զօրացն Պարսից հոս կա՛յ յեզր գետոյս Եփրատայ հարիւր արամբ. ե՛կ, հասի՛ր ի վերայ սորա եւ արա զինքն ձեռբակալ»: Իսկ նորա յապաղմամբ եւ անշտապողական արութեամբ գայր ի վերայ ամիրային Գումէշ-Տիկնայ զօրօք բազմօք, զորս լուեալ ամիրային եւ առաքեաց ի Հարսնմսուր բերել զզօրս իւր: Իսկ Արուանդանոսն հասանէր զօրօքն իւրովք յանուանի բերդն՝ որ ասի Օշէն, հազար եւ հինգ հարիւր ձիաւորով եւ քսան հազար հետեւակօք. հանդիպեալ միմեանց ի պատերազմ, եւ որպէս զառիւծ յարձակեցաւ Արուանդանոսն՝ հասանէր ի վերայ Թուրքաց, վասն զի էր այր քաջ եւ պատերազմող, եւ էր տեղին դժար եւ կըտուր: Եւ սկսաւ Թուրքն բազմանալ. եւ յայնժամ ասէր Արուանդանոսն ընդ զօրս իւր թէ՝ «Սակաւ մի յետս դարձիք, որ Թուրքն զհետ մեր յարձակին. զի յորժամ ի վերայ յարձակիմք՝ չկարեն փախչել»: Եւ եղեւ յորժամ սակաւ մի դարձան, ետես զի ամենայն զօրքն Հոռոմց ի փախուստ դարձան եւ թողին զԱրուանդանոսն ի մէջ զօրացն այլազգեաց:

In the face of such wrath and bitter destruction, a certain prince who was in the fortress of Nisibis, called Sibar city, quickly sent to the city of Edessa and notified the duke named Aruandanos, saying: "The emir of the Persians is here by the banks of the Euphrates River with [only] a hundred men. Come and attack them and arrest him." [Aruandanos] delayed and procrastinated but eventually came against Emir Gumush-Tegin with many troops. Now when the emir learned about this, he sent to Hisn-Mansur to have his troops sent to him. Meanwhile, Aruandanos and his troops reached the renowned fortress called O'she'n. [He had with him] 1,500 cavalry and 20,000 infantry. [The two sides] encountered one another in battle, and Aruandanos pounced on the Turks like a lion, for he was a brave and martial man, while the place was narrow and difficult. But then the Turks began to increase [in numbers] and Aruandanos told his troops: "Let's turn back a bit so that the Turks pursue us. Then we shall [turn around and] attack, and they will be unable to escape." Now it came about that when [the Byzantines] had retreated somewhat, [Aruandanos] saw that all the Byzantine troops had turned to flight, abandoning Aruandanos in the midst of the troops of the foreigners.

66. Եւ եղեւ օրն այն մեծ եւ սոսկալի, եւ ահաւոր կո-րուստ քրիստոնէիցն, որ եւ լցուաւ ամենայն դաշտն ար-եամբ եւ գերութեամբ, եւ Արուանդանոսն եւ ամենայն իշ-խանքն քրիստոնէից մատնեցան ի գերութիւն. եւ մնաց-եալքն փախստական լեալք մտանէին ի բերդն՝ որ ասի Օշէն՝ եւ փրկեցան: Եւ յաւուր յայնմիկ կոտորեցան արք իբ-րեւ մետասան հազարք: Եւ եղեալ ամիրայն ի պարանոցն Արուանդանոսին լուծ եզանց եւ այնու վարէր զնա ի գերու-թիւն. եւ եբեր ի դուռն քաղաքին Ուռհայոյ եւ ծախեաց զնա քառասուն հազար դահեկանի, քան հազար դահեկանի եղեալ զորդին իւր գրաւական, որ մնաց ի Պարսիկս մինչեւ ցայսօր. եւ զայլ իշխանսն մի ըստ միոջէ գնեցին ի ձեռս ոսկւոյ եւ արծաթոյ: Եւ Գումէշ-Տիկին մեծաւ յաղթութեամբ եւ բազում գերութեամբ եւ անհամար աւարաւ խաղաց եւ գնաց յաշխարհն Պարսից՝ եւ մատուցեալ առաջի սուլտա-նին ծառայս գեղեցիկս մանկունս եւ աղջկունս իբրեւ եր-կու հազար:

Դարձեալ ի թուականութեանս Հայոց ՇԺՉ մեռաւ թա-գաւորն Տուկիծ եւ մնաց իւր տղայ որդի մի Միխայլ անուն. եւ կացեալ աթոռ թագաւորութեանն անթագաւոր զամ մի, թագուհին ունելով զաթոռ թագաւորութեանն, որում անունն ասէին Եւտոկի:

66. That day turned out to be a great and horrible one, with a frightful destruction of Christians. The entire plain filled with blood and the taking of captives. Indeed, Aruandanos and all the Christian princes were led into captivity, while the remainder fled into the fortress called O'she'n and were saved. Some 11,000 men died on that day. The emir put an ox's yoke on Aruandanos' neck and led him captive, bringing him in this manner to the gates of the city of Edessa, where he was sold for 40,000 dahekans. [Aruandanos] gave his own son as a surety for 20,000 dahekans of that amount, and he remains in Persia to this day. The other princes, one by one, were ransomed for gold and silver. Then Gumush-Tegin, in great triumph, with many captives and an inestimable amount of booty, went to the land of the Persians where, in the sultan's presence, he offered as slaves some 2,000 comely boys and girls.

Also, in the year 516 of the Armenian Era [A.D. 1067], Emperor Ducas[17] died, leaving a young son named Michael. The imperial throne remained unoccupied for one year with the empress, Eudocia,[18] acting as regent.

---
17 Constantine X Ducas, 1059-1067.
18 Eudocia Macrembolitissa, 1067-1068.

Եւ եղեւ յորժամ փոխեցաւ թուականութիւնս Հայոց ՇԺԸ բերեալ Եւտոկի գաղտաբար զիշխան ոմն՝ որում անունն էր Ռամանոս, որ ասի Տիօժէն, եւ ածեալ զնա ի սենեակն իւր եւ ամուսնացաւ ընդ նմա. եւ պահեաց զնա ի սենեկին եւ մինչեւ կոչեաց զեղբայր Տուկծին զԿեսառն եւ փորձելով ասէր ցնա՝ եթէ «Զի՞նչ արասցուք, զի ահա աթոռ թագաւորութեան յանտէր կայ, եւ Միխայլն տղայ է» եւ պատրողական բանիւք կամէր կորուսանել զնա: Եւ ասէր Կեսառն ցթագուհին. թէ՝ «Եւ ինձ զի՞նչ փոյթ է այդ, զի ահա ես եւ որդիք իմ ծառայ եմք քո. ո՛ւմ դու կամիս՝ տուր զթագաւորութեան զաթոռդ»: Եւ հիացեալ թագուհին՝ հաճեալ ի բանսն նորա. եւ ապրեցաւ ի չարեաց: Յայնժամ ասէ ցնա թագուհին. «Արի՛ մուտ ի սենեակդ եւ երկիր պագ թագաւորին»: Եւ զարմացեալ Կեսառն եւ կայր հիացեալ եւ գոհանայր զԱստուծոյ, որ ոչ խօսեցաւ ինչ չար. եւ յայնժամ մտեալ երկիր եպագ թագաւորին ի վերայ երեսաց իւրոց. եւ ի վաղիւն տարան զՏիօժէնն ի սուրբն Սոփի, եւ միաբան ամենայն քաղաքն Կոստանդնուպօլսի ձայնեցին նմա զո՛վ, եւ եդին ի վերայ գլխոյ նորա զթագն:

Յայսմ ժամանակիս սուրբ հայրապետն Հայոց Տէր Վահրամ, որ կոչեցաւ Տէր Գրիգորիս, որդի Գրիգորի՝ որդւոյ Վասակայ Պալհաւունւոյ, եկեալ ի սիրտս նորա սէր միայնակեցութեան եւ լինել առանձնական յաղօթսն Աստուծոյ. եւ սա նմանեալ լինէր Եղիայի եւ Յովհաննու Մկրտչին եւ առ ինքն բերեալ զգործ վարուցն սրբոյն Անտօնի եւ ցանկայր փափագանօք ի գլուխ լերանց բնակիլ. խորհեցաւ թողուլ զգահնկալ եւ զմեծ պատիւ աթոռոյ հայրապետութեանն, ընդ որում միաբանեալ եղեւ ընդ նմա Գէորգ վարդապետն՝ որ էր դպրապետ նորա, եւ երդմամբ կապեալ զբանն գնալ զհետ իրերաց ի միայնակեցութեան ճանապարհն:

In 518 of the Armenian Era [A.D. 1069], Eudocia secretly brought into her bedroom a certain prince named Romanus, styled Diogenes, and married him. She kept him in her chamber until she summoned Ducas' brother, the caesar, and tested him, saying: "What shall we do? The throne of the realm is without a lord, and Michael is still a lad." With such provocative words, she tried to destroy him. However, the caesar responded to the empress, saying: "What concern is that to me? For behold, I and my sons are your servants. Give the throne of the empire to whomever you please." The empress was astonished and pleased at his words, and thus [the caesar] was spared the evil [of execution]. At that point the empress said to him: "Come, enter the chamber and kneel before the emperor." The caesar was dumbfounded and astounded and thanked God that he had not misspoken. Then he went in and prostrated himself before the emperor. The following day they took Diogenes to Saint Sophia, while the entire city of Constantinople voiced its praise. Then they placed the crown on his head.[19]

In this period the blessed patriarch of the Armenians [was] Lord Vahram, who was called Lord Grigoris,[20] son of Grigor, son of Vasak Pahlawuni. There came into his heart a love for the solitary life, [a longing] to be a cenobite praying to God. In this, he resembled Elias and John the Baptist. Having adopted for himself the lifestyle of Saint Anthony, [Catholicos Grigor] truly longed to dwell on the summit of a mountain. He thought to leave the great honor of occupying the throne of the patriarchate. In this [desire for the hermits' life] he was joined by his own secretary, Ge'org vardapet and they vowed to go together on the path to a solitary life.

---
19 Romanus IV Diogenes, 1068-1071.
20 Grigor II Vkayase'r ("Martyrophile"), 1066-1105.

Եւ ելեալ եղեւ բանս այս յայտենի. եւ իմացեալ զխորհուրդս նոցա թագաւորն եւ իշխանքն Հայոց՝ եւ արգելուին զնա մեծաւ իշխանութեամբ. եւ նա եւս առաւել պնդէր ի գործս իւր, եւ այսպէս ասէր ցնոսա՝ եթէ «Զայս ունիմ ի միտս իմ գնալ ի Հռոմ եւ շրջել ընդ ամենայն անապատս Եգիպտացւոց». եւ նոքա ոչ կամէին թողուլ զնա: Իսկ նա ի յօժարութենէ կամացն ասէր ցթագաւորն Հայոց. «Դիք ձեզ կաթողիկոս՝ զոր կամիք, եւ զիս մի՛ արգելուք յարդարութեան ճանապարհէն»: Եւ յորժամ տեսին զյօժարութիւն կամաց նորա՝ ընտրեցին զԳէորգ վարդապետն՝ որ էր դպրապետ նորա, եւ ի ծածուկ ի նմանէ հաւանեցուցին զԳէորգ զի առցէ զաթոռ հայրապետութեան տանն Հայոց: Եւ Տէր Գրիգորիս զայս ամենայն ոչ գիտացեալ. եւ յայնժամ ածին զԳէորգ զի ձեռնադրեսցեն զնա կաթուղիկոս. եւ տեսեալ Տէր Գրիգորիս հիանայր յոյժ եւ ի կամաց եւ յոչ կամաց ձեռնադրեաց զնա կաթուղիկոս յաթոռ հայրապետութեանն Հայաստանեայց, բայց ի սիրտն ոխայր եւ ընդ հակառակս համարեցաւ զնա, վասն զի մոռացաւ զուխտն միաբանութեան հոգեւոր ճանապարհին. եւ յօրէ յայնմանէ եմուտ հակառակութիւն ի մէջ երկուց հայրապետացն Գրիգորիսի եւ Գէորգայ: Եւ գնաց Տէր Գրիգորիս ի խորհուրդս հոգեւոր ճանապարհաց իւրոց առ ի բնակել ի լերինս ընդ միանձունսն ճգնաւորացն Քրիստոսի եւ ստացաւ զվարս խաչակրօնս եւ յամենայնի չորաճաշակս:

Now it happened that this matter became known. When the king and princes of the Armenians learned about their plan, they blocked him with great authority. Despite this, [Catholicos Grigor] became even more insistent in his undertaking and told them: "I have a plan to go to Rome and [also] to visit all the retreats in Egypt." However, they did not want to allow him [to leave]. Then [Catholicos Grigor] said to the king of the Armenians: "Put anyone you please as Catholicos. Don't block me from the path of righteousness." When they saw his determination, they selected Ge'org vardapet, who was his secretary, and, unbeknownst to [Catholicos Grigor], they convinced Ge'org to occupy the throne of the patriarchate of the House of the Armenians. Now Lord Grigoris had no inkling of this. When they brought forth Ge'org to ordain him Catholicos, and when Lord Grigoris saw him, he was flabbergasted. But, willy-nilly, he ordained him Catholicos, [to occupy] the throne of the patriarchate of the Armenians. However, [Grigoris] held a grudge against him and regarded him as an adversary, for [Ge'org] had forgotten the oath he had made [for both of them] to travel the spiritual path together. From that day on, there was contention between those two patriarchs, Grigoris and Ge'org. Then Lord Grigoris went in pursuit of his spiritual journey—to dwell in the mountains among the cenobites of Christ, practicing asceticism and [observing] an austere diet.

67. Յայսմ ամի ժողով մեծ արար թագաւորն Տիօժէն զամենայն աշխարհն Յունաց մինչեւ ի սահմանս Հոռոմոց եւ զամենայն կողմն արեւելից աշխարհին եւ ահագին բազմութեամբ խաղացեալ գայր հասանէր ի վերայ աշխարհին Տաճկաց. եւ իջեալ բանակ հարկանէր ի վերայ անուանի քաղաքին՝ որ կոչի Մնպէճ, մերձ ի Հալպ քաղաք, որ էր հռչակաւոր քաղաք Տաճկաց. եւ սաստիկ պատերազմ եղեւ եւ ի վտանգ էարկ զքաղաքն Մնպէճ ի ձեռն խուժադուժ ազգացն եւ անթիւ զօրացն: Եւ զկնի այսքան նեղութեանցս հրամայեաց թագաւորն կանգնել բաբանս եւ փիլիկպանս ընդդէմ քաղաքին, վասն զի էր քաղաքն պարսպեալ ամենայն ամրութեամբ: Եւ եղեւ ի հարկանել զպարիսպն մեծամեծ քարամբք՝ եւ խախտեալ մասն ինչ ելից ի քաղաքն. եւ յայնժամ սասանեցան բազմութիւն ամենայն քաղաքին եւ առհասարակ արարին խաչաձեւս ի ձեռս իւրեանց եւ դիմեցին ի դուրս առ թագաւորն. եւ ամենայն մեծամեծքն անկանէին յոտ թագաւորին մեծամեծ ընծայիւք եւ եղեն հարկատուք եւ զերծան ի մահուանէ: Եւ արար թագաւորն ողորմութիւն ի վերայ քաղաքին եւ ընդ հարկաւ արարեալ զնոսա: Եւ յայնժամ հասանէր թուղթ ի թագուհւոյն առ թագաւորն Տիօժէն՝ դառնալ փութապէս ի Կոստանդնուպօլիս. եւ լուեալ զայս թագաւորն՝ գնաց փութանակի:

67. In the same year Emperor Diogenes conducted a great muster of troops from all the lands of the Byzantines as far as the borders of the Romans, as well as from all parts of the eastern areas. With this enormous multitude he came against the land of the Tachiks. He encamped opposite the renowned city named Manbij, close to Aleppo, a famous city of the Tachiks. There was a fierce battle, and the city of Manbij was put in danger by the barbarian troops and the countless soldiers. After [putting the city into] such straits, the emperor ordered that catapults and other rock-hurling devices be set up against the city, since it was walled with all security. Now it happened that when the wall was hit with very large rocks, a part of it gave way, creating an entrance into the city. At that point the entire multitude in the city trembled [with fear], and, one and all, they took in their hands [objects having] the shape of a cross and went out to the emperor. All the grandees fell before the feet of the emperor with great gifts, and became tributary [to Byzantium], and thus saved themselves from death. The emperor showed mercy to the city, placing them under taxation. Then a letter arrived from the empress to Emperor Diogenes, [telling him] to quickly return to Constantinople. When the emperor heard this, he speedily returned.

Յայսմ ամի ելեալ տղայ ամիրայ մի Կտրիճ անուն եւ կամէր գաղտ ապստամբիլ ի Պարսից եւ գնալ ի Կոստանդնուպօլիս առ Յունաց թագաւորն. եւ էր սա յազգէ Աբասյան սուլտանին: Եւ բազում զօրօք հասանէր ի Սեբաստիա, եւ ելեալ Կուրապաղատն ի Կոստանդնուպօլսէ գայր ընդդէմ նորա ի պատերազմ. եւ դիպեալք միմեանց պատերազմաւ մերձ ի Սեբաստիա. եւ պարտեալ՝ Յոյնքն եղեն փախստականք. եւ ի միւսում աւուրն դարձաւ Թուրքն ի պատերազմ ի վերայ Յունաց. եւ վանեալ զնոսա՝ արարին փախստական, այլ եւ կալան զկուրապաղատն. իսկ զօրքն Յունաց կուրացեալք ի փոշոյն եւ փախստեայ եղեալ՝ գնացին ի տեղի մի քարակտուր, որ կոչէր Մակռիտի՝ եւ անդ հոսեալ ի վայր՝ մեռան: Եւ զկնի աւուրց ինչ թագաւորն Հայոց եւ իշխանքն եւ ամենայն նախարարքն արարին սէր եւ միաբանութիւն ընդ մանուկ ամիրային. եւ նա առեալ զկուրապաղատն եւ զայլ կալանաւորսն՝ արս իբրեւ երեք հազար՝ եւ զանխլաբար հասանէր ի Կոստանդնուպօլիս առ թագաւորն Յունաց: Եւ թագաւորն ընկալաւ զնա մեծաւ պատուով եւ փառաւորութեամբ. եւ եղեւ ամիրայն այն այր բարեսէր:

In this same year a young emir named Ktrich wanted to clandestinely rebel from the Persians and go to the Byzantine emperor in Constantinople. He was from the line of Sultan Alp-Arslan. [Ktrich] arrived in Sebastia with many troops and [in response,] a curopolate arose and came from Constantinople, to wage war. They encountered one another near Sebastia, where the Byzantines were defeated and took to flight. The following day, the Turks turned in battle against the Byzantines, expelling them and putting them to flight. They also captured the *curopalate*. Now the Byzantine troops, having been blinded by the dust, fled toward a rocky location known as Makr'it where, plunging headlong, they perished. Some days later, the king of the Armenians, the princes, and all the naxarars established friendship and unity with the young emir while he, taking the curopolate and the other captives—some 3,000 men—secretly went to the emperor of the Byzantines in Constantinople. The emperor received him with great honor and glory. That emir was a benevolent man.

68. Ի թուականութեանս Հայոց ՇԺԹ երեւեցաւ աստղ մի գիսաւոր յերկինս, զոր տեսեալ բազմաց ասէին թէ՝ Այս այն նշանն է, որ եղեւ յառաջագոյն, ապա արիւնհեղութիւն զկնի. եւ դարձեալ ի գիշերի միում երեւէր, որպէս թէ ամենայն աստեղք յերկիր հեղուին. եւ երկեան ամենայն ազգ եւ ազգինք եւ յահեղն եւ ի սոսկալի նշանէն սարսեալ դողային, վասն զի այսպիսի նշան ոչ տեսեալ էաք երբէք եւ ոչ լուեալ յառաջնոցն. եւ այնպէս կարծեցին, թէ այս է, զոր ասաց Փրկիչն թէ՝ Եղիցի նշան ի վերջին ժամանակին յարեգակն եւ ի լուսին եւ յաստեղս շարժմունք եւ արհաւիրք, որպէս ի սուրբ Աւետարանին: Եւ արդ այս եղեւ սկիզբն կատարածի եւ կրկին աւերման աշխարհիս յանօրէն զօրացն Թուրքաց վասն բազմացեալ եւ ծովանման մեղաց մերոց, քանզի՝ Ամենեքեան մեղան եւ նուաղեցան ի փառացն Աստուծոյ եւ թէ՝ Ոչ ոք է արդար եւ ոչ մի. սովորեցան ամենեքեան ի ճանապարհս անօրէնութեան եւ սիրեցին առաւել զմեղս քան զարդարութիւն եւ ոչ երբէք խոտորին ի չարեացն ի բարին, վասն որոյ եւ բարկացուցանեմք զԱնբարկանալին Աստուած ի վերայ մեր եւ զԱյն, Որոյ բնութիւնն Իւր քաղցր է միշտ, խոտոր գնացիւք մերովք ցասուցանեմք ի վերայ մեր. եւ երբեմն երբեմն խրատէ զմեզ եւ զկծեցուցանէ զմեզ ազգաւ անմտաւ եւ ոչ այնու եւս դառնամք ի խենէշ գնացից մերոց, քանզի՝ Միտք որդւոց մարդկան հաստատեալ է ի խնամս չարին. վասն որոյ իբրեւ զմրրիկ հասանէ ի վերայ մեր բարկութիւն եւ պատուհասն եւ յաճախեն հողմք փոթորկեալ չար հինիցն Իսմայէլեան որդւոցն ի վերայ մեր եւ ոչ տան մեզ դուլ եւ հանգիստ. բայց Ինքն Տէր քաղցրութեամբ հայեսցի ի գործս ձեռաց Իւրոց. ամէն:

68. In the year 519 of the Armenian Era [A.D. 1070-1071], a comet appeared in the heavens. It was seen by many, who said: "This is the same omen that appeared previously—and was followed by bloodshed." Then, once again, it appeared one night [with such brightness] that it seemed as though all the stars in the heavens were pouring down on the earth. All peoples and nations were frightened, shivering and trembling with dread because of the terrible omen. [This was] because, previously, they had never seen such an omen, nor had they heard tell about it from their forebears. And so they thought that [the omen] was what the Savior had referred to when He said in the blessed Gospel: "In the end times, there will be movements of the sun, the moon, and stars, and dread."[21] Now this [omen] occurred [as though to mark] the beginning of the second destruction of our land by the impious troops of the Turks. It was due to the oceanic increase in our sins, since "All sinned and have diminished from the glory of God,"[22] and "None was just, not a single one."[23] All grew accustomed to the path of impiety, loving sin more than righteousness, nor would they ever deviate from evil to good. Thus did we anger God Who does not anger [easily] and enrage Him Whose nature is always mild, through our deviant path. Although He admonished us many times and dealt with us harshly as with a foolish people—even this did not turn us from our path. This is because the mind of the sons of man is based on serving evil. Therefore, like a whirlwind, calamity and destruction have fallen upon us, while the stormy winds of the evil bandit sons of Ishmael have increased upon us and have given us no rest. But, [eventually,] the Lord Himself will look [again] with mildness upon the creations of His own hands. Amen.

---

21 *cf.* Luke 21:25.
22 *cf.* Romans 3:23.
23 *cf.* Romans 3:10.

Ի սոյն ամի շարժեալ եւ որպէս զգետ յարուցեալ Աբասլան սուլտանն եղբայր Տուղրիլ սուլտանին եւ անթիւ բազմութեամբ խաղայր գայր եւ հասանէր իբրեւ զամպ ուռուցեալ միգով անօրէնութեան յաշխարհն Հայոց բազում կոտորածիւ եւ արեան հեղմամբ եւ իջեալ ի վերայ Մանծկերտոյ. եւ առ ի չգոյէ պահապանաց քաղաքին՝ յաւուր միում առաւ քաղաքն Մանծկերտ, վասն զի փախեան Հոռոմց պահապանքն. եւ արար զքաղաքն կոտորած վասն առաջին հայհոյութեան եղբօր նորա Տուղրիլ սուլտանին, վասն զի զայս անդարձ արարեալ էր նորա ի ժամ մահուանն: Եւ յարուցեալ Աբասլան սուլտանն եւ խուժագուժ եւ անթիւ ազգաւ հասանէր ի քաղաքն՝ որ կոչի Ցամիթ, եւ սիրով բանակ հարկանէր ի դուռն քաղաքին. եւ ի նմին բանակին ծնանէր կինն նորա որդի, եւ կոչեաց զանուն նորա Դդուշ:

Եւ անտի յարուցեալ գայր ի գաւառն Թլխոյ եւ պատեալ զնա մեծաւ նեղութեամբ եւ ամենայն հնարիւք պատերազմեալ ի վերայ նորա, եւ զաւուրս բազումս ոչ ինչ կարաց առնել բերդաքաղաքին Թլխոյ. սկիզբն սիրոյ արարին եւ հարկս ուզեալ. եւ բնակչացն թուլացեալ եւ յանհոգս լինէին եւ թողին զպարիսպն անպահապանս: Եւ տեսեալ զօրք այլազգեացն զանպատրաստութիւն նոցա, եւ յոչ կամաց սուլտանին դիմեաց ամենայն բանակն ի վերայ՝ եւ պատեալ սաստիկ պատերազմաւ՝ եւ առին զքաղաքն եւ կոտորածս բազումս արարին եւ անթիւ գերութիւնս:

In this same year, Sultan Alp-Arslan, the brother [nephew] of Sultan Tughril, arose like a river and moved with a countless multitude. Like a lowering black cloud full of impiety, he arrived in the land of the Armenians, bringing along great destruction and bloodshed. He descended on Manzikert and took that city in a single day because of the absence of the city's Byzantine garrison troops. Those Byzantine guards had fled. [Alp-Arslan] wrought destruction in the city due to the insult sustained by his brother [uncle] Tughril during the previous [assault on the city], [an insult] which had not been avenged before his death. Then Sultan Alp-Arslan arose with his countless barbarian peoples, arrived at the city called Amida, and happily encamped by the city gates. It was at this camp that [Alp-Arslan's] wife gave birth to a son, whom he named Tutush.

From there he arose and came to the district of T'lxum. Here he surrounded the city [named T'lxum] and put it into dire straits, battling against it with all resources. For many days he was unable to capture the fortified city of T'lxum. Initially he was friendly, seeking [only] taxes. Then the inhabitants became lazy and careless and left the walls unguarded. When the troops of the foreigners saw their lack of preparation, they turned the entire army on the city, without the sultan's consent. Surrounding it with a fierce battle, they captured the city, killing many and taking a countless number into captivity.

VOLUME II

Եւ լուեալ սուլտանն՝ եւ զարմանայր եւ ապաշաւէր զկոտորած նոցա, վասն զի ունէր երդումն ընդ նոսա. եւ անտի յարուցեալ սուլտանն գայր խաղայր ահագին բազմութեամբն իւրով եւ հասանէր ի գաւառն Ուռհայոյ. եւ արար ասպատակ զամենայն աշխարհն մինչեւ ի դուռն քաղաքին եւ բանակ հարկանէր ի վերայ անուանի բերդին՝ որ կոչի Թլթովրաւ, մերձ ի Սեւերակն՝ եւ սաստիկ պատերազմաւ առեալ զբերդն զԹլթովրաւ եւ Առիւծաթիլն եւ արար սաստիկ կոտորածս եւ ելից արեամբ զամենայն սահմանս նոցա. Եւ բազում աւարաւ եւ գերութեամբ գնայր խաղայր ի վերայ քաղաքին Ուռհայոյ եւ պատեալ շուրջանակաւ զամենայն քաղաքն՝ եւ ելից բանակաւ ծայրէ ի ծայր: Եւ էր յաւուրս ձմերայնի, ի մարերի ամսոյ ի տասն, եւ էր տուկն ի քաղաքն Ուռհա Վասիլն՝ Ալօխանին որդին Բուլղարաց թագաւորին. եւ տեսեալ քաղաքացեացն զանթիւ բազմութիւն զօրաց այլազգեացն՝ ահաբեկեալ սասանեցան ամենայն բազմութիւն հաւատացելոցն՝ որք էին ի քաղաքն Ուռհա, վասն զի բազմութիւն զօրացն սուլտանին ելից զդաշտս եւ զգագաթունս լերանցն. եւ դողաց երերալով քաղաքն ի չարաշունչ վիշապէն եւ ի դառն գազանէն այն, վասն զի էր այր արիւնարբու. եւ կացեալ զաւուրս ութ եւ ոչ ետ պատերազմ, եւ քաղաքն կայր յիմարեալ անպատրաստական:

When the sultan heard about this, he was astonished and regretted the slain, since he had [made] an oath with them. Then the sultan arose and came with his enormous multitude, reaching the district of Edessa. He raided the entire land right up to the gates of the city. He encamped opposite the renowned fortress called T'lt'oraw, close to Sewerak. He took the fortress of T'lt'oraw and Ar'iwtsat'il, waging frightful warfare, causing extensive deaths, and filling up their boundaries with blood. With much loot and many captives, he came against the city of Edessa. He surrounded the entire city, filling the area with his troops from one end to the other. This [occurred] in wintertime, on the 10th day of the month of Mareri,[24] at a time when the duke in the city of Edessa was Basil, son of the Bulghar king, Alusianus. When the citizens saw the countless multitude of the foreigners' troops, the entire mass of the [Christian] faithful quaked with fear, since the multitude of the sultan's troops filled the plain and [even up to] the summits of the mountains. The city trembled with fear of that foul-breathed dragon, that vicious beast, since he was a bloodthirsty man. [Alp-Arslan] remained for eight days without giving battle, while [the residents] were senseless [with fear] and unprepared.

---

24 May 18th.

69. Եւ ապա մի ոմն ի զօրաց սուլտանին տեսեալ զանմտութիւն քաղաքացեացն եւ ձայն տուեալ գաղտնաբար եթէ՝ «Զի՞ կայք յիմարեալք, ամրացուցէք զպարիսպդ եւ թամբեցէք զձի ձեր»: Եւ ապա իմացեալ սկսան շուրջանակի զպարիսպն ասպարափակ առնել եւ կազմեցին ամենայն ամրութեամբ, եւ քաջացան այր իւրաքանչիւր ի պատերազմ: Եւ Վասիլն՝ որ էր տուկ քաղաքին՝ այր քաջ եւ պատերազմող, սկսաւ զօրացուցանել զամենայն քաղաքն. եւ տեսեալ զայս սուլտանին՝ զայրացաւ յոյժ եւ հրամայեաց հարկանել զփող պատերազմին եւ գազանաբար դիմեաց ի պատերազմ. եւ դղրդեալ ամենայն զօրք այլազգեացըն եւ շուրջանակաւ պատեալ զամենայն քաղաքն Ուռհա.

Եւ եղեւ օրն այն օր մեծ եւ ահաւոր պատերազմ սաստիկ, եւ լցաւ ամենայն քաղաքն նետաձգութեամբ, եւ առհասարակ դասք հաւատացելոցն կային լալով եւ ողբալով յաղօթս առ Աստուած՝ զերծանել ի չար գազանէն. եւ զմեծ մասն աւուրն պատերազմեալ ամենայն զօրք տանն Պարսից ի վերայ Ուռտայոյ՝ եւ ոչինչ կարացին առնել, վասն զի Տէր յաղթահարեաց զնոսա եւ յամօթ արար: Եւ զկնի այսորիկ կանգնեաց բաբանս եւ փիլիկպանս ընդդէմ պարսպին եւ կոտորեաց զամենայն դրախտս եւ զայգիս եւ այնու ելից զխանդակս քաղաքին. եւ կանգնեաց փայտէ բերդս ի վերայ տասն սայլից՝ զի առցէ զքաղաքն Ուռհա. եւ եղեւ յորժամ շարժեցին զսայլսն, զի բերցեն մօտ ի պարիսպն, յանկարծակի փլեալ կործանեցաւ փայտէ բերդն, եւ ի քաղաքէն պատառեցին ի ներքոյ գետնոյն եւ ելան ի խանդակն յարեւելից կողմանէն եւ զամենայն փայտն արկին ի քաղաքն եւ զմնացեալսն հրով այրեցին: Յայնժամ սկսան այլազգիքն եւ փորեցին եօթն ծակ ի խորու խանդակն, վասն զի զպարիսպն կործանեսցեն. եւ յայնժամ քաղաքացիքն արարին ընդդէմ նոցա փորուածս եւ կալան յայլազգեացն եւ սատակեցին զնոսա: Եւ զօրացոյց Տէր զքաղաքն ի վերայ այլազգեաց.

69. Then someone from the sultan's troops—seeing the heedlessness of the residents—secretly communicated with them, saying: "Have you lost your senses? Fortify your walls and saddle your horses." When they heard this, they began to shield the walls and organize all kinds of defenses, and every man was encouraged to fight. Basil, duke of the city, who was a brave and martial man, began to strengthen [the defenses] of the entire city. When the sultan saw this, he became furious and ordered that the battle horns be sounded and, like a beast, he turned to battle. All the troops of the foreigners were stirred up and surrounded the entire city of Edessa.

That was a day full of great and fierce fighting: the entire city filled up with arrows, while the entire class of [Christian] faithful were weeping and lamenting and praying to God to free them from this evil beast. Now for a large part of the day, all the troops of the House of the Persians battled against the city of Edessa, but were unable to accomplish anything, since the Lord conquered and shamed them. After this, [the sultan] erected catapults and [other] war machines opposite the walls. [He also] cut down all the orchards and vineyards and filled the city's moat with them. He erected a wooden fortress [supported] on ten wagons in order to capture the city of Edessa. However, when they moved the carts to bring [the fortress on them] close to the walls, suddenly that wooden fortress collapsed and was ruined. Moreover, [defenders] from the city dug underground and emerged on the eastern side of the moat, whence they got all that wood into the city, setting fire to the remainder. Then the foreigners started in, digging seven pits under the moat to make the walls collapse. But then the residents of the city dug opposite those holes, seizing and killing the foreigners' sappers. The Lord fortified the city against the foreigners.

Եւ զաւուրս յիսուն կացեալ սուլտանն ի վերայ Ուռհայոյ սաստիկ պատերազմաւ՝ եւ ոչ ինչ կարաց առնել. եւ խոստանայր սուլտանն տալ գանձս եւ իշխանութիւնս՝ եթէ ոք հանցէ քար ի պարսպէն, զի տարցէ ի Պարսիկս ի յիշատակ իւր. եւ ասէ ցնա Ապուսուար ամիրայն Դվնայ, եթէ Ահա յօտ ի միջի մերում խորանդ եկեղեցւոյ, եւ ի վերայ ոչ ոք է որ պատերազմի: Եւ ջանացին եւ ոչ կարացին հանել քար ի խորանէն սրբոյն Սարգսի ի յարեւելից դիհէն. եւ տեսեալ սուլտանն՝ ամաչեաց յոյժ:

Յայնժամ Խուրէշն աւագ ամիրայն Արապկաց առեալ զԱբասլան սուլտանն եւ զամենայն բազմութիւն զօրացն Պարսից՝ գնաց ի վերայ քաղաքին Հալպայ. եւ յայնմ աւուր եղեւ ուրախութիւն մեծ ի վերայ քաղաքին Ուռհայոյ, զի զերծան ի չար գազանէն:

Եւ լուեալ թագաւորն Յունաց Տիօժէն զհամբաւ բարկութեանս այսորիկ եւ մռմռեալ որպէս զառիւծ եւ հրրամայեաց ժողով լինել ամենայն բազմութեան զօրաց իւրոց. եւ ելեալ հրովարտակք եւ քարոզիչք ընդ ամենայն աշխարհին արեւմտից. եւ արար ժողով մեծ եւ ահագին բազմութեան զամենայն աշխարհին Գդաց եւ զմամօրէն ազգն Բուլղարաց եւ զամենայն կղզիս հեռաւորս, զԳամիրս եւ զամենայն Բիւթանիա, զԿիլիկիա եւ զԱնտիոք, զՏրապիզոն եւ զամենայն տունն Հայոց՝ որք էին մնացեալ ի քաջ զօրականացն, եւ բերեալ այլ զօր յայլազգեացն Խուժաստանացն եւ արար Տիօժէնն ժողով ահագին բազմութեան որպէս զաւազ ծովու:

For 50 days the sultan remained [battling] against Edessa with fierce warfare, but was unable to accomplish anything. The sultan promised treasure and authority to anyone able to remove a stone from the wall, for him to take back to Persia as a souvenir. Apu'l-Uswar, the emir of Dvin, said to him: "Nearby us is the altar of a church which no one has attacked." They tried but failed to remove a stone from the eastern side of the altar of [the church of] Saint Sargis. When the sultan saw this, he was thoroughly mortified.

Then Quraysh, a senior emir of the Arabs, took Sultan Alp-Arslan and the entire multitude of the troops of the Persians, and went against the city of Aleppo. On that day, great joy enveloped the city of Edessa, for it had escaped from that wicked beast.

Now when the emperor of the Byzantines, Diogenes, heard news of that [divine] wrath, he growled like a lion and ordered the entire multitude of his troops to assemble. Edicts were issued and heralds [were dispatched] throughout all the western lands. It was a large muster and an awesome multitude [drawn from] all the lands of the Goths, all the nation of Bulghars, and all the distant islands, and from Cappadocia and all Bithynia, from Cilicia and Antioch, Trabizond [Trabzon], and those left of the brave military from the entire House of the Armenians. [The emperor] also brought other troops of foreigners from Khuzistan. [Indeed,] Diogenes assembled an enormous multitude, as many [troops] as the sands of the sea.

70. Եւ էր ի թուականութեանս Հայոց ՇԻ եւ գայր խաղայր որոտալով իբրեւ զամպս կարկտաբերս եւ հասանէր ի Սեբաստիա քաղաք. եւ ելեալ ընդ առաջ նորա որդիք թագաւորացն Հայոց Ատոմ եւ Ապուսահլ մեծաւ հանդիսիւ: Եւ յայնժամ մատեան ազգն Հոռոմց եւ չարախօսեցին զբնակչացն Սեբաստիոյ եւ զամենայն ազգէն Հայոց եւ ասեն՝ «Եթէ յորժամ եհար զմեզ Կտրիճ ամիրայն, ազգն Հայոց առաւել կոտորեցին զմեզ քան զԹուրքն»: Եւ հաւատաց թագաւորն Տիօժէն սուտ խօսիցն Հոռոմց եւ սպառնացեալ սաստիկ երդմամբ եթէ՝ «Ի դառնալն իմ ի պատերազմէն Պարսից՝ բառնամ զհաւատն հայոց», եւ նոյն ժամայն հրամայեաց ալափ տալ զՍեբաստիա քաղաքն ամենայն զօրացն Հոռոմց. եւ յալափելն արարին սպանումն բազմաց վասն անիրաւ եւ սուտ դատաստանացն, զոր արար անօրէն թագաւորն Տիօժէն. եւ ընկէց յերեսաց զորդիք թագաւորացն Հայոց՝ զԱտոմ եւ զԱպուսահլ՝ եւ էարկ սուգ մեծ ի վերայ Սեբաստիոյ: Եւ յայնժամ մեծամեծ իշխանքն Հոռոմց եւ Գագիկ շահնշահն որդին Աշոտոյ եւ Կտրիճ ամիրայն՝ որ կալաւ զկուրապաղատն, ասեն ցՏիօժէն թագաւորն թէ՝ «Մի՛ լսել սուտ խօսից ազգիդ քո, վասն զի սուտ են յամենայն ի բանս իւրեանց, զի որք ի պատերազմին Թուրքին մնացին, սոքա եղեն օգնական»: Եւ լուեալ զայս թագաւորն՝ արար խաղաղութիւն. բայց ի դառնալն սպառնայր բառնալ զհաւատն Հայոց. զոր լուեալ վանորայքն՝ եւ անէծս ցաւագինս կարդացին ճանապարհի նորա՝ չդառնալ ի ճանապարհէն, յոր երթալոց էր, այլ զի կործանեսցէ զնա Տէր որպէս զանօրէնն Յուլիանոս, որ անիծեցաւ ի սրբոյն Բարսղէ:

70. This occurred in 520 of the Armenian Era [A.D. 1071-1072]. He came like a thundering hail-bearing cloud and reached the city of Sebastia. Atom and Apusahl, the sons of the Armenian kings, went before him with great pomp. Then [some people of] the Byzantine nation betrayed and slandered the inhabitants of Sebastia and the entire nation of the Armenians, saying: "When Emir Ktrich struck at us, the Armenian nation destroyed us more than the Turks." Now Emperor Diogenes believed these false words of the Byzantines and threatened with a fearsome oath that "When I return from fighting the Persians, I will eliminate the Armenians' [anti-Chalcedonian] faith." At the same time, he ordered that the whole city of Sebastia should be given over to all the Byzantine troops, for looting. And they pillaged and killed many people due to the false judgments of the impious Emperor Diogenes.He banned from his presence Atom and Apusahl, the Armenian kings' sons, and cast Sebastia into great mourning. At that point [some] grandee princes of the Byzantines, and the shahnshah Gagik, son of Ashot, and Emir Ktrich, who had seized the curopalates, said to Emperor Diogenes: "Do not heed the false words of your own nationals, since they lie in all their words.Moreover, those [Armenians] who survived the battle with the Turks aided you." When the emperor heard this, he made peace, but he threatened that when he returned, he would do away with the faith of the Armenians. Now when the monks heard this, they invoked frightful curses on his trip, that he would not return from where he was going; and, rather, that the Lord would destroy him as He had destroyed the impious [Byzantine emperor] Julian,[25] who had been cursed by the blessed Basil.

---

25 Julian the Apostate, 361-363.

VOLUME II

Եւ յարուցեալ Տիօժէնն ամենայն բազմութեամբն գընաց յարեւելք՝ յաշխարհին Հայոց եւ իջեալ ի քաղաքին Մանծկերտոյ՝ եւ էառ զնա. եւ զօրք սուլտանին՝ որ կայր ի քաղաքն՝ փախեան. եւ զորս ըմբռնեաց՝ կոտորեաց. եւ յայնժամ հասաւ համբաւս այս առ սուլտանն ի Հալպ քաղաքի. եւ դարձաւ յարեւելս, վասն զի ասացին՝ թէ թագաւորն Հոռոմոց ահագին բազմութեամբ դիմեալ երթայ յաշխարհին Պարսից: Իսկ ի յայս ձմերանիս արար պատերազմ սուլտանն ի վերայ Հալպայ, եւ ոչ կարաց առնուլ ի բազմութենէ զօրաց քաղաքին. եւ պատառեաց ծակոտելով զամենայն պարիսպն, եւ ոչ ինչ կարաց առնել քաղաքին: Եւ յաւուրսն գարնանային լուաւ սուլտանն զելանել թագաւորին Տիօժէնին, թողեալ զՀալպ եւ փութապէս հասանէր յՈւռհա: Իսկ տուկն՝ որ էր ի քաղաքն՝ հանեալ նմա ձիս եւ ջորիս եւ ապուր. եւ առեալ սուլտանն եւ անցանէր անվնաս ի սահմանացն եւ գայր յարեւելս ի լեառն՝ որ կոչի Լեսուն. եւ անթիւ ձի եւ ուղտք սատակեցան ի փութանակի գնալոյն, զի որպէս զփախստական վարէր զզօրսն իւր. եւ կամէր գնալ ի Պարսիկս, եւ նոյն ժամայն հասանէին թուղթք նենգաւորացն Հոռոմոց առ սուլտանն ի բանակէն Տիօժէնին եւ ասացին ցսուլտանն. «Մի՛ փախչիր, զի մեծ մասն զօրաց ընդ քեզ եմք». եւ լուեալ զայս սուլտանն՝ զտեղի առնոյր: Եւ յայնժամ գրեաց սուլտանն թուղթ հաւանութեան առ թագաւորն Տիօժէն վասն սիրոյ եւ միաբանութեան եւ խաղաղութեամբ մնալ առ միմեանս, յաւիտեան ոչ մեղանչել միմեանց, այլ սիրով կեալ ընդ ազգին քրիստոնէից եւ յաւիտեան սէր եւ միաբանութիւն ընդ Պարսիկք եւ ընդ Հոռոմք: Եւ յայնժամ Տիօժէնն հպարտացեալ եւ ոչ էառ յանձն զբանս սուլտանին, այլ եւս առաւել բորբոքեալ ի պատերազմ. եւ մատուցեալ չար նենգաւորքն առ Տիօժէնն եւ ասեն. «Ո՛վ թագաւոր, ոչ ոք է՝ որ կարասցէ ընդդէմ կալ բազմութեան զօրաց քոց. եւ ահա ելին ի յապրոյ, արդ արձակեա զնոսա բանակս բանակս, զի մի՛ սովեսցին մինչեւ ցօր պատերազմին»:

Then Diogenes arose with all his multitude and went to the East, to the land of the Armenians. He descended on the city of Manzikert, which he captured. The troops of the sultan, who were in the city, fled. [Diogenes] killed those he caught. News of this reached the sultan [who was] at the city of Aleppo. He turned to the East, for they said that the Byzantine emperor was heading to the land of the Persians with a formidable multitude. Now during the wintertime, the sultan had been battling against Aleppo, but had been unable to take it due to the multitude of troops in the city. Even though the entire wall had been punctured with holes, he was in no way able to capture the city. Thus, when springtime arrived, and the sultan heard about the coming of Emperor Diogenes, he quit Aleppo and quickly arrived at Edessa. The duke who was in the city prepared horses, mules, and victuals for him. Taking these, the sultan passed unharmed through its borders, arriving in the East, at a mountain called Lesun. A countless number of horses and camels died through the speed of his travel, since he drove his troops as though they were fleeing—as he wanted to get to the Persians. At that moment, letters reached the sultan from traitorous Byzantines, from within Diogenes' army, urging him: "Don't flee, for most of our troops are on your side." When the sultan heard this, he halted. Then the sultan wrote an agreeable letter to Emperor Diogenes, to establish friendship, unity and peace between them, not to forever be harming one another; but rather, that there should be friendship with Christian people and eternal friendship and unity between Persians and Byzantines. But then Diogenes grew haughty and did not agree to the sultan's words. Instead, he became even more stirred up to fight. Wicked traitors approached Diogenes and said: "O, Emperor, there is no one who can resist the multitude of your troops. Let them go into the countryside, detachment by detachment and live off the country, so they not be hungry before the day of battle."

71. Եւ յայնժամ դարձոյց զԿտրիճ ամիրայն ի Կոստանդնուպօլիս եւ զՏարխանիատն երեսուն հազարով դարձոյց ի վերայ Խլաթայ եւ երկոտասան հազար առաքեաց յԱպխազք՝ եւ այսպիսի օրինակաւ զամենայն զզօրսն ցրուեալ հանին յերեսաց թագաւորին. եւ այս ամենայն գործք նենգութեան ազդ լինէր սուլտանին: Յորժամ ետես սուլտանն անխոնարհելի զմիտս Տիօժէնին՝ յարձակեցաւ ի պատերազմ ի վերայ զօրացն Հոռոմց եւ որպէս կորիւն առիւծոյ այնպէս վարեաց զամենայն զօրսն Խորասանայ: Եւ լուեալ Տիօժէն զգալ զօրացն Պարսից ի վերայ նորա, հրամայեաց հնչեցուցանել զփող պատերազմին եւ կարգեաց դասս առ դասս զամենայն զօրսն Հոռոմց. եւ կացոյց զօրագլուխ զօրաց իւրոց զԽատապ եւ զՎասիլակ իշխանք Հայեցիք՝ զայր քաջք եւ պատերազմողք, եւ զմեծ մասն աւուրն լինէր պատերազմ սաստիկ. եւ եղեն պարտեալ զօրք Հոռոմցն եւ սպանաւ Խատապ եւ Վասիլակ. եւ արարին փախստական զամենայն զօրսն Հոռոմց մինչեւ ի բանակ թագաւորին: Եւ տեսեալ Տիօժէնն՝ հրամայեաց ժողով լինել ամենայն զօրաց իւրոց, եւ ոչ ոք էր որ գայր ի կոչ նորա, վասն զի Տարխանատն եւ այլ իշխանքն Հոռոմց գնացին զօրօքն ի Կոստանդնուպօլիս: Եւ լուեալ զայս թագաւորն՝ ծանեաւ զնենգութիւն ազգին իւրոյ Հոռոմց, եւ ահա առ վաղիւն եղեւ պատերազմ. եւ ընդ առաւօտն հնչեցուցեալ զփող պատերազմի, եւ ելեալ քարոզիչքն քարոզէին զհրաման թագաւորին Տիօժէնին. եւ խոստանայր փառս եւ իշխանութիւնս՝ քաղաքս եւ գաւառս, վասն զի քաջապէս պատերազմեսցեն ընդդէմ զօրացն Պարսից:

71. Then [Diogenes] returned Emir Ktrich to Constantinople and turned Tarxaniat upon Xlat', and he sent 30,000 troops to Abkhazia—and in this manner all the troops were dispersed by the emperor. The sultan was informed of all these acts of treachery. When the sultan saw Diogenes' implacable resolution, he attacked the Byzantine troops. Like a lion's cub he led all the troops of Khorasan. Now when Diogenes heard of the coming of the Persian troops against him, he ordered the battle horn sounded and organized all the Byzantines' troops, detachment by detachment. He designated as military commanders of his troops the Armenian princes Xatap and Vasilak, brave and martial men, and there was fierce fighting for much of that day. The troops of the Byzantines were defeated, and Xatap and Vasilak were killed. All the Byzantine troops fled to the emperor's camp. When Diogenes saw this, he ordered all his troops to assemble. However, no one came to his summons, since Tarxanat and the other Byzantine troops had gone to Constantinople with their soldiers. When the emperor observed this, he realized the treachery of his own Byzantine nation. Behold, the next day the [expanded] war commenced. At dawn the battle horn was sounded. Heralds circulated around, delivering the orders of Emperor Diogenes, [promising] glory and power, [rule over] cities and districts, so that [his troops] would valiantly fight against the Persian troops.

Եւ ահա գայր սուլտանն ահագին պատրաստութեամբ ի պատերազմ ի վերայ Հոռոմոց զօրացն. յայնժամ թագաւորն Տիօժէն եկեալ հասանէր ի տեղի պատերազմին՝ մերձ ի Մանծկերտ, ի տեղին՝ որ կոչի Տողոտափ, եւ զՈւզն եւ Պածունակն կացուցանէր ընդ աջմէ իւրմէ եւ ընդ ձախմէ եւ զայլ զօրսն զառաջոյ եւ զթիկանց. եւ ի սաստկանալ պատերազմին՝ Ուզն եւ Պածինակն ի սուլտանի կողմն անցանէին. Եւ յայնժամ եղեն պարտեալ ամենայն զօրքն Հոռոմոց եւ առհասարակ ի փախուստ դարձան: Եւ եղեւ կոտորումն զօրացն Հոռոմոց անթիւ եւ անհամար բազմութիւնք. եւ արարին ձերբակալ զթագաւորն Տիօժէն եւ տարան զնա առաջի սուլտանին եւ զայլ բազում իշխանս Հոռոմոց կապանօք կացուցանէին առաջի սուլտանին եւ անթիւ եւ անհամար գերութիւն: Իսկ յետ աւուրց ինչ արար սուլտանն սէր եւ միաբանութիւն ընդ թագաւորին Հոռոմոց. եւ արար զՏիօժէնն սուլտանն իւր եղբայր արեամբ, վասն զի զայն ուխտեալ էր ընդ Աստուծոյ, եւ հաստատեաց ահագին ուխտ սիրոյ եւ միաբանութեան ընդ Պարսիկք եւ ընդ Հոռոմք յաւիտեան:

Եւ յայնժամ մեծաւ փառաւորութեամբ յուղարկեաց զթագաւորն յաթոռ իւր ի Կոստանդնուպօլիս. Եւ հասանէր մինչեւ ի Սեբաստիա: Յայնժամ համբաւ հասանէր առ Տիօժէնն՝ թէ թագաւորեաց Միխայլն որդի Տուկծին, եւ թողեալ զնա ամենայն զօրքն իւր՝ փախեան. եւ Տիօժէնն գնաց փախստական ի քաղաքն՝ որ կոչի Ատանա. եւ ժողովեցան ի վերայ նորա զօրք թագաւորին Միխայլի. իսկ Տիօժէնն առ վտանգի իւր զգեցաւ զգեստ աբեղայի եւ ելեալ առ զօրագլուխն Հոռոմոց՝ որ էր եղբայր Տուկծին, եւ ասացեալ. «Եթէ ահա չունիք յինէն այսուհետեւ հոգս, վասն զի ես յայսմ հետէ ի վանք կրօնաւորաց կամիմ բնակել. ձեզ թագաւոր եղիցի Միխայլն, եւ Աստուած եղիցի ընդ նմա»:

Then the sultan arrived with awesome preparation to fight against the Byzantine troops. Next, Emperor Diogenes arrived at the place of battle, called Toghatap', close to Manzikert. He arranged the Uz and Pecheneg [troops] to his right and left, and other troops at the front and sides. When the battle became intense, the Uz and Pecheneg [troops defected and] passed over to the sultan's side. At that point, all the Byzantine troops were defeated and all of them turned to flight. There were countless deaths among the multitude of Byzantine troops. Emperor Diogenes was arrested and they took him, in fetters, before the sultan along with many other Byzantine princes. In addition, there were innumerable captives. After a few days the sultan made peace and friendship with the emperor of the Byzantines, and made him his blood brother. [This was confirmed] with oath to God. [The sultan] confirmed with a solemn vow that there would be eternal friendship and unity between Persians and Byzantines.

Then, with great glory, [Sultan Alp-Arslan] sent the emperor back to his throne in Constantinople. [Diogenes] reached Sebastia. But then news reached Diogenes that Ducas' son, Michael,[26] had been enthroned. After this, all [Diogenes'] troops deserted him and fled. Diogenes went as a fugitive to the city called Adana. Troops of Emperor Michael massed against him. In this crisis of his, Diogenes donned a monk's garb and went before the Byzantines' military commander, who was Ducas' brother. [Diogenes] said: "You need no longer bother about me, since, hereafter, I wish to live in a monastery with clerics. Let Michael be your emperor, and may God be with him."

---

26 Michael VII Parapinaces, 1071-1078.

Իսկ յայնմ աւուր ազգն Հոռոմոց կրկին զԱստուած ի խաչ հանին որպէս զՀրէական ազգն, վասն զի հանեալ խաւարեցուցին զաչսն Տիօժէնին՝ զառն թագաւորի, որ ի սաստկութենէ ցաւոյն մեռաւ իսկ. եւ լուեալ զայս սուլտանին՝ լայր եւ ապաշաւէր զկորուստն Տիօժէնին. եւ ասացեալ սուլտանն եթէ՝ «Զունին Աստուած ազգն Հոռոմոց, եւ ահա այսօր պատառեցաւ սէր եւ երդումն միաբանութեան, որ ընդ Պարսիկք եւ ընդ Հոռոմք եղան. եւ յայսմ հետէ ի սուր սուսերի մաշեսցի ամենայն ազգն խաչապաշտից, եւ գերեսցին ամենայն աշխարհն քրիստոնէից»: Եւ յիշեալ զՏիօժէնն՝ եւ սաստկապէս յոգւոց հանեալ ապաշաւէր սուլտանն, նոյնպէս եւ ամենայն ազգն Պարսից. եւ ասէր սուլտանն ընդ ամենայն ազգն Խորասանայ, եթէ «Ահա յայսմ հետէ եղերուք ամենեքեան կորիւնք առիւծոց եւ եղերուք որպէս զձագս արծուաց արագագնացս յընթացս ընդ ամենայն երկիր եւ զտիւ եւ զգիշեր սրախողխող արարէք զազգըն քրիստոնէից եւ անողորմ լերուք ի վերայ ազգին Հոռոմոց»: Եւ ինքն սուլտանն դարձաւ մեծաւ յաղթութեամբ ի յաշխարհն Պարսից:

Յայսմ ժամանակի ժողով արարեալ Աբասլան սուլտանն զամենայն զօրսն Պարսից եւ անցանէր ընդ մեծ գետն Ջահունից՝ որ կոչի Գեհոն, եւ բազմութեամբ զօրօք մտաւ յաշխարհն Սմրխնդոյ, կամեցաւ տիրանալ այն աշխարհին եւ մեծաւ զօրութեամբ իջեալ բանակեցաւ ի վերայ ամուր եւ անուանի բերդին Համայ. եւ էր բերդատէրն այր քաջ եւ գազան եւ յոյժ չարասիրտ. եւ զբազում աւուրս նեղեալ սուլտան զբերդն մեծաւ պատերազմաւ՝ եւ կոչէր զբերդատէրն գալ իւր ի հնազանդութիւն եւ տիրանալ հայրենեաց իւրոց յաւիտեան:

On that day the Byzantine nation crucified God a second time, as had the Jews, for they gouged out the eyes of Diogenes, that royal figure, who died from the severity of the pain. When the sultan heard about this, he wept and lamented the loss of Diogenes, saying: "The nation of Byzantines has no God. Behold, today the oath of friendship and unity sworn between Persians and Byzantines has been voided. Henceforth I shall put to the sword the entire nation of Cross-worshipers and enslave the entire land of the Christians." Remembering Diogenes, the sultan sighed heavily and regretted matters, as did the entire nation of Persians. Then the sultan spoke to the entire nation of Khorasan, saying: "From now on you all should be like the cubs of lions and the young of eagles. Go through the entire country, day and night, mercilessly killing the nation of Christians and Byzantines." And then, in great triumph, the sultan returned to the land of the Persians.

In this period Sultan Alp-Arslan mustered all the troops of the Persians and crossed the great Jihon or Gehon River [the Oxus]. With a multitude of troops he entered the land of Samarkhand, wanting to rule over that land. With great force he descended on the secure and renowned fortress of Hama and encamped opposite it. Now it happened that the lord of the fortress was a brave man, though bestial and malicious. The sultan harassed that fortress for many days with great warfare. He summoned the fortress-master to come out to him in submission, and [in exchange] to rule over his patrimony in perpetuity.

72. Եւ զկնի բազում նեղութեանցն խորհեցաւ բերդատէրն ելանել առ սուլտանն յերկրպագութիւն. եւ խորհեցաւ խորհուրդ սոսկալի եւ ահաւոր չարութիւնս. եւ արար զօրն ամենայն սէր եւ ուրախութիւն կնոջ իւրում եւ որդեացն եւ գուսանօք եւ թմբկօք եւ երգօք արուեստիւք կերաւ ընդ նոսա եւ էարբ մեծաւ ուրախութեամբ. եւ ի մէջ գիշերին զկին իւր եւ զերեք որդին ձեռօք իւրովք զենեաց գազանաբար, վասն զի մի՛ անկանիցին ի ձեռս սուլտանին եւ լինիցին նոցա ծառայք:

Եւ ինքն ի վաղիւն ելեալ գնայր առ սուլտանն՝ եւ ի ծածուկ ունելով ընդ իւր երկուս դանակս քաջասուրս, որով զորդիսն իւր զենեաց. եւ յորժամ գայր, տեսեալ սուլտանին՝ հրամայեաց բերել առաջի իւր: Եւ նա գնաց եւ երկիր պագանէր. իսկ յորժամ մօտեցաւ՝ յարձակեցաւ ի վերայ սուլտանին եւ հանեալ զերկու դանակն ի կօշկացն, եւ որք տանէին զնա՝ փախեան. եւ նա գազանաբար հասեալ ի վերայ սուլտանին հարկանէր զնա երկու դանակով. եւ նոյն ժամայն սատակեցին զնա պաշտօնեայք նորա. եւ տեսին խոցեալ զսուլտանն՝ հարեալ յերեք տեղի:

72. After many days of harassment, the lord of the fortress thought to emerge and go to prostrate himself in front of the sultan. And he came up with a frightfully evil and dreadful plot. He spent that entire day in joy and delight with his wife and sons, with minstrels and drums and artistic songs, happily eating and drinking with them. But in the middle of the night, with his own hands, he sacrificed his wife and three sons, like a beast, so that they would not fall into the sultan's hands and become his servants.

The next morning he arose and went to the sultan, concealing on himself two very sharp daggers—the same ones he had killed his own sons with. When the sultan saw that he had arrived, he ordered that he should be brought before him. [The lord of the fortress] came and prostrated himself. But when he approached, he attacked the sultan, removing the two daggers from his shoes. Those [attendants]—who were bringing him—fled, while he savagely advanced on the sultan, stabbing him with the two daggers. At that moment, [the sultan's] guards killed him, but in front of them they could see the sultan [who had been] stabbed in three places.

VOLUME II

Եւ կայր սուլտանն ի մեծ վտանգի, եւ կսկիծ խոցերոյն նեղէին զնա. եւ հրամայեաց զօրացն գնալ ի սահմանացն, զի մի՛ գիտասցին աշխարհն. եւ զկնի հինգ աւուրցն նեղեցաւ ի ցաւոցն եւ հրամայեաց կոչել զմեծամեծ իշխանսն Պարսից եւ զխոճապ զօրն իւր. եւ կացուցեալ զտղայ որդին զՄելեք շահն առաջի նոցա՝ ասէ. «Ահա ես այսօր մեռանիմ ի խոցոյ ատի, եւ եղիցի ձեզ թագաւոր որդիս իմ. եւ սա նստցի յաթոռ թագաւորութեանս իմոյ». եւ հանեալ զթագաւորական հանդերձն իւր ագուցանէր որդւոյ իւրոյ Մելեք շահին, եւ խոնարհեալ երկիր եպագ նմա, եւ լալով յանձն արար զնա Աստուծոյ եւ ամենայն ամիրայացն Պարսից: Եւ յայնմ աւուր մեռաւ Աբասլան սուլտանն ի ձեռաց առն անփառաւորի եւ քրդու: Եւ թագաւորեաց Մելեք շահն ի վերայ տանն Պարսից եւ եղեւ այր բարի եւ ողորմած եւ յոյժ քաղցր ի վերայ հաւատացելոցն Քրիստոսի. եւ հասեալ գնաց յաթոռ հայրենեաց իւրոց եւ տարաւ զհայր իւր զԱբասլանն եւ թաղեալ զնա ի գերեզմանս հարց իւրոց ի Մարանդ քաղաքի. եւ յաջողեցաւ թագաւորութիւն նորա յԱստուծոյ. սա տիրելով տիրեաց ամենայն երկրի եւ արար խաղաղութիւն ամենայն աշխարհին Հայոց:

Իսկ ի թուականութեանն Հայոց ՇԻԱ եղեւ հակառակութիւն ի մէջ Տէր Գրիգորիսի եւ Տէր Գէորգեայ. եւ առաքեաց Տէր Գրիգորիսն եւ ընկէց զՏէր Գէորգն յաթոռոյ հայրապետութեանն՝ եւ առեալ զքօղն ի գլխոյ նորա, եւ Գէորգն վիրաւորեալ գնաց ի Տարսոն քաղաքն եւ անդ մեռաւ. եւ Տէր Գրիգորիսն եկեալ բնակեցաւ ի Մուտառասուն առ Գագիկ որդի Գուրգենայ:

The sultan was in great danger and the sharp pain of the wounds tormented him. He ordered that the troops should leave the borders [of that place] so that the land would not be aware [of the attempted assassination]. Five days later, tormented by pains, [Sultan Alp-Arslan] commanded that the grandee princes of the Persians and the *hajjib* of his troops should be summoned. He placed his young son, Malik-Shah, before them and said: "Behold, today I shall die from these wounds. Let my son be your king and let him sit on the throne of my realm." Removing the royal garments from his own person, [Alp-Arslan] had them placed on his son, Malik-Shah, prostrated himself before him, and, weeping, entrusted him to God and to all the emirs of the Persians. On that very day Sultan Alp-Arslan died from [the wounds caused by] that inglorious and evil man. Then Malik-Shah [A.D. 1072-1092] ruled over the House of the Persians. He was a good, merciful man, and very mild toward the Christian faithful. He went to the seat of his patrimony, taking [the body of] his father Alp-Arslan and burying it in the tomb of his fathers in the city of Marand. God made his kingdom succeed. [Malik-Shah] ruled over the entire country and made peace throughout the entire land of the Armenians.

In 521 of the Armenian Era [A.D. 1072] there was contention between [the Catholicoi] Lord Grigoris and Lord Ge'org. Lord Grigoris sent and deposed Lord Ge'org from the throne of the patriarchate, taking the veil from his head. Wounded, Ge'org went to the city of Tarsus and died there. Then Lord Grigoris came and dwelled in Mutar'asun, near Gurgen's son, Gagik.

73. Յայսմ ժամանակիս բռնակալեցաւ անօրէն եւ ամենաչար իշխանն Փիլառտոս, որ էր իսկ անդրանիկ որդի սատանայի, զի ի յանկանել Տիօժէնին բռնակալեցաւ ի վերայ երկրի՝ այր չարաշունչ, որ էր իսկ սա կարապետ պղծոյ նեռինն՝ դիւաբնակ եւ այլանդակ չարաչար վարուք: Սա սկսաւ տալ պատերազմ ընդ հաւատացելոցն Քրիստոսի, վասն զի էր սա անհաւատ քրիստոնեայ, ոչ Հայ գիտելով զնա եւ ոչ Հոռոմ՝ վարքն եւ կրօնքն զՀոռոմցն ունէր, եւ հայրենեօքն եւ մայրենեօքն Հայ էր, եւ ի տղայութեանն կացեալ առ հօրեղբայր իւր ի վանքն՝ որ կոչի Զօրվրի-Կոզեռն՝ ի Հարսն-Մսրու գաւառին: Սա ելեալ յանապատէ՝ եւ եղեւ պիղծ անապատի. սա տիրեալ բազում աշխարհաց եւ քաղաքաց եւ բազում մեծամեծ իշխանս կորոյս անողորմաբար եւ եկեալ բնակեցաւ ի Մշարն.

Եւ յղարկեաց եւ կոչեաց զքաջն Թոռնիկ զտէրն Սասնոյ գալ նմա ի հնազանդութիւն: Եւ լուեալ զայս Թոռնիկ որդին Մուշեղայ եւ ծիծաղեալ զանմիտ հրամանս նորա եւ ասացեալ թէ՝ «Ահա որ բնաւ ես ոչ տեսանեմ զերեսս նորա»: Եւ ասեն ցԹոռնիկ կոչնականքն Փիլառտոսին թէ՝ «Ահա գայ բազում զօրօք ի վերայ քո եւ տապալեալ աւերեսցէ զգաւառսն քո»: Ասէ Թոռնիկ. «Եւ քանի՞ են զօրքն Փիլառտոսին». ասեն արքն՝ «Իբրեւ քսան հազար»: Ասէ Թոռնիկն. «Են իմ հազար ձիաւորք, որ հանապազ հաղորդին ի մարմնոյ եւ յարենէ Որդւոյն Աստուծոյ, եւ զայս այսպէս գիտեմ՝ զի Փիլառտոսն եւ ամենայն զօրք իւր թափուր եւ ունայն են ի հաւատոցն Քրիստոսի եւ կան լցեալ ամենայն չարաչար յանցանօք»: Եւ գնացին եւ զայս ամենայն պատմեցին Փիլառտոսին.

73. In this period the impious and most wicked Philaretus began to tyrannize. Indeed, he was Satan's senior son. When Diogenes fell from power, [Philaretus] tyrannized over the country. He was a man with a foul breath, the precursor of the abominable Antichrist, and a person of diabolical, uncouth, and most wicked behavior. He started to battle against believers in Christ, since he himself was a faithless Christian, not recognized [as Christian] either by Armenians or Byzantines—though he had the customs and creed of the Byzantines. He was Armenian both on his father's and mother's sides. As a boy he had stayed with his father's brother, in the monastery called Zo'rvei-Kozer'n in the district of Hisn-Mansur. Emerging from the [desert] retreat, he turned everything into a foul desert. He ruled over many lands and cities, mercilessly ruined many grandee princes, and then came and settled at Mshar.

Then he sent and summoned the valiant T'or'nik, lord of Sasun, to come and submit to him. When T'or'nik, Mushegh's son, heard this, he laughed at the foolish order and said: "Behold, I have never even seen his face." Philaretus' heralds replied to T'or'nik, saying: "Behold, he will come against you with many troops, and will wreck and ruin your districts." Then T'or'nik inquired: "How many troops does Philaretus have?" The man replied: "Some 20,000." T'or'nik said: "I have 1,000 cavalry, who always commune in the body and blood of the Son of God, and I know that Philaretus and all his troops are devoid and lacking in any faith in Christ and are full of all kinds of evils." They went and related all this to Philaretus.

Եւ յայնժամ կոչեաց Փիլառտոսն զՏէր Գրիգորիս եւ ասէ ցնա՝ եթէ «Քո փեսայ է Թոռնիկն, գնա եւ կոչեա զնա ինձ ի հնազանդութիւն»: Իսկ Տէր Վահրամն վասն չար բարուցն Փիլառտոսին յոչ կամաց գնաց առ Թոռնիկն եւ այլ ոչ տեսաւ զերեսն Փիլառտոսին: Եւ պատմեաց զպատճառն գալոյն Թոռնկայ, եւ հիացեալ Թոռնիկն եւ ասէր՝ եթէ «Զիա՛րդ ոչ պատկառեցաւ երեսք անօրինին ի սաստիկ լրբութեանցն իւրոց յուղարկել զքեզ առ իս իբրեւ զդեսպան հանդերձ սուտ երդմամբ»: Եւ գիտացեալ Փիլառտոսին, եթէ ոչ կամի գալ Թոռնիկն ի կոչ նորա, զօրաժողով արարեալ գնաց ի վերայ Թոռնկայ. եւ Թոռնիկ ոչ գիտացեալ զգալն նորա ի վերայ իւր՝ եւ իբրեւ լուաւ զգալն Փիլառտոսին, ձայն տուեալ զօրաց իւրոց եւ արար ժողով զամենայն Սասուն՝ յիսուն հազար հետեւակաց եւ վեց հազար ձիաւորաց, եւ գայր ի Ճապղջուրն. եւ ոչ հաւատայր գալոյ Փիլառտոսին, դարձոյց զամենայն հետեւակազօրն, եւ ինքն հազար ձիաւորով գնայր ի յԱշմուշատ քաղաքն Հայոց:

74. Յայսմ ժամանակի անօրէնն Փիլառտոս յղարկեաց եւ կոչեաց զՏէր Գրիգորիս յաթոռ հայրապետութեանն իւրոյ. եւ նա ոչ եկն ի կոչն նորա, վասն զի զարհուրեալ էր ի չարաշունչ գազանէն: Դարձեալ գրեաց Փիլառտոսն առ սուրբ հայրապետն եւ ասէր. «Չէ օրէն աթոռոյս հայրապետութեան առանց հայրապետի կալ». եւ նա ոչ համարձակեցաւ գնալ, այլ գրեաց Տէր Գրիգորիս առ Փիլառտոսն եւ ասէր, եթէ «Դի՛ր իմ հրամանաւն յաթոռ հայրապետութեանդ զՏէր Սարգիս զքուրորդին Տէր Պետրոսի»:

Then Philaretus summoned Lord Grigoris and said to him: "T'or'nik is your son-in-law. Go and summon him [to come] to me in submission." Now Lord Vahram [Grigoris], because of Philaretus' evil nature, unwillingly went to T'or'nik and never saw Philaretus' face again. When [the Catholicos] explained to T'or'nik the reason for his coming, T'or'nik was amazed and said: "How is it that this impious men, in his supreme insolence, is not ashamed to send you to me as an emissary with false oaths?" When Philaretus realized that T'or'nik did not want to come at his call, he massed troops and went against T'or'nik. Now T'or'nik did not know about Philaretus' coming against him, but when he heard about it, he alerted his troops and raised from all of Sasun 50,000 infantry and 6,000 cavalry and went to Chapaghjur. [But] not believing that Philaretus was coming, he disbanded the infantry and he himself, along with 1,000 cavalry, went to Ashmushat, a city of the Armenians.

74. In this period the impious Philaretus sent [a message] and summoned Lord Grigoris [to return] to the throne of his patriarchate. But [the latter] did not come at his call, as he was terrified of this venomous beast. Once again Philaretus wrote to the blessed patriarch, saying: "It is not proper that the patriarchal throne should be without the patriarch." However, [the Catholicos] did not dare to go [back]. Instead, Lord Grigoris wrote to Philaretus, saying: "Seat on the throne of your patriarchate—by my order—Lord Sargis, Lord Petros' sister's son."

VOLUME II

Եւ յայնժամ Տէր Գրիգորիս յղարկեաց զքօղն եւ զգաւազանն եւ զուրբ նշանն Տէր Պետրոսի առ Տէր Սարգիս: Եւ տեսեալ Փիլառտոսն զայս ամենայն՝ ծանեաւ եթէ Տէր Գրիգորիս այլ ոչ է դառնալոց յաթոռ հայրապետութեան իւրոյ. եւ յայնժամ հրամայեաց Փիլառտոսն լինել ժողով եպիսկոպոսաց եւ հարանց վանականաց եւ կրօնաւորաց. եւ ձեռնադրեցին զՏէր Սարգիս յաթոռ կաթողիկոսութեանն Հայոց ի քաղաքն՝ որ կոչի Հոնի, ի Ջահան գաւառի, վասն զի էր այր սուրբ եւ հրաշափառ տեսլեամբ եւ հռչակաւոր առաքինի եւ յամենայն կողմանց զարդարեալ ամենայն աստուածապաշտութեամբ եւ ճշմարիտ խոստովանութեամբ, որ ի Քրիստոս Յիսուս, եւ էր կատարեալ օգնական հօտին Քրիստոսի: Եւ յայնժամ Տէր Գրիգորիս գնացեալ ի մայրաքաղաքն Հայոց՝ որ կոչի Անի, եւ անդ ձեռնադրեաց եպիսկոպոս զԲարսեղն՝ զքեռորդին իւր՝ զորդի Վասակայ որդւոյ Ապիրատին՝ որդւոյ Հասանայ, որ ի յետ ժամանակաց էառ զաթոռ հայրապետութեան տանն Հայոց:

Եւ էր ի թուականութեանս Հայոց ՇԻԳ, եւ ապա զկնի այսորիկ գնաց Տէր Գրիգորիս ի Կոստանդնուպօլիս եւ անդուստ ի Հռոմ. եւ եկեալ յԵգիպտոս՝ շրջեցաւ ընդ անապատսն ամենայն առաջին սրբոց հարցն եւ կատարեաց զամենայն փափագումն սրտին իւրոյ. եւ հաստատեաց անդէն իւր զաթոռ հայրապետութեանն եւ կանգնեալ անդէն նորոգեաց զամենայն կարգ սուրբ եկեղեցւոյ. եւ բազում փառք եւ մեծութիւն ընկալաւ Տէր Գրիգորիս ի թագաւորէն Եգիպտոսի առաւել քան ի թագաւորէն Հոռոմոց: Եւ բազում զօրք ժողովեցան յԵգիպտոս իբրեւ երեսուն հազարաց. եւ Տէր Գրիգորիս զկնի ժամանակաց ձեռնադրեաց կաթուղիկոս զՏէր Գրիգոր՝ զքուրորդին իւր՝ եւ ինքն եղեալ գայր յաշխարհն Հայոց, վասն զի դեռ եւս կենդանի կայր մայրն նորա:

Then Lord Grigoris sent to Lord Sargis the veil, scepter, and holy cross of Lord Petros. When Philaretus saw all this, he realized the Lord Grigoris would not return to his patriarchal throne. Then Philaretus ordered that there be convened an assembly of bishops, abbots of monasteries, and clerics. They ordained Lord Sargis to [occupy] the throne of the *Catholicosate* of the Armenians, in the city named Honi in Jahan district, since he was a holy man with a marvelous mien, noted for his virtue and in every way adorned with all piety and true confession in Jesus Christ. Moreover, he was a perfect helper for the flock of Christ. Then Lord Grigoris went to the capital city of the Armenians, named Ani, and ordained there as bishop his sister's son, Barsegh, son of Vasak, son of Apirat, son of Hasan, who later occupied the throne of the patriarchate of the House of the Armenians.

In 523 of the Armenian Era [A.D. 1074], after these [events] Lord Grigoris went to Constantinople and then to Rome. Then he went to Egypt and visited the retreats of all the first holy Fathers, thereby fulfilling all the desires of his heart. It was there that he established his patriarchal throne. Remaining there, he renewed all the orders of the blessed Church. Lord Grigoris received much glory and greatness from the king of Egypt,[27] more than from the king of the Romans. Many Armenians gathered in Egypt, some 30,000 people. After some time, Lord Grigoris ordained as *Catholicos* Lord Grigor, his sister's son. Then he arose and went to the land of the Armenians, since his mother was still living.

---

27 *King of Egypt:* Fatimid caliph al-Mustansir, 1036-1094.

Եւ եղեւ յորժամ թագաւորեաց Հոռոմց որդի Տուկ-ծին Միխայլն, եւ կացեալ նորա յաթոռ թագաւորութեանն զամս չորս. եւ էր այր բարի եւ աստուածասէր, զարդարեալ ամենայն առաքինութեամբ եւ լուսաւոր սրբութեամբ եւ յամենայն կողմանց նմանեալ էր առաջին սրբոց թագաւորացն եւ փայլեալ ուղղափառ հաւատովք, որ ի Քրիստոս Յիսուս. եւ եղեւ հայր սրբոց եւ դատաւոր այրեաց: Եւ հրամանաւ սորա զարկաւ դահեկան անչափ եւ անհամար իբրեւ զհող եւ կամ զաւազ ծովու, որ եւ եղեւ մնացական եւ օգուտ աշխարհի, վասն զի Աստուծով զարկաւ. եւ յԱստուծոյ էջ շնորհք ի վերայ նորա մինչեւ յաւիտեան՝ եւ լըցաւ ամենայն աշխարհն գանձով նորա: Իսկ սորա սկիզբն արարեալ պահոց եւ աղօթից՝ եւ ամենայն պայծառ սրբութեամբ վարեաց զկեանս իւր. եւ ոխացեալ ընդ իւր թագուհին իւր վասն վարուց սրբութեան, զի ոչ խառնակէր ընդ նմա ամուսնութեամբ, եւ տռփացեալ թագուհին ումն իշխանի Հոռոմց եւ ի ձեռն պիղծ գործոյ իւրոյ յարուցանէր զնա ի վերայ Միխայլին՝ եւ բռնութեամբ խնդրէր զաթոռ թագաւորութեանն ի նմանէ: Եւ տեսեալ զայս ամենայն թագաւորն Միխայլ, զի շարժեաց զամենայն Կոստանդնուպօլիս ի վերայ իւր, որոյ անուն Կոտոնիատ ասէին, եւ թագաւորն Միխայլ ոչինչ հակառակեցաւ ընդդէմ նոցա. այլ յայտնապէս անիծեաց զամենապիղծ թագուհին եւ թողեալ զաթոռ թագաւորութեանն՝ գնաց ի վանք կրօնաւորաց եւ զգեցաւ այծէնս եւ արար սկիզբն վարուց կրօնաւորութեան, վասն զի զայն ունէր ցանկութիւն ի վաղուց ժամանակաց հետէ՝ եւ թողեալ զաթոռ թագաւորութեան իւրոյ եւ զթագ:

It was in this period that Ducas' son, Michael, ruled as emperor of the Byzantines.[28] He occupied the throne of the realm for four years, being a good, pious man, adorned with all virtue and radiant holiness, in every way resembling the first emperors, glowing with orthodox faith in Jesus Christ. [Michael] was a father to orphans and a defender of widows. At his order dahekans were minted in unlimited quantities, like soil or like sands of the sea. It also retained its value and helped the land, since it was minted in the name of God. God's grace descended on him always, and the entire land was filled with his treasure. [Michael] began [his reign] with fasting and prayers, and conducted his life in all radiant holiness, a holiness which embittered his empress against him, since he did not [sexually] couple with her in marriage. The empress satisfied her lust with a certain Byzantine prince and, through his foul conduct, motivated him to rise up against Michael, tyrannically seeking the throne of the realm from him. When Emperor Michael observed all this and saw that the man, whose name was Botaniates, had stirred up all Constantinople against him, he did not resist him at all. Instead, he openly cursed that most foul empress, left the imperial throne, went and lived in a monastery with monks, donning a hairshirt, and embarking on a clerical life—something he had long since desired to do. And thus he left his imperial throne and crown.

---

28 Michael VII Parapinaces, c. 1060-1067; 1067-1068; 1068-1071; 1071-1078.

75. Ի թուականութեանս Հայոց ՇԻԵ թագաւորեաց ի վերայ Հոռոմոց Կոստնիատոն եւ առեալ իւր կին զկին Միխայլին եւ զդուստր Գուրգէի Վրաց թագաւորին. որ յաղագս աղտեղի պոռնկութեան առին զմիմեանս:

Յայսմ ժամանակի սպանաւ Վասակ իշխանն Հայոց որդի Գրիգորի մագիստրոսին եւ եղբայր Տէր Գրիգորիսի. սա էր տուկի յԱնտիոք քաղաքին, սա սպանաւ ի շուկայ փողոցին Անտիոքայ ի ձեռն նենգաւոր ազգին Հոռոմոց, զի յորժամ անցանէր ընդ փողոցն, գային երկու հատատք յերկրպագութիւն Վասակայ եւ թուղթ ինչ ստութեանց ի վեր կալեալ առաջի Վասակայ, եւ նա խոնարհեալ զի առցէ զթուղթն ի նոցանէ, եւ ի նոյն ժամայն հարեալ զնա ուրագովն ի յաջամէջսն, եւ մեռաւ մեծն Վասակ յանարժան եւ ի պիղծ արանց. եւ ժողովեցան զօրք նորա ի կլայն Անտիոքու. եւ յայնժամ ազատագունդքն Վասակայ կոչեցին զՓիլառտոս եւ տան զԱնտիոք ի ձեռս նորա: Իսկ Փիլառտոսն զհետ աւուրց ինչ ժողով արարեալ զամենայն ազգն Հոռոմոց զնենգաւորսն եւ զհատատքն՝ արս եւթն հարիւր, եւ պատճառէր ուրեք երթալ ի պատերազմ. եւ տարեալ զնոսա ի գեւղ մի՝ որ կոչէր Ափշունն, եւ յայնմ տեղւոջ սուր եդեալ ի վերայ՝ կոտորեաց զամենայն հատատսն առհասարակ. եւ յայնժամ բռնակալեցաւ Փիլառտոսն ի վերայ Անտիոքայ եւ առեալ վրէժ արեան մեծին Վասակայ Պալհաւունւոյ:

75. In 525 of the Armenian Era [A.D. 1076-1077], Botaniates[29] ruled over the Byzantines. He took for his wife the wife of Michael—she, who was also the daughter of the king of the Georgians, Gurge'n[30]—and they had each other through loathsome prostitution.

In this period there was slain Vasak, prince of the Armenians, son of Grigor *Magistros*, and brother of [the Catholicos] Lord Grigoris. He had been the duke of the city of Antioch. He was killed on a street in the marketplace of Antioch by a treacherous Byzantine. As he was going along the street, two of the spearmen prostrated themselves before Vasak, proffering up to him a false document of some sort. As he stooped to take the document from them, they suddenly struck him between the eyes with a hatchet. And thus was the great Vasak slain by these worthless and foul men. His troops gathered in Antioch's citadel and Vasak's troops of gentry summoned Philaretus and gave Antioch to him. Philaretus, after a few days, held an assembly of all the Byzantine traitors and spearmen—some 7,000 men—claiming that he would go somewhere to fight. He led them to a village named Ap'shun, and there he killed all the spearmen. Then Philaretus took over Antioch and also avenged the great Vasak Pahlawuni's blood.

---
29 Nichephorus III Botaniates, 1078-1081.
30 George II, 1072-1089.

Յայսմ ժամանակի սպանաւ Եպիխտն իշխանն Հայոց, այր քաջ եւ պատերազմող, ի տանէն Շիրակայ, զոր վասն քաջութեանն իւրոյ թագաւորն Յունաց բռնադատեաց՝ եւ արկեալ կնքեաց զնա ի Հոռոմ հաւատն, բայց նա ի ծածուկ զհայրենի հաւատն իւր պաշտէր զսրբոյն Գրիգորի: Սորա հիւանդացեալ ի բերդն՝ որ կոչի Անդրիուն. եւ էր նորա տուեալ ի թագաւորէն Հոռոմ աբեղայ մի առաջնորդ սնոտի հաւատոյն նորա, եւ էր կարգեալ զնա հայր խոստովանութեան: Իսկ անօրէն եւ պիղծ առաջնորդն յաւուր միում մտեալ առ Պիխտն եւ տեսեալ զնա, զի ննջեալ կայր քաղցրիկ ի մահիճս իւր, յարձակեցաւ գազանաբար ի վերայ նորա եւ առեալ զբարձն դնէր ի վերայ բերանոյ նորա՝ եւ ուժգին անկեալ ի վերայ նորա եւ չարաչար սպանանէր զայր հզօր եւ քաջ՝ չարագործ եւ պիղծ կրօնաւորն Հոռոմոց: Եւ յայնժամ գիտացեալ զօրաց նորա զնենգաւոր մահն քաջին՝ մեծաւ բարկութեամբ չարչարեալ զանօրէն հերետիկոսն եւ զկնի չարչարանացն ձգեցին զպիղծ աբեղայն ընդ քարծայր բերդին, եւ անդէն սատակեցաւ չարն չար մահուամբ եւ կորեաւ:

Իսկ թագաւորն Կոստնիատն զմի ամ կալեալ զաթոռ թագաւորութեանն եւ այլ ոչ կամեցաւ ունել զաթոռ թագաւորութեանն, վասն զի հակառակութեամբ եւ պոռնկութեամբ համարեցաւ զնա եւ ոչ հրամանաւն Աստուծոյ, զի շնութեամբ էառ զկին Միխայլին եւ ոչ հրամանաւն Աստուծոյ եւ թագաւորեաց անիրաւաբար. եւ կարի յոյժ նեղէր զնա խիղճ մտաց իւրոց, եւ ընդ միտս իւր ասացեալ եթէ՝ «Այն որ թագաւոր էր եւ տէր աթոռոյս, եթող եւ եղեւ աբեղայ, ես զիա՞րդ ընդդիմանամ չարամտութեամբս իմով, եւ ահա զկնի գայ եւհասանէ մահն»: Եւ յայնժամ ի բաց թողեալ զաթոռ թագաւորութեանն, վասն զի մեծաւ յանցանօք նենգաւորեաց սուրբ թագաւորին Միխայլին, եւ զկնի այսորիկ եղեւ Կոստնիատն աբեղայ:

In this period was slain the epeiktes,[31] a prince of the Armenians, a brave and martial man from the House of Shirak. Because of his bravery, the emperor of the Byzantines forced him to be baptized into the Byzantine [Chalcedonian] faith. However, [the prince] secretly followed his patrimonial faith and revered Saint Gregory. [The prince] became ill in the fortress called Andriun [located near Aleppo]. Now the emperor had given him a Byzantine monk to guide him in their false creed, and had designated him as his father confessor. One day this impious and vile guide entered the chamber of the epeiktes and saw him peacefully sleeping in his bed. The criminal and loathsome Byzantine monk savagely attacked him, taking a pillow and putting it over his mouth and forcibly holding it down, thus wickedly suffocating that brave and mighty man. When [the epeiktes'] troops learned of the treacherous death of this brave man, with great anger they tortured that impious heretic. After torturing him, they threw the vile monk down a cliff of the fortress where the wicked man died a wicked death, and was lost.

Now Emperor Botaniates, after occupying the throne of the realm for a year, no longer wanted it. This was because he was considered [the emperor] through prostitution and not at God's command, having foully taken [the rightful emperor] Michael's wife as his own—not at God's command—and ruled illegitimately. His conscience bothered him greatly and he said to himself: "The one who was emperor and the [rightful] lord of this throne, left it and became a monk. How could I resist him with my maliciousness? [Besides which,] death will come at the end. Then he left the imperial throne, since he had betrayed the blessed emperor with his great crimes. Subsequently, Botaniates became a monk.

---

31 Greek, "overseer".

Յայսմ ժամանակիս նստուցանեն յաթոռ թագաւորութեանն Հոռոմոց զՄեղեխիանոսն, եւ էր ի թուականութեան Հայոց ՇԻՁ:

Դարձեալ ի թուականութեանս Հայոց մեռանէր ամենազովելին Տէր Սարգիս հայրապետն Հայոց, որ էր քուրորդի Տեառն Պետրոսի կաթուղիկոսին Հայոց. եւ հրամանաւ նորին նստուցին յաթոռ կաթուղիկոսութեանն Հայոց զՏէր Թորոսն՝ զդրան եպիսկոպոսն Տեառն Սարգսի Հայոց կաթուղիկոսին զմեծ երաժիշտն ձայնաւորաց՝ որ մականուն ասի Ալախօսիկ, ի քաղաքն՝ որ կոչի Հոնի, ի Ջահան գաւառի:

76. Յայսմ ժամանակիս Վասիլն Ապուքապայ որդին, այն որ յառաջն վրանապահ էր լեալ Դաւթի կուրապաղատին, սորա հրամանաւ Փիլառտոսին արարեալ ժողովս հեծելոց եւ գայր ի վերայ քաղաքին Ուռհայոյ՝ եւ բազում պատերազմաւ նեղէր զքաղաքն զամիսս վեց: Եւ յայսմ ամի շինեաց Վասիլն զպարիսպն բերդաքաղաքին՝ որ կոչի Ռընապօլիս, զոր շինեաց Ռամանոս թագաւորն Հոռոմոց. եւ յետ այսորիկ նեղեաց զքաղաքն Ուռհա. եւ յայնժամ քաղաքացիքն արարին խուխայ ի վերայ տուկին իւրեանց՝ որ աւէին Լեւոն՝ որ էր եղբայր Դաւատանոսին. եւ եղեւ փախստական Լեւոն եւ անկանէր ի վերին կլայն. եւ Պռօքսիմոսն նորա անկանէր ի մէջ եկեղեցւոյն, որ ասի սուրբ Աստուածածին. եւ մտեալ բուռն եհար զեղջերաց սրբոյ սեղանոյն՝ եւ մտեալ քաղաքացիքն յեկեղեցին եւ գազանաբար սպանանէին զնա առաջի սրբոյ սեղանոյն Աստուծոյ: Եւ յայնմ աւուր ետուն զՈւռհա ի ձեռս Վասլին՝ Ապուքապայ որդւոյն, որ էր այր բարի եւ աստուածասէր, ողորմած ի վերայ որբոց եւ այրեաց, խաղաղարար եւ շինող աշխարհի, որ եւ յառաջն հայրն նորա Ապուքապն կացեալ էր ի քաղաքն Ուռհա, եւ նորա շինեալ էր եւ սինօռեալ զամենայն գաւառն. այս եղեւ ի թուականութեանս Հայոց ՇԻՁ:

At this time, they seated on the throne of the Byzantine empire Melissenus. This was in 526 of the Armenian Era [A.D. 1077].

In the same year the most praiseworthy patriarch of the Armenians, Lord Sargis, died. He was the sister's son of Lord Petros, Catholicos of the Armenians. At his command they seated on the throne of the Armenian Catholicosate, Lord T'oros, who was the court bishop of Lord Sargis, Catholicos of the Armenians. He was a great choral musician, who was nicknamed Alaxo'sik. [This took place] in the city named Honi in the district of Jahan.

76. In these times, at Philaretus' order, Basil, son of Apuk'ap—who previously had been the tent guard of David the curopalate—assembled cavalry troops and came against the city of Edessa. For six months he harassed the city with much fighting. In the same year Basil built the walls of the fortress called Romanopolis, which had been built by the Byzantine emperor Romanus. After this he harassed the city of Edessa. Then the residents turned against their duke, who was called Lewon and was the brother of Dawatanos. Lewon fled into the fortress' citadel, while his proximus fled into the church named after the blessed Mother of God. He entered and embraced the edges of the holy altar. The citizens also entered the church and savagely slew him before the blessed altar of God. On that very day they gave Edessa into the hands of Basil, Apuk'ap's son. He was a good, pious man, merciful toward widows and orphans, peace loving, and a builder of the land. Previously his father, Apuk'ap, had been [duke] in the city of Edessa and had built up and fortified the entire district. This transpired in 526 of the Armenian Era [A.D. 1077].

VOLUME II

Յայսմ ժամանակիս կացեալ թագաւոր Մելեխիանոսն ի Կոստանդնուպօլիս զամիսս չորս, եւ յայնժամ ամենայն բազմութիւն քաղաքին միահամուռ յարեան ի վերայ Մելեխիանոսին եւ շարժեցին պատերազմ ի վերայ նորա եւ յափշտակեցին ի նմանէ զթագն եւ զաթոռ թագաւորութեանն՝ եւ դնեն զթագն ի գլուխն իշխանի միում՝ որում անուն ասէին Ալէքս, որ էր եղբօրորդի Կոմանոս թագաւորին, այր բարի եւ աստուածասէր եւ քաջ ընդդէմ պատերազմաց. եւ յայսմ ժամու լինէր խաղաղութիւն տանն Յունաց:

Իսկ յորժամ բարձրացաւ թուականութիւնս Հայոց ի յամս ՇԻԸ՝ եղեւ սով սաստիկ ընդ ամենայն աշխարհս խաչապաշտից յայնկոյս ծովուն Ովկիանոսի, վասն զի արեանարբու եւ գազանացեալ ազգն Թուրքաց տարածեցաւ ընդ ամենայն երեսս երկրի, որ ոչ մնաց գաւառ ի խաղաղութեան, այլ կայր մատնել ամենայն տունն քրիստոնէից ի սուր եւ ի գերութիւն. եւ արգելաւ վաստակ հողագործութեան յերկրէ, եւ հատաւ կերակուր հացի, եւ սրով եւ գերութեամբ հատան մշակք եւ վաստակաւորք, եւ առհասարակ տարածեցաւ ընդ ամենայն աշխարհս: Եւ անմարդ եղեն բազում գաւառք, եւ քակեցաւ տունն արեւելից, եւ եղեւ աւերակ աշխարհն Հոռոմց, եւ ոչ ուրեք գտանէին հաց, եւ կամ դադար հանգստեան մարդոյ, բայց ի յՈւռհա եւ յամենայն սահմանսն նորա:

In this period Emperor Melissenus had reigned in Constantinople for four months. Then the entire multitude of the city collectively arose against Melissenus, fought against him, and seized from him the crown and the throne of the empire. They placed the crown on the head of a certain prince named Alex, who was the brother's son of Emperor [Isaac I] Comnenus. Alex[32] was a good, pious man, who was also valiant in warfare. From that moment there was peace in the House of the Byzantines.

At the beginning of the year 528 of the Armenian Era [A.D. 1079-1080] a severe famine occurred throughout all lands of the Cross-worshipers on this side of the Ocean Sea [the Mediterranean], for the bloodthirsty and bestial nation of Turks had spread over the entire face of the country and there was not a single district at peace. Rather, the entire House of the Christians was betrayed to the sword and captivity. Farmers' crops were interrupted, grain for bread was cut off, laborers and cultivators were reduced by the sword and captivity and, generally, [famine] spread throughout all the land. Many districts became depopulated and the House of the East was pulled apart; the land of the Byzantines turned into a ruin, bread could not be found anywhere nor was there any place to rest except in Edessa and all its borders.

---

32 Alexius I Comnenus, 1081-1118.

Եւ յԱնտիոք եւ յամենայն աշխարհն Կիլիկեայ եւ մինչեւ ի Տարօն եւ յամենայն աշխարհն Մարաշայ, ի Տլուք եւ յամենայն սահմանս աշխարհացս այսոցիկ ոչ գտանէին հանգիստ դադարման մարդոյ, եւ բախեալ ելանէին միահամուռ ամենայն արարածք եւ գային յաշխարհիս յայսսիկ անթիւ բազմութեամբ, հազարք առ հազարս եւ բիւրք առ բիւրս, ծփայր մարդ ի վերայ երկրի. եւ ծածկեցաւ աշխարհքս այս, եւ որպէս զմարախ ի բազմութենէ նոցա ծածկէր երկիր, առաւել ունիմ ասել եւ եւթնապատիկ քան զժողովուրդն՝ զոր Մովսէս ընդ ծովն անցուցանէր, նա եւս քան զլորամարգն յանապատին Սինա: Եւ այսպէս ահագին բազմութեամբ լցաւ երկիր, եւ արք մեծամեծք եւ փառաւորք, ազատք եւ իշխանք եւ կանայք մեծաշուք շրջեալ մուրանային. եւ զայս ամենայն աչք մեր տեսանէին. եւ յերեսաց սովոյն եւ ի պանդխտութենէ կենացն մահ անկանէր ի նոսա ընդ ամենայն երկիր. եւ յագեցան առ ի թաղել զնոսա եւ լցաւ երկիր ի դիականց նոցա, գազանք եւ թռչունք ի յուտելուն ձանձրացան. անթիւք անթաղք մնացին յանհամար բազմութեանցն, հոտեցաւ երկիր ի մեռելոտի մարմնոյ նոցա. փառաւոր քահանայք եւ կրօնաւորք եղեն օտարամահք եւ պանդուխտք եւ կերակուրք լինէին գազանաց եւ թռչնոց: Այս եղեւ սկիզբն աւերման եւ քակելոյ տանն արեւելից եւ Յունաց, զորս յաղագս մեղաց մերոց ընկալաք զհատուցումն յԱրդար Դատաւորէն Աստուծոյ, ըստ այնմ՝ զոր ասաց Փրկիչն, եթէ «Ամենայն ծառ՝ որ ոչ բերէ պտուղ բարի, հատանի եւ ի հուր արկանի»:

There was no rest for people in Antioch and the entire land of Cilicia as far as Tarsus and the entire land of Marash, to Tluk' and all their surrounding lands. [This was because] all creation fled and came in a mass to these lands in countless multitudes, thousands upon thousands, myriads upon myriads. Humanity billowed upon the earth, covering these lands of ours the way locusts cover the ground in their multitude. I can say beyond this that there were seven times more people than Moses led through the [Red] Sea, more than the quails in the Sinai Desert.[33] Thus was the country filled up with an enormous multitude. Grandees and glorious men, azats and princes and illustrious women wandered about, begging. We saw all this with our own eyes. From famine and [the harshness of an] exile's life [many] died throughout the entire country. [Grave-diggers] became exhausted burying them and the country filled up with their corpses. Beasts and birds even wearied of eating them. The ground stank from the innumerable multitude of their decaying unburied bodies. Glorious priests and clerics died in exile and became food for beasts and birds. This became the start of the destruction and dissolution of the House of the East and of the Byzantines. It was because of our sins that we were punished by God, the Righteous Judge, according to what the Savior said, that "Every tree which does not produce good fruit is cut down and thrown into the fire."

---

33 cf. Exodus 16:13.

Յայսմիկ թուականութեան սպանաւ Գագիկ շահնշահն որդի Աշոտոյ՝ որդւոյ Գագկայ՝ որդւոյ Սմբատայ՝ որդւոյ Երկաթայ, Բագրատունի ազգաւ: Յայսմ ժամանակիս Գագիկ արքայ Հայոց վառեալ զգունդ զօրաց իւրոց եւ գնաց էջ ի Տարօնն քաղաքն առ Ապլղարիպն իշխանն Հայոց՝ որդւոյ Հասանայ՝ որդւոյ Խաչկայ Խլին՝ առն քաջի ի Վասպուրական գաւառէ: Սա գնացեալ առ Ապլղարիպն սիրոյ աղագաւ, որ վասն խնամութեան կոչեալ էր զԳագիկ՝ Ապլղարիպայ, եւ յաղագս պատճառի ինչ ոչ եղեւ գործ խնամութեան, եւ դարձաւ Գագիկ որպէս զաղիւծ մռնչելով, վասն զի էր մեծ եւ հզօր եւ այր քաջ, եւ կալեալ զամնայն իշխանս գաւառին՝ վարէր զնոսա երկաթի կապանօք առաջի իւր. եւ եկեալ հազար արամբ ի դաշտն Առժախասայ ի բերդն՝ որ ասի Կիզիստրդայ. եւ էին բերդատէրքն երեք եղբարք իշխանք Հոռոմոց՝ որդիք Մանտալէի. եւ Գագկայ թողեալ զզօրսն իւր ի յայլ կողմն ճանապարհին՝ եւ ինքն երեք արամբք երթայր դիմօք առ նոսա: Իսկ նոքա յառաջապատրաստք եւ արս յիսուն քմին եդին Գագկայ. եւ յորժամ մերձ եղեւ ի բերդն Գագիկ՝ զային յերկրպագութիւն նորա երեք եղբարքն եւ ի գնալն երկրպագանէին ի վերայ երեսաց իւրեանց: Եւ յորժամ ետես զնոսա Գագիկ, կոչեաց զնոսա ի համբոյր. եւ յորժամ ի մօտ եկին, միաբան երեք եղբարքն գրկեալ զպարանոցն Գագկայ՝ եւ ընկեցին զնա ի ձիոյն, եւ արքն՝ որ զկնի էին՝ փախեան. եւ ելեալ քըմինն՝ կալան զնա. եւ լուեալ զօրացն՝ ցրուեցան, եւ ածին զԳագիկ ի բերդն:

In this year was slain Gagik the shahnshah, son of Ashot, son of Gagik son of Smbat, son of [Ashot] the Iron of the Bagratid line. Now it came about that Gagik, king of the Armenians, was leading a brigade of his troops and descended on the city of Tarsus to visit [the city's Byzantine governor] Aplgharib, prince of the Armenians. [Aplgharib] was the son of Hasan, son of Xul Xach'ik, a brave man from the district of Vaspurakan. [Gagik] went to Aplgharib on a matter of friendship since Aplgharib had called Gagik about an alliance. For some reason the matter of alliance did not take place and, [angered], Gagik turned back, roaring like a lion. He was a great, mighty, and valiant man. He had seized all the princes of the district and was leading them before him in iron chains. He came with a thousand men to the plain of Ar'zhaxas, to the fortress called Kizistra. The fortress keepers were three brothers, princes of the Byzantines, sons of Mandale'. Gagik left his troops on the other side of the road while he, with three men, went to meet them. [The latter], meanwhile, prepared in advance, had 50 men placed in an ambuscade, waiting for Gagik. When Gagik approached the fortress, the three brothers came out and prostrated themselves before him. When Gagik saw them, he called them to embrace him. But when they got close, the three of them together wrapped themselves around Gagik's neck, and threw him from his horse. The men who were with him fled, while those in the ambuscade seized him. When [Gagik's] troops heard about this, they dispersed. [The ambushers] brought Gagik into the fortress.

77. Եւ յաւուրն ութերորդի ժողովեցան ի վերայ բերդին ամենայն տունն Հայոց, Գագիկ Աբասայ որդին եւ որդին եւ ամենայն ցեղն Սենեքարիմայ՝ Ատոմ եւ Ապուսահլ եւ այլ ամենայն իշխանքն Հայոց եւ զաւուրս ինչ պատերազմեալ ի վերայ բերդին՝ ոչինչ կարացին առնել, վասն զի ամուր էր յոյժ. եւ որք բռնեալ էին զԳագիկ՝ ոչ համարձակէին թողուլ ի յահէ Գագկայ. եւ յայնժամ յղարկեալ առ նոսա անօրէն Փիլառտոսն եւ ասէր, եթէ «Զիարդ համարձակեցայք զայդ գործել ընդ առն թագաւորի. եթէ թողոյք՝ եւ եթէ ոչ, ձեզ կորուստ գործեցիք զայդ»: Եւ յայնժամ աստուածասպան ազգն Հոռոմց լարով աղեղան խեղդեցին զթագաւորն Հայոց եւ կախեցին զնա ընդ պարիսպն զօր մի. եւ յայնժամ հանեալ թաղեցին զնա արտաքոյ բերդին, զոր յետ վեց ամսոյ եկեալ այր մի ի քաղաքէ նորա՝ Բանիկ անուն եւ գողացաւ զմարմին Գագկայ թագաւորին եւ հանեալ զնա ի գերեզմանէն ի գիշերի եւ տարաւ զնա ի քաղաքն իւր եւ յազգն. եւ արարին կոծ մեծ ի վերայ նորա եւ ամենայն ազգն Հայոց. եւ թաղեցին զնա ի վանքն իւր Պիզու. եւ մնաց իւր աւագ որդին Յովհաննէս: Եւ աստանօր դադարեալ եղեւ թագաւորութիւնն ի տանէն Հայոց եւ յազգէն Բագրատունեաց: Յայսմ վայրի լցեալ կատարեցաւ մարգարէութիւն սրբոյն Ներսէսի Հայոց կաթուղիկոսին՝ որ ասաց. «Եթէ ջնջելով ջնջեսցի թագաւորութիւն ի տանէն Հայոց»:

77. Eight days later there assembled against the fortress the entire [armed forces] of the House of the Armenians: Gagik, son of Abas and the entire clan of Senek'erim, Atom and Apusahl, and besides them all the princes of the Armenians. For some days they battled against the fortress, but were unable to accomplish anything since it was extremely secure. As for those who had seized Gagik, they did not dare to release him out of fear of him. Then the impious Philaretus sent to them, saying: "How could you dare to do that to a royal man? Whether you release him or not, your actions will bring about your own destruction." Then the God-killing nation of Byzantines strangled the king of the Armenians with a bowstring and hanged his body from the wall for a day. Then they removed it and buried it outside the fortress. Six months later a man named Banik came from his city and stole the body of King Gagik, removing it from the grave at night and taking it to his city and family. Then the entire nation of the Armenians conducted a great mourning over him and buried him in his monastery of Pizu. [Gagik's] senior son, Yovhanne's, survived him. From that day the kingdom ended in the House of the Armenians and in the line of the Bagratids. And there was fulfilled the prophecy of Saint Nerse's, the Armenian *Catholicos*, who said: "Kingship will completely end in the House of the Armenians."

Դարձեալ ի թուականութեանն Հայոց ի յամի ՇԼ արքեպիսկոպոսն Շիրակայ՝ որ էր ի քաղաքն Անի, որոյ անուն ասէին Տէր Բարսեղ, յարուցեալ գնայր յաշխարհին Հայոց ի յԱղուան գաւառի՝ ի Լոռէ քաղաք առ թագաւորն Հայոց Կիւրիկէ՝ որդի Անհողինին Դաւթի, եւ խնդրէր Բարսեղ առնել ձեռնադրութիւն կաթողիկոսութեան Հայոց: Զոր ժողովեալ թագաւորն Կիւրիկէ զեպիսկոպոսունս Աղուանից աշխարհին եւ բերեալ զՏէր Ստեփանոս կաթուղիկոսն Աղուանից ի վանքն, որ կոչի Հաղբաթ, ձեռնադրեցին զՏէր Բարսեղ կաթուղիկոս յաթոռ սրբոյն Գրիգորի ի վերայ ամենայն աշխարհին Հայոց հրամանաւ Կիւրիկէ թագաւորին եւ Տեառն Ստեփանոսի՝ որ ունէր զաթոռ սրբոյ առաքելոյն Թադէոսի: Յայսմ ժամանակի նորոգեալ եղեւ աթոռ սրբոյն Գրիգորի ի քաղաքն Անի, որ ի վաղուց ժամանակաց հետէ խափանեալ էր մախանօք նենգաւորութեամբ չար եւ դառնացեալ ազգին Հոռոմց: Եւ ելեալ գայր Բարսեղ կաթողիկոսն Հայոց ի թագաւորաբնակ քաղաքն Անի, եւ ելեալ ամենայն տունն Շիրակայ գալ ընդ առաջ նորա. եւ ահա գայր Վասակ՝ հայրն Տէր Բարսեղի եւ եղբարք նորա՝ Հասան եւ Գրիգոր եւ Ապլջապակ, արք քաջք եւ հզօրք՝ հանդերձ եպիսկոպոսօք, եւ նստուցին զՏէր Բարսեղ յաթոռ Տեառն Պետրոսի: Եւ եղեւ օրն այն օր մեծ եւ ուրախութիւն ամենայն տանն Հայոց, վասն զի տեսին նորոգեալ զաթոռ հայրապետութեանն ի քաղաքն յԱնի:

Also occurring in 530 of the Armenian Era [A.D. 1081-1082] Lord Barsegh, the archbishop of Shirak, who was in the city of Ani, arose and went to that part of the land of the Armenians in the district of Aghuan to the city of Lor'e' to the king of the Armenians Kiwrike',[34] son of Dawit' Anhoghin, and asked to be ordained Catholicos of the Armenians. King Kiwrike' assembled the bishops of the land of the Aghuans and also brought Lord Step'annos, Catholicos of the Aghuans, to the monastery named Haghbat. [There] they ordained Lord Barsegh Catholicos to [occupy] the throne of Saint Gregory over the entire land of the Armenians. [This was done] by the order of King Kiwrike' and Lord Step'annos who held the throne of the blessed Apostle Thaddeus. Thus, in this period, the throne of Saint Gregory was renewed in the city of Ani where, for a long time, it had been obstructed by the envious treachery of the wicked and embittered nation of Byzantines. Then Barsegh, Catholicos of the Armenians, arose and came to the city of Ani, the royal residence, and the entire House of Shirak arose and came before him. And behold, there came Lord Barsegh's father, Vasak, and his brothers Hasan, Grigor, and Apljapak, brave and valiant men, with the bishops, and seated Lord Barsegh on the throne of Lord Petros. That was a great a joyous day for the entire House of the Armenians, since they saw the throne of the patriarchate restored in the city of Ani.

---

34 Gurgen II Kiwrike, 1046-1081/89.

78. Յայսմ ժամանակիս ամիրայ ոմն անուն Խոսրով գայր բազում զօրօք ի Պարսից աշխարհէն եւ հասանէր ի գաւառն Ուռհայոյ, եւ արարեալ աւերս ի տեղիս տեղիս: Եւ յայսմ աւուրքս եղեւ պատերազմ ի վերայ Եփրատ գետոյն՝ ի տեղին՝ որ ասի Մկնիկ՝ մերձ ի բերդն՝ որ կոչի Լտար, վասն զի ժողովեցան բերդացիք գաւառին ընդ առաջ նորա ի պատերազմ. եւ յայսմ աւուր յաղթեաց Թուրքն եւ արար բազում կոտորածս քրիստոնէիցն: Եւ յետ աւուրց ինչ յարուցեալ ամիրայն Խոսրով եւ արար ապատակ զերկիրն Տաճկաց ի Խառանայ մինչեւ ի Մուտեպլէրն, եւ զաւուրս երկու կային ի վերայ ձիոյ, եւ բազում աւարաւ գայր ի դուռն քաղաքին Խառանայ: Եւ էր ի քաղաքն ամիրայն Արապկաց՝ որ ասի Շուրէհ-Հէճմ՝ Կուրիշայ որդին՝ որ կոչի Շէրէփն-Տօլ: Եւ յայսմ աւուրս էր ամիրայն Շուրէհ ի Խառան զօրօք Արապկացն, եւ երկու հազար ձիաւորով ելեալ ի պատերազմ ի վերայ Պարսից զօրացն. եւ էր Թուրքն արս տասն հազարք. եւ ի հանդիպիլն միմեանց արարին զԹուրքն փախստական եւ սաստիկ կոտորածով վարեցան զհետ զօրացն Պարսից եւ թափեցին զամենայն առ եւ զգերութիւնն, եւ լցաւ ամենայն գաւառն Ուռհայոյ ծառայօք ի Թուրքէն, յամենայն թուփ եւ ի քարատակ անկեալ գրտանէին զզօրսն Թուրքաց, եւ ուր ուրեք զերծան:

78. In this period a certain emir by the name of Xosrov came with many troops from the land of the Persians. He reached the district of Edessa, wrecking places here and there. In these days there was warfare around the Euphrates River at a place called Mknik, close to the fortress called Ltar. This was because the fortress garrisons of that district had assembled to fight him [Emir Xosrov]. On that day the Turks were victorious and killed many Christians. After some days Emir Xosrov arose and went raiding the country of the *Tachiks*, from Harran to Mutepe'r. For two days they were on their horses and then came to the gates of the city of Harran with much booty. In that city was an emir of the Arabs named Shure'h-he'chm, son of Quraysh, who was known as She're'p'n-To'l. In these days Emir Shure'h was in Harran with Arab troops, and he arose in battle against the Persian troops with 2,000 cavalry. The Turks had 10,000 men. When they clashed with each other, the Turks were put to flight and sustained severe casualties as they were pursued, disgorging all their booty and captives. The entire district of Edessa filled up with slaves from the Turks. Under every bush and stone troops of the Turks were found where they had fallen, trying to escape.

Իսկ ի թուականութեանս Հայոց ՇԼԲ մեռաւ Վասիլն՝ Ապուքապայ որդին՝ տէրն Ուռհայոյ, եւ թաղեցին զնա ի Գօտեւոր սուրբ Գէորգ: Սա էր այր բարի եւ աստուածասէր, քաղցր ի վերայ ամենայն աշխարհի, ողորմած որբոց եւ այրեաց, շինող եւ խաղաղարար աշխարհի. եւ եղեւ սուգ մեծ ի վերայ աշխարհին Ուռհայոյ եւ յամենայն գաւառսն նորա, զի եղեն զրկեալք յայնմ, քաղցր եւ բարի աւագէն, վասն զի որպէս զհայր եւ ծնող էր ի վերայ մեծի եւ փոքու. եւ եղեալ բարի յիշատակաւ՝ յաշխարհէս գնաց առ Քրիստոս: Եւ արարին ժողով ամենայն քաղաքն ի սուրբ Սոփի եւ տան զքաղաքն Ուռհա ի ձեռն Սմբատայ՝ առն քաջի եւ արիական պատերազմողի ընդ Պարսից: Եւ կացեալ Սմբատայ ի յաթոռ տուկութեանն Ուռհայոյ վեց ամիս.

Եւ ոմն ի մեծամեծաց քաղաքին ջանայր առնուլ զաթոռ տուկութեանն ի յազգէն Հայոց, որոյ անուն ասէին Իշխան, ի ցեղէն՝ որ ասէին Արջքթոնք: Սա ապստամբեցաւ եւ գնաց առ Փիլառտոս, վասն զի ունէր բազում ցեղս եւ ազգս մեծամեծս ի քաղաքն Ուռհա. եւ շարժեալ Իշխանին զՓիլառտոսն՝ եւ բերէր ի յՈւռհա, եւ ետուն զքաղաքն ի ձեռն Փիլառտոսին: Եւ զկնի սակաւ աւուրց Փիլառտոսն ձերբակալ արարեալ զԻշխանն եւ զամենայն ազգն եւ զՍմբատ՝ եւ արար հիմն ի վեր զամենայն բնակութիւնս նոցա եւ հատոյց զամենայն մեծամեծ իշխանս Հայոց՝ որք էին ի քաղաքն յՈւռհա, եւ զԱրջուկ իշխանն եսպան չարչարանօք, եւ զայլսն տարաւ ի Մարաշ քաղաք. եւ եհան զաչսն Սմբատայ զառն քաջի եւ զաչս Իշխանին եւ զեղբօրն իւրոյ զԹօթօռկայ, եւ զայլ իշխանսն պահէր ի շղթայսն ի Մարաշ քաղաքի վասն չար բարուց իւրոց:

In 532 of the Armenian Era [A.D. 1083-1084] there died Basil, son of Apuk'ap, lord of Edessa. They buried him at [the monastery of] Saint Ge'org Ko'tewor. He was a good, pious man, good to the whole land, merciful towards orphans and widows, a builder of the land and a bringer of peace. There was great mourning throughout the land of Edessa and in all its districts, since he was like a father and a parent to great and small. Having arisen with a good reputation, he departed this world and went to Christ. The entire city held an assembly in the blessed [church of] Sophia and they gave the city of Edessa into the hands of Smbat. [Smbat] was a brave and valiant warrior against the Persians. Smbat occupied the throne of the duchy of Edessa for six months.

A certain one of the city's grandees, who was called *Ishxan*,[35] attempted to take the throne of the duchy from the Armenian people. He was from the clan called Arjk't'onk'. [Ishxan] rebelled and went to Philaretus, for he had lots of family and grandee clan members in the city of Edessa. [Ishxan] moved Philaretus, brought him to Edessa, and they gave the city over to Philaretus. After a few days, Philaretus arrested Ishxanik and his entire clan, as well as Smbat. He demolished their residences from top to bottom and took vengeance on all the grandee princes of the Armenians in the city of Edessa. He killed the Arjuk prince with torture and took the rest to the city of Marash. He blinded that brave man, Smbat, as well as Ishxan and his brother, Theodoric. As for the other princes, [Philaretus] kept them in chains in the city of Marash, because of his wickedness.

---

35 *Ishxan:* "Prince".

79. Դարձեալ ի թուականութեանս Հայոց ՇԼԳ առաւ Անտիոք քաղաքն ի քրիստոնէից. վասն զի Սուլիման ումն ամիրայ որդի Դլլմշոյ, որ բնակեալ էր ի քաղաքն Նիկիա՝ յաշխարհին Բիւթանացւոց, որ էր սահմանակից Ովկիանոս ծովուն, սորա յարուցեալ գաղտաբար ընդ հեռաձիգ ճանապարհն եւ հասանէր ծածկաբար մինչեւ ի քաղաքն Անտիոք. եւ գտեալ զքաղաքն անպատրաստս եւ ի Հալպայ դիհէն ի գիշերի գողացաւ զքաղաքն Անտիոք. եւ Փիլառտոսն էր ի քաղաքն Ուռհա, եւ յայնմ ժամու զօրք հեծելոց ոչ գոյր ի քաղաքն: Եւ Սուլիման երեք հարիւր արամբք մտաւ ի քաղաքն Անտիոք. եւ ի վաղիւն տեսեալ քաղաքացեացն՝ ահաբեկեալք եղեն, վասն զի ոչ ունէին արք պատերազմողք, այլ էին որպէս կանայք տկարք եւ վատ ի պատերազմ. եւ առհասարակ ժողովեցան քաղաքն ի կլայն, եւ օր քան զօր բազմանայր զօրք Թուրքացն. եւ էառ զքաղաքն եւ մարդոյ չարար վնաս, եւ նեղեաց զկլայն բազում աւուրս սովով եւ ծարաւով: Եւ յետ այսր ամենայնի խնդրեցին երդումն ի յամիրայէն, եւ արար Սուլիման զամենայն եւ եղեւ խաղաղութիւն, եւ դարձաւ ամենայն մարդ անվրնաս ի տուն իւր:

Եւ լուեալ զայս ամենայն Փիլառտոսն՝ ոչինչ կարաց առնել, լուր ի յոգւոց հանեալ եւ դառնապէս ապաշաւէր: Եւ Սուլիման տիրեաց Անտիոքայ եւ ամենայն աշխարհին Կիլիկեցւոց: Արդ այսպիսի օրինակաւ առաւ բազմամբոխ քաղաքն Անտիոք ի վատ եւ ի թուլամորթ եւ ի պիղծ ազգէն՝ որ կոչին Պեղիտիկք, որ հաւատովքն Հոռոմք ասեն իւրեանց, այլ լեզուով եւ գործովք սուսկ Տաճիկք եւ հայհոյիչք ուղղափառ հաւատոց եւ ատեցողք վարուց սրբութեանց, հալածիչք հաւատոյ Հայաստանեայց, եւ ինքեանք նմանեալ հիւանդ եւ տկար կանանց, որք նստին ի փողոցի եւ բաղբանջեն լեզուաւ իւրեանց:

79. Also in the year 533 of the Armenian Era [A.D. 1084-1085] the city of Antioch was taken from the Christians. This happened because of [the activities of] a certain emir [named] Sulaiman[36] who lived in the city of Nicaea in the land of the Bithynians, which borders the Ocean Sea. [Qutlumush] arose secretly and, traveling via a remote route, secretly arrived at the city of Antioch. Finding the city of Antioch unprepared, he stole it in the night, [attacking] from the side facing Aleppo. Now Philaretus then was in the city of Edessa and at the time had no cavalry with him in the city. Sulaiman entered the city of Antioch with [only] 300 men. The next morning, when the residents saw what had happened, they were horrified, since they had no military men among them. Rather, they resembled weak women. One and all they gathered in the citadel while, day by day, the troops of the Turks increased. [Sulaiman] took the city and did not harm anyone. He harassed the citadel for many days with hunger and thirst. After all this, [those in the citadel] requested an oath from the emir. Sulaiman gave all [assurances] and there was peace, and every man returned unharmed to his home.

Now when Philaretus heard about all this he was unable to do a thing except sigh and bitterly regret what had happened. Thus, it came about that Sulaiman ruled over Antioch and the entire land of the Cilicians. In this manner was the populous city of Antioch taken from the weak and loathsome people called Pelitik', who said that they were Roman by confession, though by language and deeds they were simply Tachiks and cursers of orthodox faith, haters of saintly life, and persecutors of the faith of the Armenians. They resembled sick and weak women who sit in the streets and babble.

---

36 ibn Qutulmish, 1077-1086.

Եւ այլ իմն զարմանալի ասացից ձեզ՝ զոր ինչ եղեւ յԱնտիոք յառաջ քան զքսան ամ, զոր եւ մեք իսկ լուաք զայս ի քաղաքացեացն, եթէ այնչափ չար եւ ատեցողք էին Հայոց ազգին Անտիոքացիքն, զի յորժամ ի քաղաքն օտարական բռնէին, զմուրուքն կտրէին եւ հանէին ընդ դուռն քաղաքին: Եւ յաւուր միում բռնեալ զոմն Անեցի այր փառաւոր եւ կտրեալ զմուրուսն նորա, եւ առին զամենայն ինչս նորա՝ եւ հանին զնա ի քաղաքէն. եւ նա վիրաւորեալ գնաց, եւ առեալ զզօրս Թուրքաց հինգ հարիւր այր, եկեալ գերեաց զամենայն գաւառն Անտիոքայ եւ զտուկին երկոտասան գեղն այրեաց հրով. եւ բերեալ ի դուռն քաղաքին բազում գերութիւնս, կոտորեաց եւ ելից զնոսա ի գետն՝ եւ ձայն տուեալ ի քաղաքն եւ ասէր. «Ես եմ Գորգ Շիրակացին, որ զմուրուքն կտրեցիք. թէ ապա աժէ՞ այս մուրուք մի, թէ ոչ». եւ գնաց անհամար աւարաւ:

Նոյնպէս յաւուրսն բարեկենդանին ի նոյն ամին եկեալ կարաւան ի յարեւելից ի քաղաքն Անտիոք, եւ բարձեալ բերէին տարեխ ձուկն, եւ կային ի մէջ շուկային ի գինարբութեան. եւ ի լսել քաղաքացեացն զձայն պարուց նոցա, ամենայն արք քաղաքին հասանէին ի վերայ նոցա եւ ծեծելով զանալից արարին զնոսա, սկսան հանել զնոսա ի քաղաքէն. էին արքն իբրեւ ութսուն՝ բրէզածք եւ ընտրեալք քաջութեամբք: Եւ յայնժամ ձայն տուեալ մանկտաւագն նոցա, եւ նոցա միաբան գինեմխեալք էին, յարձակեցան ի վերայ քաղաքացեացն եւ ի Սեւուտոյն դրանէն մինչեւ ի Տէր Պետրոս զամենայն արք քաղաքին փախստական արարին եւ կառափնաբեկ եւ ոտնակոտորս արարին արս բազումս. եւ ապա խաչիւ եւ աւետարանով երդուեալ նոցա բնաւ այլ ոչ մեղանչել նոցա: Եւ յայնժամ արարին խաղաղութիւն եւ դարձան ի տեղիս իւրեանց:

Now let me tell you about an astonishing event which occurred in Antioch 20 years previously, which we ourselves heard from the residents, [demonstrating] how evil and hate-filled the Antiochenes were toward the Armenians. Whenever they seized a foreigner, they cut off his beard and expelled him through the city gates. Now it happened that one day they had seized a certain glorious personage from Ani, cut off his beard, took all his goods, and expelled him from the city. Injured, he went and got a force of 500 Turks who came and enslaved all the district of Antioch and burned down twelve villages belonging to the duke. Then he brought many captives to the city gates, killed them, threw their bodies into the river, and shouted to the city: "I am Gorg of Shirak, he whose beard you cut off. Was one beard worth this or not?" Then he departed with an inestimable amount of booty.

Similarly [marvelous was an event] which occurred during the days of [the feast of] *Barekendan*[37] of the same year. A caravan had arrived at the city of Antioch from the East, bringing a cargo of salmon fish. The men [who were part of the caravan] were in the midst of the marketplace, drunk. When the citizens heard the sound of their dancing, all the men of the city came upon them, beating them with sticks, and began to expel them from the city. Now there were 80 men [of the caravan] with truncheons, who had been selected for their bravery. When their leaders called out to them, together, in their drunken state, they attacked the citizens and put all the men of the city to flight from the gate of Sewoti to [the church of] Lord Peter, breaking the skulls and legs of many of them. Then [the Antiochenes] swore by the Cross and the Gospel that they would no longer bother them. And then peace was established and they returned to their own place.

---

37 *Barekendan:* Eve of Great Lent.

VOLUME II

80. Դարձեալ ի թուականութեանս Հայոց ի յամի ՇԼԴ մեռաւ Հայոց վարդապետն Յակոբոս Քարաբնեցին, որ յորջորջեալ կոչէր Սանահնեցին, այր հզօր եւ կորովի։ Սորա հասեալ ի վերայ հին եւ նոր կտակարանացն Աստուծոյ, ուսեալ եւ հասեալ սորա ի վերայ հռետորական իմաստութեանցն եւ տեղեկացեալ ամենայն փիլիսոփայական խորին գիտութեանցն. սա էր յաշակերտաց մեծին Դէոսկորոսի հօրն Սանահնին. եւ այս Յակոբոս էր, որ խօսեցաւ ի Կոստանդնուպօլիս ընդ իմաստասէրսն Հոռոմց ի յաւուրն թագաւորին Տուկծին, յորժամ գնաց զհետ Սեննեքարիմայ որդւոցն. սորա խօսեալ վասն հաւատոցս Հայաստանեայցս, եւ հաճեալ ի բանս նորա ամենայն տունն Յունաց։ Եւ յայսմ ժամանակիս էր ի քաղաքն յՈւռհա, եւ ծերութեամբ քաղաքավարեալ զկեանս իւր. եւ դաւով նենգութեամբ լուծեալ եղեւ ի կենացս՝ վասն զի գտանէին զնա մեռեալ ի մահիճս իւր առանց հեծութեան եւ ցաւոց։ Լացին զնա ամենայն սիրելի մերձաւորք իւր եւ արարին ժողով զամենայն քաղաքն Ուռհա ի վերայ նորա՝ եւ մեծաւ հանդիսիւ թաղեցին զնա ի դուռն սուրբ եկեղեցւոյ իւրոյ՝ ի հիւսիսեան կողմն քաղաքին, իբրեւ նետընկէց մի հեռի ի պարսպէն։

80. Also in 534 of the Armenian Era [A.D. 1085-1086] there died the vardapet of the Armenians, Yakobos K'arabnets'i, who was also called Sanahnets'i, a mighty and capable man. He was accomplished in [scholarship of] the Old and New Testaments of God, [a man] who had studied and mastered philosophical rhetoric, and was deeply knowledgeable in all philosophical learning. He was a student of the great De'oskoros, abbot of Sanahin. It was this Yakobos who spoke in Constantinople among the Byzantine philosophers during the reign of Emperor Ducas, when he went there along with Senek'erim's sons. He discoursed on the faith of the Armenians and the entire House of the Byzantines was satisfied with his words. In this period, he was an old man, and was residing in the city of Edessa. [It was believed that] he died through some plot or treachery, since they found him dead in his bed without any suffering or pain. All those who liked and were close to him wept for him. The entire city of Edessa gathered and, with great solemnity, they buried him by the door of his blessed church in the northern part of the city, the distance of a bowshot from the wall.

Յայսմ ամի թագաւորն Արապկաց Կուրիշայ որդին, որ ասի Շէրիփն-տօլ, այր բարի եւ քաղցր հաւատացելոցն Քրիստոսի, որ ոչ ընդ գրով փակի գործ բարութեան նորա ի վերայ խաչապաշտ ազգաց եւ կամ քանի՛ խրատս եւ չարչարանս, եւ կամ քանի՛ սպանումն անցուցանէր ընդ ազգն իւր վասն հաւատացելոցն Քրիստոսի, սորա արարեալ ժողովս Արապկաց զօրաց իբրեւ տասն բիւրս՝ եւ գընաց էառ զՀալպ քաղաք եւ արար կին զդուստր տեառն քաղաքին. եւ պատերազմաւ յարձակեցաւ ի վերայ Անտիոքայ քաղաքին մեծաւ սրտմտութեամբ. եւ յայնժամ Սուլիման ամիրայն Անտիոքայ գայր ընդդէմ նորա բազում զօրօք ի տեղին՝ որ կոչի Պզահ, եւ յայնմ տեղւոջ արարին սաստիկ պատերազմ յերկոցունց կողմանցն: Իսկ Արապիկ զօրքն սկսան նենգաւորել իւրեանց թագաւորին եւ առ հասարակ ի փախուստ դարձան. եւ յորժամ երթային՝ սպանաւ թագաւորն Արապկաց ի յիւր զօրացն. եւ այսպէս մեռանէր բարի թագաւորն կուրիշայ որդի՝ Շէրիփն-տօլայ, եւ զկնի երից աւուրց գտանէին զնա սպանած. եւ ի վերայ ճանապարհին թաղեցին զնա: Եւ Սուլիման մեծաւ յաղթութեամբ դարձաւ յԱնտիոք. եւ յայսմ ժամու ծնաւ իւր որդի. եւ կոչեաց զանուն որդւոյ իւրոյ Խլիճ-Ասլան:

MATTHEW OF EDESSA'S CHRONICLE

In this year the ruler of the Arabs was Quraysh's son, who was called Sharaf ad-Daulah. He was a good man and so kind to the Christian faithful that pen cannot record the many acts of goodness shown to the Cross-worshiping peoples. Indeed, for the sake of [protecting] the believers in Christ, he subjected many of his own people to severe chastisements, punishments, and even death. [Sharaf ad-Daulah] assembled some 100,000 Arab troops and went and took the city of Aleppo, marrying the daughter of the lord of the city. Then he angrily attacked the city of Antioch. Sulaiman, the emir of Antioch, came against him with many troops at a place called Pzah, where the two sides engaged in a fierce battle. It was at that point that the Arab troops began to betray their ruler and, one and all, turned to flight. As they were going, the ruler of the Arabs was slain by his own troops, and thus died the goodly ruler Sharaf ad-Daulah, son of Quraysh. Three days later they found his body and buried it there by the road. In great triumph Sulaiman returned to Antioch, and at that moment a son was born to him. [Sulaiman] named his son Kilij-Arslan.

Յայսմ ամի ամիրայ ոմն Պօլճտաճի անուն սորա առեալ զճհան գաւառն ի Փիլառտոսէն, եւ կաթողիկոսն Տէր Թէոդորոս եղեւ ընդ իշխանութեամբ նորա. յայնժամ կոչեաց Փիլառտոսն զնա առ ինքն ի Մարաշ քաղաքն, եւ նա ոչ կարաց գնալ, վասն զի Թուրքի էր իշխանութիւնն: Եւ եղեւ ոխացեալ Փիլառտոսն ընդ Տէր Թէոդորոսն. եւ խորհեցաւ այլ կաթուղիկոս դնել յաղագս անիրաւ եւ չար բարուց իւրոց. եւ յայնժամ մեծարեալ կոչեաց զՏէր Յովհաննէսն զարքեպիսկոպոսն սրբոյ Աստուածածնին պատկերին. եւ նա ոչ էառ յանձն, վասն զի էր այր ահարկու եւ փառաւոր եւ ընտիր առաքինի: Դարձեալ Փիլառտոսն կոչեաց զՏէր Պօղոս՝ զհայր սրբոյ Նշանին Վարագայ, եւ արար ժողով եպիսկոպոսաց եւ հարանց, եւ ետուն ձեռնադրութիւն կաթուղիկոսութեան Պօղոսի ի Մարաշ քաղաքի հրամանաւ եւ կամօք Փիլառտոսին, եւ ոչ Աստուծոյ: Եւ այս ամենայն ոչ լինէր ընդունելի Աստուծոյ եւ ոչ առ հաւատացեալսն ի Քրիստոս. զոր տեսեալ Պօղոսի՝ զկնի սակաւ ինչ աւուրց ի բաց թողեալ զաթոռն, վասն զի էր այր սուրբ եւ առաքինի, եւ գիտացեալ զի ընդ հակառակսն էր եւ ոչ ուղղապէս:

81. Յայսմ ժամանակիս էր աղմուկ եւ խռովութիւն մեծ ի վերայ աթոռոյն սուրբ Լուսաւորչին Գրիգորի. վասն զի յաւուրս յայսոսիկ ոչ հրամանաւն Աստուծոյ եւ կամ արժանաւորութեամբ էր կարգադրութիւն սրբոյ Աթոռոյն, այլ զօրութեամբ եւ կարողութեամբ եւ բարձրագահ իշխանութեամբ. եւ այս ոչ լինէր յայտնութեամբ Հոգւոյն սրբոյ, այլ լինէր ի ձեռն պատահմանց եւ յաջողութեանց եւ տրօք ոսկւոյ եւ արծաթոյ:

In this year a certain emir named Po'lch'tachi took the district of Jahan from Philaretus. The Catholicos, Lord T'e'odoros, thus passed under his jurisdiction. Philaretus summoned [the Catholicos] to come to him in the city of Marash, but he was unable to do so because he was under the rule of the Turks. Thus Philaretus became embittered with Lord T'e'o'doros and thought to establish [yet] another Catholicos. This was because of [Philaretus'] unjust and evil nature. Therefore, he summoned Lord Yovhanne's, archbishop of [the monastery of] the blessed icon of the Virgin Mary, exalting him. However, [Lord Yovhanne's] did not acquiesce in this, since he was a formidable, glorious, and highly virtuous man. Then Philaretus summoned Lord Po'ghos, abbot of [the monastery of the] Holy Cross of Varag. [Philaretus] convened an assembly of bishops and fathers and had Po'ghos ordained to the Catholicosate in the city of Marash. This was done at Philaretus' order and by his will, and not God's. None of this was acceptable to God or to the believers in Christ. When Po'ghos observed this, after a few days he left the throne, since he was a blessed, virtuous man who realized that [the enthronement] was wrong and unorthodox.

81. In this period there was great noise and disturbance regarding the throne of Saint Gregory the Illuminator. This was because at the time governance of the blessed See was not done at God's command or by worthiness [of the candidates], but rather by force, opportunity, and [the will of] those with great authority. Things were not done by the revelation of the Holy Spirit, but rather by opportunism and success bought by gold and silver.

Եւ ահա յայսմ աւուրքս ամաչելով յետս դարձան դասք սրբոցն եւ առաքինեացն, եւ յառաջ մատեան դասք անկելոցն յերեսաց Տեառն Յիսուսի Քրիստոսի որդւոյն Աստուծոյ: Աստանօր սկիզբն եղեւ կատարելոյ տեսլեան սրբոյն Սահակայ Պարթեւի, զոր ասացն ջնջել ոսկեգիր կարգացն եւ գծագրել սեւադեղ թանաքով. վասն զի ահա ի ժամանակիս այսմիկ ի չորս բաժանեցաւ աթոռ սրբոյն Գրիգորի. զի ահա Տէր Վահրամ յԵգիպտոս, եւ Տէր Թէոդորոս ի Հոնին, եւ Տէր Բարսեղ ի թագաւորաբնակ քաղաքն Հայոց յԱնի, եւ Տէր Պօղոս ի Մարաշ քաղաքն. եւ սոքա իւրաքանչիւր ոք առնէին ձեռնադրութիւնս եւ օծանէին եպիսկոպոսունս եւ տային օրհնութիւնս սուրբ ձիթոյն, եւ ի նոցանէ օրհնէին քահանայք, եւ լինէր պատարագ եւ մկրտութիւն եւ պսակն կուսանաց: Եւ էր այս ամենայն սուգ մեծ ի վերայ Եկեղեցւոյն Աստուծոյ, վասն զի մի՛ փարախն ոչխարաց ընդ չորս հովապետութիւնս բաժանեցաւ, եւ գայլք եղեն պահապանք հօտին Քրիստոսի: Եւ ահա յայսմ ի ժամանակիս բանաւոր ոչխարքն զգեցան զբնութիւն շանց եւ առին զսիրտ գազանաց եւ համարձակեցան հաջել յերեսս հովուացն եւ հայրապետացն. հարք ատեցին զծնունդս իւրեանց, որդիք հայհոյիչք եւ չարչարիչք ծնողաց իւրեանց: Եւ արդ ահա այս ամենայն կարապետք են Նեռինն եւ սկիզբն կատարածի աշխարհիս, եւ առ ի բառնալոյ հաւատոց եւ աստուածպաշտութեանց եւ ի կատարելոյ գրելեացն ի գիրս սուրբս, զոր ասաց սուրբն Ներսէս եւ որդի նորին սուրբ Իսահակ, եւ զոր խօսեցաւ ի մերում ժամանակիս սուրբ վարդապետն Յովհաննէս՝ որ ասի Կոզեռն: Սորա խօսեցեալ բազում բանս որպէս զմարգարէութիւնս ի վերայ այսմ ժամանակիս եւ խափանելոյ աստուածպաշտութեանս յամենայն մտաց. եւ թուլանան ի հաւատոց. զայս ասաց ի նոյն գիրս յառաջ ժամանակաց:

Behold, in these days, the class of blessed and virtuous folk turned away through embarrassment, while those who had fallen from the grace of Lord Jesus Christ, the son of God, pressed forward. Here was the beginning of the fulfillment of the vision of Saint Sahak Part'ew, wherein he spoke of the destruction of characters written in gold and their replacement by characters written in black ink. For behold, in this period the throne of Saint Gregory was divided into four parts: Lord Vahram was [a Catholicos] in Egypt; Lord T'e'odoros was in Honi; Lord Barsegh was in the royal residential city of the Armenians, in Ani; and Lord Po'ghos was in the city of Marash. Moreover, each of them was ordaining bishops and blessing the holy chrism, while [the bishops] were ordaining priests who performed the mass, [and conducted] baptisms, and weddings. All this brought great mourning upon the Church of God, since one flock of sheep was divided among four shepherds, while wolves became the guardians of Christ's flock. Behold, in these times the rational sheep wore the nature of dogs and acquired the hearts of beasts and dared to bark at the faces of pastors and patriarchs. Fathers hated their children; children cursed and hated their parents. All these things were precursors of the Antichrist and the beginning of the end of the world, the destruction of faith and piety. [They also were] the fulfillment of prophesies written in the sacred books and which Saint Nerse's and his son, Saint Sahak, described and which, in our time, were spoken about by the blessed vardapet Yovhanne's, called Kozer'n. [The latter] spoke many prophetic words about these times and about the destruction of piety in everyone's minds and the weakening of faith—[matters] which also had been described in the same earlier works.

Արդ այս ամենայն խռովութեանցս եւ հանդէս բարկութեանս ոչ կարաց մտանել յաշխարհն Աղուանից, որ ասի՝ խորին աշխարհ Հայոց, որ է աթոռ սրբոյ առաքելոյն Թադէոսի: Արդ այս ամենայն յայնմ աշխարհի ոչ եղեւ բաժանումն սրբոյ աթոռոյն, այլ մնաց անշարժ հաստատութեամբ, հայրապետութեամբ եւ թագաւորութեամբ մինչեւ ցայսօր ժամանակի, որ նստէին առաքելական աթոռովն ի քաղաքն Հայոց ի Պարտաւ, որ ասի Փայտակարան, սահմանակից համատարած ծովուն: Եւ եղեւ ի զօրանալն Պարսից փոխեցաւ աթոռ հայրապետութեանն ի Գանձակ. որ հանդիպեցան յայսմ մատենագրութեանս մերում՝ կաթուղիկոսք Աղուանից՝ Տէր Յովհաննէս եւ Տէր Գէորգն, Տէր Յովսէփն, Տէր Մարկոսն եւ Տէր Ստեփաննոսն. եւ թագաւորք Աղուանից՝ Գագիկ եւ Դաւիթ եւ Կիւրիկէ, որք նստէին յայժմու ի Լոռէ քաղաքն Հայոց: Էին եւ այլ թագաւորք Հայոց ի Դարբանդ աշխարհին, որ ասի Կապանք, սահմանակից Օզաց եւ Աղուանից, որք էին թագաւորք անպարտք եւ սրբակրօնք, որք յիշատակին ի սուրբ պատարագն ընդ այլ աստուածասէր սուրբ թագաւորքն, որք էին անուանք այսորիկ՝ Վաչագան, եւ Գոշակտակն՝ նորին որդին, Փիլիպէ որդի Գոշակտակին, Սեւադա որդին Փիլիպէի, Սենեքարիմ որդի Սեւադայի, Գրիգոր որդի Սենեքարիմայ, որ դեռ եւս կենդանի էր մինչեւ գրէաք զայս մատենագրութիւնս մեր: Յայսմ ժամանակիս եղեւ ազգիս Հայոց կաթուղիկոս վեց, երկու յԵգիպտոս, եւ չորս յամենայն աշխարհս Հայոց, որպէս յառաջն ասացաք: Եւ նստաւ Տէր Պօղոս կաթողիկոս ի Մարաշ՝ հրամանաւ Փիլառտոսին եւ ոչ հրամանաւն Աստուծոյ:

Եւ արդ մեք դարձցուք ի թուականն որ թողաք, զի զայս ասացաք վասն խառնակութեանս՝ որ եղեւ ի վերայ աշխարհիս Հայաստանեայց:

Now all this commotion and these signs of [divine] anger were not able to enter the land of the Aghuans, which is called the inner land of the Armenians, and where the see of the blessed Apostle Thaddeus is located. All this [confusion] did not bring about a division of the holy see there. Rather, [the church in Aghuania] remained unshaken and secure, with its patriarchate and monarchy to the present. [The Aghuanian patriarchs] sat on the apostolic see in the Armenian city of Partaw, called P'aytakaran, which borders the expansive [Caspian] Sea. Now when the Persians [under the Saljuqs] had grown strong, the throne of the [Aghuanian] patriarchate was moved to Gandzak. The *Catholicoi* of the Aghuans who are encountered in this book of ours are: Lord Yovhanne's and Lord Ge'org, Lord Yovse'p', Lord Markos and Lord Step'annos. The kings of the Aghuans are Gagik, Dawit', and Kiwrike', who presently sit in the city of Lo'r'e' of the Armenians. There were, besides, other kings of the Armenians in the land of Darband which is called Kapank', which borders the Ossetes and Aghuans, who are pure and of blessed faith and who are mentioned in the holy mass along with other pious and blessed kings. They are named Vajagan and his son, Goshaktak; Goshaktak's son, P'ilipe'; P'ilipe's son, Goshaktak; P'ilipe's son, Sewada; Senek'erim, son of Sewada; Grigor, son of Senekerim, who is still alive while we write this book of ours. In this period there were six *Catholicoi* of the Armenians: two in Egypt, and four in all the lands of the Armenians as we have previously described. Moreover, Lord Po'ghos sat as *Catholico*s in Marash by order of Philaretus, and not at the command of God.

Now we shall return to [events of] the date [where we left off], having described the [jurisdictional] confusion which descended over the land of the Armenians.

82. Իսկ յորժամ եղեւ թուականութիւնս Հայոց ՇԼԴ, գայր բազում զօրօք սուլտանն Դամասկոսի՝ որ ասի Դուշ, եւ յարուցանէր պատերազմ ընդ ամիրայն Անտիոքայ ընդ Սուլիման: Արդ յայսմ ժամանակիս եղեւ պատերազմ սաստիկ յերկուցունց կողմանցն, եւ բախէին զմիմեանս զարմանալի պատերազմաւ ի մէջ ընդ Հալպ եւ ընդ Անտիոք. եւ էր երկու երեսք պատերազմացն Թուրք, եւ յայնմ տեղւոջ յանխնայ զմիմեանս կոտորէին. եւ ի բազմանալ պատերազմացն՝ յաղթեաց զօրք սուլտանին զօրացն Սուլիմանայ եւ արարին զնա փախստական, եւ սպանաւ ամիրայն Անտիոքայ Սուլիման ի զօրաց սուլտանին Դուշին, եւ թաղեցաւ Սուլիման մօտ ի գերեզմանն Շիրիփն-տուլայ՝ Կուրիշայ որդւոյն: Եւ յայսմ ամի առաւ Անտիոք եւ ամենայն աշխարհն նորա եւ եղեւ Դուշին: Այս Դուշս որդի էր Աբասլանայ սուլտանին եւ եղբայր Մելէք-շահ սուլտանին. եւ սորա վեց ամօք յառաջ եկեալ բազում զօրօք եւ էառ զքաղաքն Տիմիշգ եւ եսպան զմեզ ամիրայն զԱխսիսն զիշխանն Պարսից, որ տիրեալ էր Տմշգայ եւ ամենայն ծովեզեր աշխարհացն: Այս Ախսիս թուրք էր եւ էր այր քաջ եւ պատերազմող. սա յաղթեաց Մսրայ եւ ծեծեալ զթագաւորն Եգիպտոսի զԱզիզն՝ եւ եհան զնա յայնմ գաւառէն. եւ սա էառ ի Մսրայ զսուրբ քաղաքն Երուսաղէմ եւ զՏրմիշգ եւ զամենայն ծովեզերաց քաղաքանին: Եւ զարհուրեցոյց սա զամենայն տունն Մսրայ, մինչեւ յարեաւ ընդդէմ նորա ծառայն Ազիզին՝ թագաւորին Մսրայ, զորս բերին նմա ծառայ ի Հայոց ազգէն. եւ նա անուանեաց զնա Ամիրճօշ: Սորա վառեալ գունդ զօրաց ընդդէմ Ախսիսին ի Հայոց զօրականացն՝ եւ եկաց պատերազմաւ ընդդէմ նորա. եւ ապա եղեւ խաղաղութիւն տանն Մսրայ:

82. In 534 of the Armenian Era [A.D. 1085-1086] the sultan of Damascus, who was named Tutush, came with many troops and started a war against the emir of Antioch, Sulaiman. There was fierce warfare between the two sides in the area between Aleppo and Antioch, where they struck at each other with astonishing vehemence. The two warring antagonists both were Turks and they mercilessly killed [each other's troops] in this area. As the fighting intensified, the sultan's troops defeated Sulaiman's troops and put him to flight. Sulaiman, emir of Antioch, was killed by the troops of Sultan Tutush. Sulaiman was buried close to the grave of Quraysh's son, Sharaf ad-Daulah. In this year Antioch and all its land were taken by Tutush. Tutush was the son of Sultan Alp-Arslan and the brother of Sultan Malik-Shah. Six years earlier he had come with many troops and taken the city of Damascus and killed the great Emir Atsiz, prince of the Persians, who ruled Damascus and all the coastal lands. Atsiz was a Turk, a brave and martial man. He had defeated Egypt and beaten the king [Fatimid caliph] of Egypt, [who was named] Aziz, expelling him from this district. He also took from Egypt the holy city of Jerusalem, Damascus, and all the coastal cities. [Emir Atsiz] terrified the entire House of Egypt until there arose against him a servant of Aziz, king of Egypt, a man of Armenian nationality who had been brought to him [Aziz] as a slave. [Aziz] [had] named him Amir al-Juyush.[38] [This man, Nasir ad-Daulah al-Juyushi,] organized a brigade of Armenian soldiers [from Egypt] against Atsiz and came and fought against him. Then there was peace in the House of Egypt.

---

38 *Amir al-Juyush:* "Commander of the Armies".

Իսկ ի վերանալ թուականութեան Հայոց ի յամս ՇԼԵ յարուցեալ անօրէն Փիլառտոսն եւ գնաց յերկրպագութիւն Մելեք-շահին՝ տիեզերակալ սուլտանին վասն խնդրելոյ ի նմանէ զքաղցրութիւն եւ զխաղաղութիւն ամենայն հաւատացելոցն Քրիստոսի. եւ թողեալ ի քաղաքն իւր փոխան զմեծ իշխանն Հոռոմոց՝ որում անուն Պառակամանոս կոչէին, մարմնովն ներքինի, որ էր այր բարի եւ աստուածասէր, եւ տուեալ եղեւ Ուռհա ի ձեռս նորա: Եւ առեալ Փիլառտոսն բազում գանձս ոսկւոյ եւ արծաթոյ, եւ ազնիւ ձիս եւ ջորիս, եւ հանդերձս երեւելիս եւ պայծառս, եւ գնացեալ առ սուլտանն ի յաշխարհն Պարսից: Եւ յայնժամ մի ոմն յիշխանացն Փիլառտոսին՝ Պարսամա անուն նորա, արար իւր չար խորհրդակից զայլ իշխանս եւ նոքօք կատարեաց զգործն Կայենի եւ զՅուդայի զաստուածասպանին. եւ չար խորհրդակցօքն իւրովք ելեալ Պարսամայ ի յաւուր կիւրակէի ի յաւագ կլայն եւ մտաւ առ Պառակամանոսն: Եւ էր ժամ աղօթից իւրոց՝ եւ կայր յաղօթս յեկեղեցին մեծ վրկայարանին սուրբ Թորոսի. եւ յայնժամ նոքա որպէս գազանք յարձակեցան ի վերայ Պառակամանոսին եւ սպանին զնա մինչ կայր յաղօթս ի մէջ եկեղեցւոյն, զայր բարի եւ ողորմած սպանին չարաչար. եւ դրին քաղաքացիքն յաթոռ տուկութեանն Ուռհայոյ զսպանող նորա զՊարսամա:

Եւ լուեալ զայս ամենայն սուլտան Մելեք-շահն ի Պարսիկս՝ եւ զՓիլառտոսն ընկէց յերեսաց եւ ի փառաց իւրոց: Եւ յայնժամ Փիլառտոսն յամենայն դիմաց յուսահատեալ եղեւ, եւ ի նոյն ժամայն յարուցեալ ի պատերազմ ի վերայ քրիստոսական հաւատոց իւրոց՝ եւ եղեւ ուրացող հաւատոցն Քրիստոսի, զոր ունէր աղտեղութեամբ, եւ կարծէր այնիւ փառաւորիլ ի Պարսից, զոր ոչ փառաւորեցաւ. լուր այն եղեւ նմա յօգուտ, որ զՔրիստոս ուրացաւ եւ եղեւ նախատինք եւ ատելի Աստուծոյ եւ մարդկան:

At the beginning of the year 535 of the Armenian Era [A.D. 1086] the impious Philaretus arose and went to pay homage to Malik-Shah, the conquering sultan. This was to request from him kindness and peace for all the believers in Christ. [Philaretus] left in charge of his city the great prince of the Byzantines who was called [the] *paracoemomenus*, a eunuch. He was a good, pious man, and [Philaretus] gave [rule over] Edessa into his hands. Then Philaretus took much treasure of gold and silver, choice horses and mules, and beautiful resplendent garments, and went to the sultan in the land of the Persians. Then a certain one of Philaretus' princes, named Parsama, took some wicked co-conspirators from among the city's princes and, with them, implemented the work of Cain and Judas the killer of God. With his evil colleagues, Parsama went to the chief citadel on a Sunday and entered [the chamber] where the paracoemomenus was located. It was the hour of prayer for the latter, and he was praying in the church where the great chapel of Saint T'oros is located. And then, like wild animals, they attacked the paracoemomenus and killed him while he was praying in the church. They wickedly killed this good and merciful man. The citizens put on the throne of the dukedom of Edessa his murderer, Parsama.

When Sultan Malik-Shah in Persia heard about all this, he removed Philaretus from his presence and his glory. Then it was that Philaretus, disappointed at every turn, arose to do battle against his own Christianity. He apostatized the Christian faith, which he had held impurely. He thought, by so doing, that he would be glorified by the Persians. But they did not glorify him. All that this denial of Christ gave him was that he became hated by God and by man.

Յայսմ ամի շարժեալ ահագին բազմութեամբ տիեզե-րակալ Մելէք-շահն սուլտանն Պարսից՝ Ասքանազանց ազ-գաւ՝ եւ անթիւ զօրականօք խաղայր գայր եւ շրջեալ եմուտ յարեւմուտս ի յաշխարհն Հոռոմոց առ ի տիրանալ այնմ աշխարհին. եւ քաղցրութեամբ եւ հեզութեամբ եւ ամենա-յն ողորմութեամբ լցեալ էր սիրտն նորա ի վերայ քրիստո-նէից ազգին, եւ հայրախնամ գութ ցուցանէր ամենայն աշ-խարհի, եւ առանց պատերազմաց տիրեալ լինէր բազում քաղաքաց եւ գաւառաց: Եւ յայսմ ամի տիրեաց սուլտանն ամենայն աշխարհին Հայոց եւ Հոռոմոց եւ գայր հասանէր ի մեծ քաղաքն Անտիոք եւ տիրանայր այնմ աշխարհին եւ Հալպայ՝ եւ տիրելով տիրեաց ի Կազբիականէն մինչեւ ի յՈվկիանոս. եւ հաւանեցոյց առ հասարակ զամենայն թա-գաւորութիւնս իւրոյ աթոռոյն՝ որք յայսկոյս Ովկիանոսի, եւ ոչ մնաց աշխարհ՝ որ ոչ հնազանդեցաւ նորա թագաւորու-թեանն. եւ եղեն հարկատուք եւ հնազանդեցան նմա երկո-տասան ազգ թագաւորաց:

83. Եւ եղեւ յետ տիրանալոյն Անտիոքու՝ իջեալ յեզր յՈվկիանոս ծովուն ի տեղին՝ որ կոչի Սեւոտի, եւ տեսեալ սուլտանին զծովն մեծ՝ գոհանայր եւ օրհնէր զԱստուած, որ մեծացոյց զթագաւորութիւնն նորա առաւել քան զհօրն նորա Աբասլանայ:

In this same year the world-conquering sultan of the Persians, Malik-Shah—who was of the line of Askanaz—arose with a huge number of troops and entered the Byzantine lands in the West, to rule over those lands. His heart was filled with mildness, gentleness, and mercy to the Christians and he displayed a fatherly mercy to the entire land. Without warfare he came to rule over many cities and districts. In this year the sultan ruled over the entire land of the Armenians and Byzantines. He came against the great city of Antioch, ruling over that land and Aleppo, and thus came to rule from the Caspian Sea to the Ocean [Mediterranean] Sea. Generally, he convinced all kingdoms to accept his rule—those on this side of the Mediterranean—and there remained no land which did not submit to his authority. Twelve lines of kings were tributary to him and obeyed him.

83. After mastering Antioch, [Malik-Shah] descended to the shore of the Mediterranean Sea at a place called Sewoti.[39] There the sultan saw the great sea and he thanked and blessed God Who had enlarged his kingdom [to an extent] greater than the kingdom of his father, Alp-Arslan.

---

39 *Sewoti:* as-Suwaidiyah, or Saint Simon.

Եւ ձիով իւրով մտեալ կոխէր զՈվկիանոս. եւ եհան զթուրն իւր եւ երեք հաղ մխեաց ի յՈվկիանոս զթուրն իւր եւ ասաց, եթէ «Ահա տիրել երետ ինձ Աստուած ի ծովէն Պարսից մինչեւ ի ծովս այս», եւ հանեալ զհանդերձս տարածեաց ի վերայ գետնոյն՝ եւ եկաց յաղօթս առ Տէր Աստուած եւ օրհնեաց զբարերար ողորմութիւնն Աստուծոյ. եւ հրամայեաց ծառայից իւրոց աւազանս բառնալ ի ծովէն, եւ տարաւ զայն ի Պարսիկս եւ էարկ գերեզմանի հօրն իւրոյ Աբասլանայ՝ եւ ասէր. «Հայր իմ Աբասլան, ահա աւետիք քեզ, վասն զի տղայ որդին քո, զոր թողեր, տիրելով տիրեաց մինչեւ ի ծագս աշխարհի»: Եւ դնէր սուլտանն յԱնտիոք զամիրայն, որ ասի Աղսիան, այր չար եւ շուն եւ խըռովարար եւ գազանամիտ. դնէր եւ ի Հալապ քաղաք զԱխսնգոյրն, որ էր այր բարի եւ խաղաղարար եւ քաղցր ի վերայ ամենայն ուրուք եւ շինող աշխարհի:

Յայսմ ամի ամիրայ ոմն Պիզան անուն, հրամանաւ Մելեք-շահ տիեզերակալ սուլտանին գայր բազում զօրօք ի վերայ քաղաքին Ուռհայոյ եւ իջեալ բանակ հարկանէր ի դուռն քաղաքին, եւ զամիսս երիս պատերազմեալ ի վերայ քաղաքին: Եւ եղեւ յաւուր միում գայր եւ ինքն սուլտանն սակաւ զօրօք եւ անցանէր շուրջ զքաղաքաւն, եւ գընաց անվնաս, վասն զի իջեալ էր անթիւ զօրօք ի դաշտին Խառնայ, եւ անդուստ գնաց խաղաղութեամբ ի Պարսիկս:

Then he entered the Ocean astride his horse, drew his sword, struck the water three times with it and exclaimed: "Behold, God has given me to rule from the Persian [Caspian] Sea to this sea." Then he removed garments, spread them on the ground, and prayed to Lord God, blessing the benevolent mercy of God. He commanded his servants to take sand from the seashore, which he carried to Persia and put on the grave of his father, Alp-Arslan, saying: "My father, Alp-Arslan, behold I have glad tidings for you. The small son whom you left [by your death] has come to rule the far corners of the world." Then the sultan placed [as ruler] in Antioch an emir called Aghsian [Yaghi-Siyan], an evil dog of a man, a savage-minded disruptor. He also put in the city of Aleppo [as ruler] Aksungur, a good and pacific man, benevolent to all and a builder of the land.

In this year a certain emir by the name of Buzan [Pizan], at the order of the world-conquering sultan Malik-Shah, came with many troops against the city of Edessa. He descended and encamped by the gates of the city and fought against it for three months. One day the sultan himself arrived with few troops and circled the city and left it unharmed, since he had descended with countless troops on the plain of Harran. From there he departed in peace to the Persians.

VOLUME II

Իսկ Պուզանն կայր մեծաւ պատերազմաւ ի վերայ Ուռհա քաղաքին՝ եւ սովով նեղէր զքաղաքն զբազում աւուրս. եւ ի վերայ այնքան բարկութեանն ոչ գոյր օգնական, որ փրկէր զնոսա. եւ անճարեալ լինէին յամենայն կողմանց: Եւ յայնժամ քաղաքն ամենայն արարին խուխայ ի վերայ տունկին իւրեանց՝ ի վերայ Պարսամայի՝ շարժեալ ամենայն բազմութիւն քաղաքին ի վերա նորա, եւ նա առ վտանգին անճարեալ դէմս արար ի Պուզանն եւ ընկէց զինքն ի պարսպէն ի վայր, եւ բեկաւ ողն նորա, եւ եկեալ տարան զնա առ Պուզանն, եւ նա զկնի աւուրց ինչ մեռաւ: Եւ ելեալ իշխանք քաղաքին առ Պուզանն եւ ետուն զՈւռհա ի ձեռս նորա. եւ էր օր առաջին օր նաւասարդի, եւ թուականն Հայոց փոխեցաւ ի ՇԼՋ. եւ եղեւ խաղաղութիւն մեծ ի վերայ Ուռհայոյ եւ ամենայն սահմանաց նորա, եւ լցաւ ամենայն ուրախութեամբ քաղաքն Ուռհա. եւ եդիր Պուզանն վերատեսուչ եւ պահապան քաղաքին Ուռհայոյ զսլար ոմն՝ որ ասէին Խուլուխ: Եւ յայնժամ մատեան արք չարախօսք ի յԱսորւոց ազգէն առ Պուզանն եւ չարախօսեցին զՀայոց իշխանսն, որք կային ի քաղաքն, եւ չարաչար մատնութեամբ մատնեցին զնոսա, Ասքար անունն եւ այլք ոմանք. եւ ետուն սպանանել սրով զիշխանսն Հայոց՝ արք փառաւորք երկոտասան՝ մեծք եւ երեւելիք: Բայց Պուզանն ապաշաւէր զմահն նոցա, վասն զի երդուեալ էր յառաջագոյն, սակայն յաղագս չարաչար մատնութեանն կորոյս զնոսա. եւ ինքն Պուզանն գնաց զօրօքն ի յաշխարհն Պարսից:

Now Buzan came with great warfare against the city of Edessa. He harassed them with hunger for many days. In the face of such anger there was no one to help or save them from any quarter. At that point the entire city grumbled against their duke, Parsama, and the entire multitude of the city rose up against him. [Duke Parsama], in desperation, tried to flee to Buzan. However, he broke his back descending from the walls. They came and took him to Buzan, where he died a few days later. The princes of the city came to Buzan and gave Edessa into his hands. This occurred on the first day of Nawasard in 536 of the Armenian Era.[40] Then great peace descended upon Edessa and all its borders and the city of Edessa filled with every joy. Buzan designated as overseer and protector of the city of Edessa a general named Xulux. Then slanderers from among the Assyrians went in to Buzan and bad-mouthed the Armenian princes in the city, wickedly slandering them. [This was especially done] by one named Ask'ar and some others. They had those Armenian princes—those twelve great, glorious, and prominent men—killed by the sword. However, Buzan regretted their deaths, since previously he had sworn [not to harm them]. However, due to this malicious betrayal, he did kill them. Then Buzan himself went to the land of the Persians with his troops.

---

40 February 26, 1087 - February 26, 1088.

Յայսմ ամի գնաց սուլտանն բազմութեամբ զօրօք եւ բանակեցաւ ի վերայ քաղաքին՝ որ կոչի Գանձակ, ի յաշխարհին Հայոց. եւ արար սաստիկ պատերազմ ի վերայ քաղաքին Գանձակայ եւ ժողովեաց զամենայն Պարսիկք ի վերայ նորա. եւ սաստիկ պատերազմաւ փորեալ ընկեցին բուրգն մի, եւ այսպիսի պատերազմաւ առին զքաղաքն Գանձակ եւ արարին կոտորած զփոքր մասն քաղաքին. եւ հրամայեաց Պուզանն եւ վերացոյց զսուրն եւ արար խաղաղութիւն: Եւ Տէր Ստեփանոս կաթուղիկոսն Աղուանից էր յայնժամ ի քաղաքն, եւ զերծաւ խաղաղութեամբ օգնականութեամբն Աստուծոյ, վասն զի պահեալ եղեւ ի Հայոց զօրացն, որք էին զհետ Պուզանին:

84. Արդ ի յայսմ թագաւորութեան Ալէքսին Յունաց արքային եղեւ խռովութիւն յաշխարհն արեւմտից յայնկոյս մեծ գետոյն՝ որ ասի Պառասօնայիս. եղեւ պատերազմ սաստիկ յազգէն Պածինկաց ընդ թագաւորին Հոռոմոց Ալէքսի: Եւ յայնժամ թագաւորն Պածինկաց յաղթեաց զօրացն Հոռոմոց եւ սաստիկ կոտորածով վարէր զզօրսն Հոռոմոց, եւ յանխնայ կոտորէին զնոսա: Իսկ թագաւորն Ալէքսն սակաւ արամբք անկանէր ի Կոստանդնուպօլիս՝ եւ զկնի սակաւ աւուրցն բանայր զգանձատունն իւր եւ հանեալ հրովարտակս ընդ ամենայն երկիր թագաւորութեանն իւրոյ, եւ արար ժողով մեծ եւ ահագին առաւել քան զառաջինն եւ թագաւորն Պածինկաց կայր ամենայն ազգաւ իւրով ի վերայ Կոստանդնուպօլսի, վասն զի առցէ իւր զթագաւորութիւնն Յունաց. եւ գայր ընդդէմ նմա վառեալ զօրաց վեց հարիւր հազարաց եւ միահամուռն ազգաւ եւ որդւովք:

In this year the sultan went with a multitude of troops and encamped against the city called Gandzak in the land of the Armenians. He waged fierce battle against the city of Gandzak, assembling all the Persians against it. Through a sustained attack, they dug up and made to collapse one of the [defense] towers and, through such fighting, they seized the city of Gandzak. They destroyed a small part of the city. [The commander] Buzan ordered that they sheath their swords, and he made peace. At that time Lord Step'annos, *Catholicos* of the Aghuans was there in the city. He escaped peacefully by the aid of God, since he was protected by the Armenian troops who were with Buzan.

84. In these times, during the reign of the Byzantine emperor Alexius[41] there were disturbances in the western lands on the far side of the great Danube River. Fierce warfare broke out between the Pecheneg people and the emperor of the Byzantines, Alexius. The king of the Pechenegs conquered the Byzantine troops, driving them before him and killing them severely and mercilessly. As for Emperor Alexius, with a few men he [escaped and] landed in Constantinople. After a few days he opened his treasury and issued edicts throughout all the countries of his realm. He held a great and awesome muster—larger than the previous one—while the king of the Pechenegs, with all his people, was coming against Constantinople so that he might take the Byzantine empire for himself. He came against [Alexius] with 600,000 troops, together with their families and children.

---

41 Alexius I Comnenus, 1081-1118.

Եւ լուեալ զայս Ալէքսն, կացին յաղօթս զաւուրս ութ ամենայն դասուք հաւատացելովք, եւ էր թուականն Հայոց ՇԼԸ, եւ յաւուրս այսոսիկ յարձակեցաւ թագաւորն Ալէքսն զօրօք իւրովք ի վերայ զօրացն Պածինկաց, երեք հարիւր հազարօք Հոռոմոց եւ Հռոմայեցւոց, Հայոց եւ Բուլղարաց զօրօքն. եւ հանդիպեալ երկուց թագաւորութեանցն միմեանց եւ յայնմ աւուր արարին ահաւոր եւ սաստիկ պատերազմ ընդ միմեանս: Իսկ Պածինակն առհասարակ աղեղնաւորք էին. եւ ի վերայ սայլից պատերազմէին ահագին եւ զարմանալի կորովութեամբ. յայնժամ ձայն տուեալ թագաւորն Ալէքսն, եւ կրակով վառեցին զսայլսն եւ արարին հրաբորբոք զնոսա. եւ այսու հնարաւորութեամբ յաղթեաց թագաւորն Ալէքսն զօրացն Պածինկաց, եւ արարին զամենայն զօրսն փախստական եւ սըրով եւ սաստիկ կոտորածով. եւ եսպան զթագաւորն Պածինկաց եւ ջնջեաց զամենայն զօրս նոցա, եւ զորդիս նոցա եւ զկանայս նոցա կոտորեաց սրով, եւ բազում աւարաւ եւ գերութեամբ դարձաւ ի Կոստանդնուպօլիս:

Յայսմ ժամանակի երեւեցաւ ոմն չար եւ պիղծ հերետիկոս ի Կոստանդնուօլիս. աբեղայ մի ի Հոռոմոց ազգէ, որ զսատանայ իւր Աստուած պաշտէր, եւս եւ շուն շրջեցուցանէր զհետ իւր եւ նորա մատուցանէր զաղօթս՝ եւ այսպիսի աղանդովն ապականեալ էր զբազում արս եւ զկանայս, եւ յաստուածապաշտ քաղաքէն Կոստանդնուպօլսէ ապականեալ ի հաւատացելոցն իբրեւ զփոքր մասն քաղաքին՝ եւ գլխովին իսկ զմայրն թագաւորին Ալէքսին:

Now when Alexius heard about this, he prayed for eight days along with the entire host of the faithful. It was in the year 538 of the Armenian Era [A.D. 1089-1090] that Emperor Alexius attacked the Pecheneg troops with his troops, comprising 300,000 Byzantine, Roman, Armenian, and Bulghar [soldiers]. On that day, the two monarchs encountered each other and fought an awesome, ferocious battle against each other. The Pechenegs, generally, were archers, fighting upon carts with tremendous and extraordinary ability. Then, when Emperor Alexius gave the signal, [the Byzantines] set fire to the carts and burned them. By this tactic Emperor Alexius defeated the Pecheneg troops, putting all of them to flight and severely killing with the sword. [Alexius] killed the king of the Pechenegs and exterminated all their troops. He killed their children and women with the sword, and then, with much booty and captives, he returned to Constantinople.

In this period there appeared in Constantinople a certain evil and filthy heretic. He was a Byzantine monk who worshiped Satan as his god, went around with a dog and offered prayers to it. In the God-worshiping city of Constantinople he corrupted many men and women with such a heresy [which, although comprising] a small portion of the city [included] at the top the mother of Emperor Alexius.

Եւ այնչափ յանդգնեալ մայր թագաւորին, որ չար մոլորութեամբն իւրով առեալ զմասն ի սրբոյ նշանէն Քրիստոսի՝ եւ դնէր զայն ի կօշիկ թագաւորին ծածկաբար ի ներքոյ գարշապարացն, զի լիցի այն կոխան թագաւորին. զորս յայտնեաց Աստուած զպիղծ աղանդաւորն ի յիւրոց հաւատակցացն՝ եւ ազգ արարեալ զայն թագաւորին: Զորս իմացեալ աստուածասէր թագաւորն Ալէքսն՝ եւ զաղանդագլուխն հրով այրեաց, եւ զայլս բազումս խեղդամահ արար ի ծովն Ովկիանոս՝ իբրեւ բիւր մի, եւ զիւր մայրն ընկէց ի պատուոյ եւ եհան յերեսաց, եւ եղեւ խաղաղութիւն:

85. Դարձեալ ի թուականութեանս Հայոց ի յամս ՇԼԹ յարուցեալ հայրապետն Հայոց Տէր Բարսեղ եւ գնացեալ առ տիեզերակալ սուլտանն Մելէք-շահն, զի տեսանէր զհաւատացեալսն Քրիստոսի, զի նեղէին զնոսա ի տեղիս տեղիս եւ հարկս պահանջէին յեկեղեցացն Աստուծոյ եւ յամենայն ժառանգաւորացն նորա՝ եւ զվանորայսն եւ զեպիսկոպոսունսն հարկիւ չարչարէին. յայնժամ կաթուղիկոսն Հայոց Տէր Բարսեղ տեսեալ զայս ամենայն զնեղութիւնս՝ եւ խորհեցաւ գնալ առ բարի եւ քաղցր թագաւորն Պարսից եւ ամենայն հաւատացելոցն Քրիստոսի, առ ի ծանուցանել նմա զայս ամենայն. եւ առեալ ընդ իւր նրւէրս սուլտանին իբրեւ բիւրս ոսկւոյ եւ արծաթոյ եւ դիպակաց, եւ հանդերձ ազատօք եւ եպիսկոպոսօք եւ քահանայիւք՝ առեալ վարդապետ զհետ իւր եւ գնաց ի Պարսիկս առ աստուածասէր սուլտանն:

The emperor's mother was so emboldened with this evil heresy that she concealed a fragment of the blessed Cross of Christ in the sole of the emperor's shoe, so that the emperor would step on it. When God revealed this filthy heresy to His faithful, the emperor was informed. When pious Emperor Alexius heard about this, he burned the heresiarch in fire and drowned in the Ocean Sea some 10,000 people. He cast his mother from favor and removed her from his presence. Then there was peace.

85. Also [occurring] in 539 of the Armenian Era [A.D. 1090], the patriarch of the Armenians, Lord Barsegh, arose and went to the world-conquering sultan, Malik-Shah. [This visit was] because [Lord Barsegh] had seen that the Christian faithful were being harassed in various places and that taxes were being demanded from the churches of God and all their clergy, and that the monks and bishops were being tormented by taxes. Seeing all this harassment, the Catholicos of the Armenians, Lord Barsegh, decided to go to the good and mild king of the Persians [who also was king] of all believers in Christ, to acquaint him with all of it. Taking along as gifts for the sultan very large amounts of gold, silver, and brocades, [Lord Barsegh, accompanied by] azats, bishops, priests, and vardapets, went to the pious sultan in Persia.

Եւ տեսեալ սուլտանին զՏէր Բարսեղն՝ յոյժ մեծարեաց զնա եւ կատարեաց զամենայն խնդրուածս նորա. եւ արարեալ զամենայն կամս Տէր Բարսեղին եւ ազատեաց զամենայն եկեղեցիս եւ զվանորայսն եւ զքահանայսն. եւ առեալ գիր ազատութեան, եւ հրովարտակօք եւ մեծարանօք արձակեաց զհայրապետն Հայոց: Եւ ելեալ արքունական հրամանօք Տէր Բարսեղն գնաց մեծաւ ուրախութեամբ, եւ արք փառաւորք ի սուլտանէն զհետ իւր, եւ եկեալ հասանէր ի Ջահան գաւառին. եւ յարեաւ ի վերայ Տեառն Թէոդորոսի, որ հրամանաւ Փիլառտոսին նստեալ էր կաթուղիկոս ի Հոնին. եւ Տէր Բարսեղն ընկենոյր յաթոռոյն զՏէր Թէոդորոսն եւ առեալ ի նմանէ զքօղն եւ զգաւազանն եւ զսուրբ Նշանն Տէր Պետրոսի՝ եւ արար միահեծան զհայրապետութիւնն իւր, եւ անտի եկն ի քաղաքն Ուռհա: Եւ արդ այս ոչ է մեղադրելի գնալ հայրապետին առ այլազգի թագաւոր եւ առնել խաղաղութիւն սրբոյ Եկեղեցւոյ. զի յաղագս խաղաղութեան գնաց սուրբն Բարսեղ առ անօրէնն Յուլիանոս թագաւորն, եւ սուրբն Ներսէս առ ուրացողն Վաղէս թագաւորն Յունաց, եւ սուրբն Մարութա առ Յազկերտ արքայն, եւ վարդապետն Նանան առ թագաւորն Քաղդէացւոց, եւ Քրիստոս եկեալ առ հրէական ազգն: Իսկ յորժամ եկն Տէր Բարսեղ յՈւռհա, փոխեալ էր թուականութիւնն Հայոց ՇԽ. եւ գնացեալ Տէր Բարսեղ հասանէր մինչեւ ի մեծն Կեսարիա Գամրաց եւ դառնայր յԱնտիոք, եւ լինէր ուրախութիւն մեծ ամենայն աշխարհի՝ որք տեսանէին զնա. եւ գայր դարձեալ յՈւռհա:

When the sultan saw Lord Barsegh, he exalted him greatly and granted all his requests, freeing all the churches, monasteries, and priests [from harassment]. He also gave [Lord Barsegh] written [confirmation] of this freedom, and edicts, and then released the patriarch of the Armenians with exaltation. Lord Barsegh, arising with the royal orders, departed in great joy, having glorious men from the sultan['s court] accompanying him. He arrived at the district of Jahan and rose against Lord T'e'odoros, who had been seated as Catholicos in Honi by Philaretus. Lord Barsegh deposed Lord T'e'odoros from his throne, taking from him the veil, scepter, and blessed Cross of Lord Petros. Thus did [Lord Barsegh] unify his patriarchate. From there he went to the city of Edessa. Now it is not blameworthy that the patriarch went to a foreign king and made peace for the blessed Church. It was for peace that Saint Basil had gone to the impious Emperor Julian; and Saint Nerse's went to the apostate emperor of the Byzantines, Valens; and the blessed Marutha went to Yazdgird; and vardapet Nanan went to the king of the Chaldeans; and Christ went to the Jewish nation. Now it was the beginning of the year 540 of the Armenian Era [A.D. 1091] when Lord Barsegh went to the great city of Caesarea in Cappadocia and then turned to Antioch, and there was great joy throughout the land among those who saw him. Then once again he returned to Edessa.

Յայսմ ամի շարժ եղեւ ընդ ամենայն երկիր յամսեանն սեպտեմբերի, եւ սաստկապէս երերելով դողայր ամենայն արարածք հանդերձ ամենայն արարածօքս՝ որ ի ներքոյ երկնից. եւ լինէր կործանումն մեծ ի քաղաքն Անտիոք՝ եւ բազում աշտարակք հիմն ի վեր տապալեցան, եւ անկաւ մեծ մասն պարսպին Անտիոքայ, եւ բազում արք եւ կանայք մեռան ի ներքոյ բնակութեան իւրեանց:

Դարձեալ ի թուականութեանս Հայոց ՇԽԱ անկաւ մահ սաստիկ ընդ ամենայն արարածս, որ եւ ի բազմութենէ մեռելոցն ոչ կարէին ժամանել քահանայքն թաղել զմեռեալսն. եւ առհասարակ յամենայն տունս ձայն լալոյ եւ ողբումն արտասուաց ելանէր. եւ այնչափ սաստկացաւ մահն, որ բազումք ի յահէ մահուն երերալով դողային առաւել քան զմեռեալսն, եւ անթիւ կոտորած եղեւ աշխարհի ի մեռեալ անձանցն:

Յայսմ ամի Վարագայ սուրբ Նշանն եւ պատկեր սըրբոյ Աստուածածնին բերաւ ի քաղաքն Ուռհա, եւ եղեւ ուրախութիւն մեծ տանն Աբգարու. եւ դղրդեալ միահամուռ ամենայն քաղաքն՝ ելեալք մեծաւ ուրախութեամբ ընդ յառաջ նորա՝ եւ ածին զնա ի քաղաքն մեծաւ հանդիսիւք: Յայնժամ իշխան աշխարհին Ուռհայոյ արար պատեհութիւն՝ որք եկին զհետ սրբոյ եպիսկոպոսին Տէր Պօղոսին եւ այլոց հարանցն. եւ եդեալ զսուրբ Նշանն ի յեկեղեցին հանդերձ փառաւորութեամբ. եւ զկնի ամաց ինչ յափշտակեաց եւ խլեաց ի նոցանէ զսուրբսն անիրաւաբար:

MATTHEW OF EDESSA'S CHRONICLE

In this year, during September, there was an earthquake throughout the entire country, and all creatures under heaven shook with fear. There was great destruction in the city of Antioch and many towers collapsed to their foundations. A large part of Antioch's wall collapsed and many men and women died under their own dwellings.

In the year 541 of the Armenian Era [A.D. 1092] a frightful mortality descended upon all creation and, because of the multitude of the dead, the priests were unable to bury them. Sounds of weeping and mourning arose from all the houses and mortality increased so much that many trembled more at the fear of death than those who had succumbed. There was incalculable destruction in the land from these deaths.

In this year the blessed Cross of Varag and the icon of the holy Mother of God were brought to the city of Edessa. And there was joy in the House of Abgar. The entire city, stirred [by the event] and overjoyed, went out before [the holy relics] and led them into the city with great solemnity. [A] prince of the land of Edessa used the occasion as an opportunity [for a procession celebrating] those who had come accompanying the blessed bishop, Lord Po'ghos and the other fathers. They deposited the blessed Cross in the church, with splendor. However, after a few years the holy [items] were unjustly ravished and taken from them.

86. Յայսմ ամի զօրաժողով արար Պուզանն զամենայն զօրսն Պարսից եւ առեալ զհետ իւր զմեծ ամիրայքն եւ զտէրն Անտիոքայ եւ զՀալպայ՝ զԱղսիանն եւ զԱղսնգօյրն, եւ անթիւ զօրականօք խաղայր գնայր յաշխարհն Հոռոմոց. եւ իջեալ ի վերայ հռչակաւոր քաղաքին, որ կոչի Նիկիա, եւ սնոտի խորհրդովք խելագարեալ խորհէր անցանել առնուլ զքաղաքն Կոստանդնուպօլիս, զայն՝ որ վերին պահպանութեամբ ամրացեալ կայ, եւ մոլորական բնութեամբ միտ եդեալ առնուլ զանըմբռնելի քաղաքն. եւ կացեալ անդ զաւուրս ինչ, եւ ոչ կայր կարողութիւն առնել ինչ:

Եւ յայսմ ամի մեռանէր մեծն եւ աշխարհակալ սուլտանն Մելէք-շահն, որ էր հայր եւ ծնող ամենայն տիեզերաց, այր բարի եւ ողորմած եւ քաղցր ի վերայ ամենայն աշխարհի. սա մեռանէր ի քաղաքն Բաղդատ դաւով նենգութեամբ ի կնոջէ իւրմէ՝ որ էր դուստր սուլտանին Սմրղնդոյ. սորա դեղ մահու արբուցեալ բարի անձին եւ լուծանէր զամենամեծ թագաւորն ի կենաց, եւ եղեւ սուգ մեծ եւ սաստիկ ի վերայ ամենայն տիեզերաց: Եւ լուեալ Պուզանն զմահ սուլտանին՝ դարձաւ ի քաղաքն Ուռհա, եւ զԱղսիանն գնաց յԱնտիոք, եւ Աղսնգօյրն գնաց ի Հալապ քաղաք: Եւ էր Տէր Բարսեղ ի քաղաքն Ուռհա. եւ իբրեւ զփախստական անկանէր ի քաղաքն Անի՝ եւ նստաւ յաթոռ իւր:

86. In this year Buzan massed all the troops of Persia and took along with him the great emirs and the lords of Antioch and Aleppo—Yaghi-Siyan and Aksungur. With countless troops he advanced to the land of the Byzantines, descending against the renowned city known as Nicaea. He foolishly and delusionally planned to pass from there to capture the city of Constantinople—[a city] protected and fortified from On High. With his fanatical nature, [Buzan] had determined to take this unassailable city. He remained there for several days, but was unable to accomplish anything.

In this year the great world-conqueror, Sultan Malik-Shah, died. He was a father and parent to everyone, being a good and merciful man and [a person] mild toward all [people] in the land. He died in the city of Baghdad through a treacherous plot hatched by his own wife, the daughter of the sultan of Samarqand. She had the good man drink poison and thus took the life of this very great king. And then there was great and deep mourning throughout the entire world. When Buzan learned about the sultan's death, he returned to the city of Edessa, while Yaghi-Siyan went to Antioch and Aksungur went to the city of Aleppo. As it happened, Lord Barsegh was in the city of Edessa. Like a fugitive he went off to the city of Ani and occupied his see there.

Եւ ահա յայսմ աւուր եղեւ սաստիկ կոտորած եւ արհիւնհեղութիւն ի տանն Հայոց, քանզի յարձակումն արարին զօրքն Թուրքաց եւ բազմաց խաւար ածին. մեռաւ սուլտանն, եւ ազգն Թուրքաց զբազումս գերեցին. եւ տարան զսուլտանն եւ թաղեցին ի Մարանդ քաղաքի մօտ ի գերեզման հօրն իւրոյ Աբասլանայ. եւ մնաց իւր երկու որդի՝ աւագն կոչեցաւ Պարկիարուխ, որ էր ծնեալ ի դստերէն Ակութին մեծ ամիրային՝ որ էր ազգական Աբասլանայ, իսկ միւս որդւոյն կոչէին Սափար, որ էր ի դստերէն Սմրղնդոյ սուլտանին, որ նստէր յՕզկան քաղաքի եւ Խզնէ: Եւ դնեն զաւագ որդին զՊարկիարուխն յաթոռ հօր իւրոյ Մելեք-շահին եւ կացուցանեն զնա սուլտան ամենայն Պարսից, եւ զամիր Իսմայիլն զորդին Ակութին զքեռին իւր դնեն իւր երեսաց փոխան ի վերայ ամենայն աշխարհին Պարսից, զի էր այր բարի եւ յոյժ ողորմած եւ շինող աշխարհի. այս Իսմայիլս տիրեալ էր իբրեւ զթագաւոր ի վերայ ամենայն աշխարհին Հայոց, եւ սա արար զսկիզբն շինման ամենայն աշխարհին Հայոց եւ զամենայն վանորայսն ազատ պահէր ի չարեացն Պարսից:

Դարձեալ ի թուականութեանն Հայոց ՇԽԲ մեռանէր Տէր Պօղոսն, այն՝ որ Փիլառտոսն նստոյց յաթոռ կաթուղիկոսութեանն Հայոց ի Մարաշ քաղաքի. սա եկեալ զկնի սրբոյ Նշանին Քրիստոսի՝ եւ մեռանէր յայսմ ամի յՈւռհա քաղաքի՝ եւ թաղեցաւ մեծաւ հանդիսիւ ի դուռն սուրբ եկեղեցւոյն մերձ ի գերեզման վարդապետին:

In the same year there was severe killing and bloodshed in the House of the Armenians, since the troops of the Turks attacked and killed many people. The sultan died and the nation of Turks enslaved many people. They took the sultan and buried him close to the grave of his father, Alp-Arslan, in the city of Marand. [Malik-Shah] left two sons: the senior, called Berk-Yaruq, was born from the daughter of the great emir Akut' [Argun], Alp-Arslan's relation; the other son, named Sap'ar, was born from the daughter of the sultan of Samarqand, who resided in the city of O'zkan and in Xzne'.[42] They placed the senior son, Berk-Yaruq, on the throne of his father, Malik-Shah, and established him as sultan of all Persia. Emir Ismayil, son of Argun, [Berk-Yaruq's] maternal uncle, they made regent over the entire land of Persia, as he was a good and very merciful man and a builder of the land. This Ismayil ruled like a king over the entire land of the Armenians, where he started to build it up and kept all the monasteries free from the evils of the Persians.

Also, in the year 542 of the Armenian Era [A.D. 1093] there died Lord Poghos, he whom Philaretus had seated on the throne of the Catholicosate of the Armenians in the city of Marash. He had come along with the blessed Cross of Christ and died in this year in the city of Edessa. He was buried with great solemnity by the door of the holy church, close to the tomb of the vardapet.

---

42   *O'zkan* (Uzagand); *Xzne'* (Ghazni).

Դարձեալ յայսմ ամի մեռանէր վարդապետն Հայոց Գէորգ՝ որ կոչեցաւ Ուռճեցի, որ էր լուսաւորիչ տանս Հայոց եւ աղբիւր մշտնջենաբուղխ վտակաց եւ լեզու հրեղէն հըրովն ներկեալ. սա ուսմամբ եւ աստուածային շնորհօքն էր հաւասարեալ գիտութեամբն իւրով առաջին աստուածախօս սուրբ վարդապետացն Յունաց՝ Գրիգորի Աստուածաբանի ասեմ եւ Յովհաննու Ոսկեբերանի, Բարսղի եւ այլ նմանեաց նոցա. սա սքանչելի վարուք կատարեաց զընթացս իւր, եւ էր ամաց հարիւրից, եւ թաղեցաւ ի մեծ անապատն Կարմնջաձոր, մօտ ի գերեզմանն Սամուէլի վարդապետին եւ Խաչկայ՝ որ էր երաժիշտ ի վերայ ձայնաւոր եղանակաց. եւ եղեւ սուգ ի վերայ ամենայն երկիւղածացն Աստուծոյ, զի զրկեալ եղեն յայնպիսի լուսաւոր վարդապետէն:

Յայսմ ամի զօրաժողով արար սուլտանն Տմշգայ՝ որ ասի Դդուշ՝ որդի Աբասլանայ եւ եղբայր Մելեք-շահին. եւ սա բազում զօրօք կամեցաւ ելանել ի յաշխարհն Պարսից ի յառնուլ զաթոռ թագաւորութեանն եղբօր իւրոյ Մելեք-շահին՝ եւ եկեալ յԱնտիոք քաղաք. եւ ելեալ ամիրայն յերկրպագութիւն սուլտանին. եւ անտի գայր անցանէր ի Հալպ, եւ ամիրայն Աղսնգոյրն ելանէր յերկրպագութիւն նմա, եւ անթիւ զօրօք խաղայր եւ երթայր յաշխարհն Պարսից:

Also, in the same year there died Ge'org vardapet of the Armenians, who was called Ur'chets'i. He was an illuminator of our House of the Armenians, a source of inexhaustible springs [of knowledge], [a man] with a fiery tongue. With his knowledge, learning, and divine graces, he equaled the first divinely-inspired blessed vardapets of the Byzantines—I refer to Gregory the Theologian, John Chrysostom, Basil, and others like them. He led a life of wondrous deportment and lived to one hundred. He was buried at the great retreat of Karmnjadzor, close to the grave(s) of vardapets Samue'l and Xach'ik, who was a musician of choral music. There was mourning among all God-fearing people who had been deprived of such a radiant vardapet.

In this year troops were assembled by the sultan of Damascus, who was called Tutush, and who was the son of Alp-Arslan and the brother of Malik-Shah. [Tutush] wanted to arise and go to the land of the Persians with many troops and take the throne of the realm from his brother, Malik-Shah. He arrived at the city of Antioch where its emir came forth to do obeisance to the sultan. From there [Tutush] passed on to Aleppo, where emir Aksungur emerged to pay homage to him. With countless troops [Tutush] went on to the land of the Persians.

87. Յայսմ ամի եղեւ ժողով բազմութեամբ տանն Արապկաց անթիւ զօրաց իբրեւ չորս հարիւր հազարաց, եւ ամենայն Բաբելոն գային ի Մօսուլ գաւառ. եւ էր թագաւոր զօրաց Արապկացն Աբրէհիմն՝ որդին Կուրիշայ եւ եղբայրն Շէրէֆն-տօլայ: Յայնժամ սուլտանն Դդուշն հասանէր ի քաղաքն, որ կոչի Նսեպի, եւ մեծաւ պատերազմաւ էառ զքաղաքն Մծբին, որ է Նսեպին, եւ արար աւար զամենայն քաղաքն: Իսկ զօրքն Հայոց, որ էին զհետ սուլտանին, արարին կոտորածս զՏաճիկն իբրեւ բիւր մի: Եւ բանակն Արապկաց գայր խաղայր հասանէր ի սահմանն Մծբնայ եւ իջեալ ի տեղին, որ կոչի Հերմէզ. եւ յայնժամ առաքեաց սուլտանն յՈւռհա եւ մեծաւ երդմամբ բերեալ առ ինքն զամիրայ զՊուզանն բազում զօրօք, եւ յարուցեալ գնաց ի պատերազմ ի վերայ թագաւորին Տաճկաց: Եւ հանդիպեալ միմեանց երկուց թագաւորացն ի դաշտին Մծբնայ՝ եւ արարին բազում կոտորածս. եւ սաստիկ պատերազմաւ դարձոյց սուլտանն զզօրսն Արապկաց եւ արար փախստականս. եւ սրով յարձակեցաւ զհետ նոցա եւ կալաւ զԱբրէհիմն զթագաւորն Արապկաց, որ նետով հարեալ էին զնա ի գլուխն եւ պատառեալ էին զպողովատ սաղաւարտն նոցա, եւ անցեալ էր նետին զթափ, ուր եւ մեռաւ իսկ. եւ արարին աւար զկանայս եւ զորդիսն նոցա եւ զհօտսն եւ զամենայն բազմութիւն երիվարացն նոցա: Եւ մեծաւ յաղթութեամբ գնայր խաղալով սուլտանն Դդուշն յաշխարհն Պարսից. եւ թանձրացաւ բազմութիւն բանակի նորա եւ ելից զդաշտս եւ զբըլուրս արեւելից:

87. In this year there took place a huge massing of countless troops—some 400,000 of them—in the House of the Arabs, and all Babylon went to the Mosul district. The king of the Arab troops was Ibrahim,[43] son of Quraysh and brother of Sharaf ad-Daulah. Then Sultan Tutush arrived at the city called Nisibis—which is Mtsbin—and took it after great warfare. He looted the entire city. The Armenian troops who were with the sultan killed some 10,000 Tachiks. Then the Arab army came and reached the confines of Mtsbin, descending at a place called Hermez. At this, the sultan sent to Edessa and, with a great oath, had Emir Buzan brought to him with many troops. Then [Buzan] came and [Tutush] went to war against the king of the Tachiks. The two kings encountered one another in the plain of Mtsbin, causing many deaths. After a fierce battle, the sultan turned back the troops of the Arabs and put them to flight. He pursued them with the sword and seized Ibrahim, king of the Arabs. [Ibrahim's] head had been pierced by an arrow, which had penetrated his steel helmet and gone deeply inside, causing his death. [Tutush's forces] took as booty their women, children, flocks, and the entire multitude of their horses. Then, in great triumph, Sultan Tutush went on to the land of the Persians. The multitude of his army had increased and they covered the plains and hills of the East.

---

43 Nasir ad-Daulah Ibrahim.

Եւ լուեալ զայս ամենայն սուլտանն Պարսկաց Պարկիարուխն եղբօրորդին Դդուշին՝ եւ յարուցեալ բազում զօրօք գայր ի պատերազմ ընդդէմ հօրեղբօր իւրոյ՝ անթիւ բազմութեամբ: Եւ լուեալ Դդուշն զգալն Պարկիարուխին՝ պատրաստեցաւ գնալ ընդդէմ նորա. յայնժամ Պուզանն եւ Խնկուրն իւրեանց զօրօքն ի գիշերի ապստամբեցին ի Դըդուշէն եւ գնացին առ Պարկիարուխն: Եւ լուեալ Դդուշն զնենգութիւն նոցա՝ ոչ համարձակեցաւ ելանել ի պատերազմ, այլ դարձաւ եւ գնաց յաշխարհն իւր եւ մտաւ ի քաղաքն իւր Դմիշկ. եւ գնաց ի Տրապօլիս եւ հաւանեցոյց զնա եւ զամենայն քաղաքսն ծովեզերաց՝ եւ կացեալ յայնմ աշխարհին զամիսս վեց:

Իսկ ի թուականութեանն Հայոց ՇԽԳ աջողեալ լինէր թագաւորութիւնն Պարկիարուխին. եւ կացուցանէր ի վերայ զօրացն Պարսից ասպարապետ զմեծազահ եւ զփառաւոր ամիրայն զԻսմայիլն՝ զորդի Ակութին՝ զեղբայր մօր իւրոյ, վասն զի սա տիրեալ էր ամենայն աշխարհին Հայոց: Եւ էր սա յամենայն կողմանց քաղցր եւ ողորմած եւ բարի եւ խնամակալ եւ մարդասէր եւ խաղաղարար եւ շինող ամենայն աշխարհին Հայոց, զարդարիչ վանորէից եւ մխիթարիչ կրօնաւորաց, եւ ազատ պահէր զհաւատացեալսն յամենայն չարեացն Պարսից. եւ ամենայն որք տիրեալ էր հայրենեաց իւրոց յաւուրս նորա, եւ ի ժամանակս նորա կայր ուրախութեամբ լցեալ ամենայն Հայքն:

Now when all this was known to Berk-Yaruq, sultan of the Persians, who was Tutush's nephew (brother's son), he arose with an inestimable multitude of troops and went to make war against his uncle. When Tutush heard about Berk-Yaruq's coming, he prepared to go against him. It was at this point that Buzan and Xnkur and their troops rebelled against Tutush during the night and went over to Berk-Yaruq. When Tutush learned about their treachery, he did not dare to go to war. Rather, he turned around and went to his land and entered the city of Damascus. Then he went to Tripoli and subdued it and all the coastal cities. He remained in those lands for six months.

In 543 of the Armenian Era [A.D. 1094] Berk-Yaruq's [rule over the] realm was succeeding. He designated over the Persian troops as *asparapet* the prominent and glorious Emir Ismayil, son of Akut', his mother's brother, since he had ruled the entire land of the Armenians [competently]. In every way [Ismayil] was mild, merciful and good, caring, benevolent, a peace-maker, and a builder of the entire land of the Armenians. [In addition, he was] an embellisher of monasteries, and a comforter of clerics. He protected the [Christian] faithful from all the evils of the Persians. During his day, everyone ruled over his own patrimony, and all the Armenians were filled with joy.

Արդ զսա կացուցանէր Պարկիարուխն տէր դրուց աշխարհին, եւ ինքն նստէր յաթոռ թագաւորութեանն իւրոյ խաղաղութեամբ: Եւ ահա գայր մեծ ամիրայն Իսմայիլն եւ բազում զօրօք ընդ աշխարհն Պարսից. եւ եղեն Պուզանն եւ Աղսնգոյրն զհետ նորա. եւ եկեալ ի տեղին՝ որ կոչի Ջաղցաձոր, յաշխարհն Պարսից՝ եւ Պուզանն եւ Աղսնգոյրն սկսան գործել մեծ ամիրային Իսմայիլի զնենգութիւն: Եւ յաւուր միում ելեալ ի բանակէն երեքն եւ տարեալ զնա ի զատ ի զօրացն վասն զրուցու պատճառանաց՝ եւ յարձակեցան ի վերայ Իսմայիլին եւ ընկեցին զնա ի ձիոյն եւ ձգեցին լար ի պարանոցն նորա եւ խեղդեցին զքաջ թագաւորն, եւ ինքեանք փախստականք լինէին ի սուլտանէն ի Պարկիարուխէն եւ գնացին յիւրաքանչիւր քաղաք՝ Պուզանն ի յՈւռհա եւ Աղսնգոյրն ի Հալպ: Եւ լուեալ սուլտանն զմեծին Իսմայիլին զմահն՝ եւ սաստկապէս ապաշաւէր:

88. Դարձեալ յայսմ ամի գայր խաղայր բազում զօրօք սուլտանն Դդուշն եւ անթիւ բազմութեամբ գայր ի վերայ Հալպայ. եւ Աղսնգոյրն եւ Պուզանն արարին ժողովս եւ գնացին ընդդէմ սուլտանին ի պատերազմ. եւ յաղթեաց սուլտանն զօրացն Աղսնգուրին եւ Պուզանին՝ եւ արար զնոսա փախստական: Եւ յայնմ աւուր սպանաւ Աղսնգոյրն եւ Պուզանն, եւ առաւ Հալպ, եւ զգլուխն մեծ ամիրային Պուզանի ի ձող ցցեալ բերէին ի յՈւռհա. եւ առաւ քաղաքն Ուռհա, եւ տիրեաց Դդուշն ամենայն գաւառաց նոցա. եւ գայր սուլտանն յՈւռհա եւ կացուցանէր քաղաքապետս զիշխանն Հոռոմոց՝ զԹորոս որ ասէին Հեթմայ որդի. եւ ինքն սուլտանն գնաց ի Պարսիկս առ ի պատերազմել ընդ Պարկիարուխն: Եւ զօրապետ զօրացն Դդուշին, որ ասի Աղուսիան՝ տէրն Անտիոքայ, բազում զօրօք իջաւ ի վերայ անուանի բերդին, որ կոչի Ջարինակ, ի յաշխարհին Հայոց, եւ մեծաւ պատերազմաւ էառ զնա, եւ արար անթիւ կոտորածս քրիստոնէից:

Now Berk-Yaruq designated him as lord of the gates of the land, while he himself sat upon the throne of his realm in peace. And then, behold, the great Emir Ismayil came with many troops and circulated throughout the land of the Persians. Buzan and Aksungur were with him. They arrived at a place called Jaghts'adzor in the land of the Persians, where Buzan and Aksungur began to work treachery against the great emir Ismayil. One day they emerged from the army and took him away from the troops, on the pretext of having a discussion, [just] the three of them. They attacked Ismayil, threw him down from his horse, put a cord around his neck, and strangled that good king. Then they themselves fled from Sultan Berk-Yaruq and each went to his own city: Buzan to Edessa, and Aksungur to Aleppo. When the great sultan [Berk-Yaruq] heard about the death of the great Ismayil, he deeply regretted it.

88. In this same year Sultan Tutush with many troops, a countless multitude came against Aleppo. Aksungur and Buzan assembled and went to war against the sultan. The sultan conquered the forces of Aksungur and Buzan and put them to flight. On that day Aksungur and Buzan were killed and [Tutush] captured Aleppo. The head of the great emir Buzan was affixed to a pole and brought to Edessa, and [Tutush] took the city of Edessa. Tutush ruled over all their districts. Then the sultan came to Edessa and established as chief of the city the Byzantine prince T'oros, whom they said was Het'um's son. Then the sultan himself went to Persia, to war against Berk-Yaruq. Now Tutush's military commander, who was named Aghusian [Yaghi-Siyan], lord of Antioch, descended with many troops on the renowned fortress called Zarinak in the land of the Armenians. He took it after great fighting and killed countless Christians.

Եւ յայսմ ժամու հասանէր թուղթ առ սուլտանն ի կնոջէ եղբօր իւրոյ, զի գնացէ շուտով, զի արասցէ զնա իւր այր. եւ ի լսել զայս սուլտանին՝ հասանէր ի Պարսիկս եւ իջեալ ի դաշտն Ասպահանայ, եւ Պարկիարուխն աղաչանս առաքէր առ Դդուշն. «Տուր, ասէ, ինձ զքաղաքն Ասպահան, եւ ամենայն արարածք քեզ եղիցի»: Եւ նա ոչ լսէր աղաչանաց նորա. յայնժամ յարձակեցան երկոքեանն ընդ միմեանս ի պատերազմ անթիւ եւ անհամար բազմութեամբ երկոցունց կողմանցն. եւ եղեւ յորժամ հանին յերեւան զնըշանակն Մելէք-շահին՝ եւ տեսին զօր Պարսից, յայնժամ մեծ մասն զօրացն անցանէին ի Պարկիարուխին դեհն, եւ եղեւ սաստիկ կոտորած: Իսկ անօրէնն Աղուսիանն բազում զօրօք ի քմին կայր՝ եւ առանց պատերազմի փախեաւ. եւ տեսեալ զայս ամենայն զօրքն Դդուշին՝ փախեան առհասարակ: Եւ էր օրն այն օր մեծ ի վերայ զօրացն Պարսից, վասն զի բիւրք եւ հազարք ի փախուստ լինէին ընդ ամենայն երեսս երկրի. եւ յայնժամ ի մէջ առեալ զԴդուշն՝ խոցեցին զձին նորա եւ ընկեցին զնա յերկիր. եւ կայր նստեալ ի մէջ զօրացն. եւ ոչ ոք իշխէր մերձենալ ի նա, վասն զի այր թագաւոր էր եւ էր եղբայր Մելէք-շահին: Յայնժամ ամիրայ ոմն ի զօրաց Պարկիարուխին եկեալ սրով հատանէր զգլուխ նորա. եւ տարեալ թաղեցին զնա առ գերեզման հօր իւրոյ:

At this juncture, a letter arrived for the sultan [Tutush] from his brother's wife [urging him] to go there quickly so that she could make him her husband. When the sultan heard this, he hastened to Persia where he encamped on the plain of Isfahan. Berk-Yaruq sent entreaties to Tutush, [saying]: "Give me [only] the city of Isfahan, and everything else shall be yours." However, [Tutush] would not heed his pleas. Then the two sides attacked each other, each having countless, innumerable multitudes [of troops]. Then the banner of Malik-Shah was unfurled and was seen by the Persian troops—at which, a great majority of the troops went over to Berk-Yaruq's side. There was a severe slaughter. As for the impious Yaghi-Siyan, he was then [concealed] with many troops in an ambuscade. He fled without fighting. Seeing this, Tutush's troops fled, one and all. It was one [significant] day for the Persian troops, as thousands and tens of thousands of them fled across the face of the country. At the same time Tutush was surrounded. They wounded his horse, which threw him to the ground, where he sat surrounded by troops. Yet no one dared to approach him, since he was a royal personage, and the brother of Malik-Shah. However, a certain emir from the troops of Berk-Yaruq approached with a sword and cut off his head. They took and buried him near the grave of his father.

Յայնժամ Ռատուան որդի Դդուշին եւ Աղուսիանն եւ այլ ամենայն փախստականքն գային ի քաղաքն Ուռհա: Եւ Թորոս կուրապաղատն, որ էր ի քաղաքն Ուռհա, էր այր ճարտասան եւ հնարաւոր յոյժ, արար ընդունելութիւն նոցա՝ եւ կամէր ձեռբակալս առնել զնոսա, զի առցէ զկլայն քաղաքին Ուռհայոյ. եւ ոչ համարեցան այլ իշխանքն պատեհ, գնացին խաղաղութեամբ ի քաղաքս իւրեանց: Յայնժամ Թորոս կուրապաղատն բազում հնարիւք ջանայր տիրանալ քաղաքին եւ փրկել զհաւատացեալսն յայլազգեաց. եւ ընդ կլայէն սկիզբն արար շինել պարիսպս եւ զմէկ մասն քաղաքին ամրացոյց պարսպովն, վասն զի կլայն պարսպից ի դուրս էր. եւ կային ի նմա Թուրք պահապանք, կային ի նմա եւ գունդ մի ի Հայոց զօրացն, զորս կարգեալ էր զնոսա Դդուշն: Յայնժամ տեսեալ ասպասալարն, որ կայր ի Մանիկայ կլայն, եթէ կուրապաղատն ամրացոյց զքաղաքն եւ կտրեաց զկլայն ի զատ քաղաքէն, գրեաց թուղթ եւ ազդ արար ամիրայն մօտաւոր ամիրայացն՝ զոր արարն Թորոս կուրապաղատն, եւ ասաց թէ՝ ի ծովու դրանէն մինչեւ ի սուրբ Թորոսն պարսպեաց զքաղաքն եւ կանգնեաց բուրգս քսան եւ հինգ եւ էառ զներքին կլայն՝ եւ տիրեաց ամենայն քաղաքին Ուռհայոյ:

Իսկ ի թուականութեանն Հայոց ի յամի ՇԽԴ արար ժողով հեծելոց Սուգման որդի Արդուխին եւ ամիրայն Սամուսատայ Պալտուխն որդի Ամիրխազէ՝ եւ յաւուրս հնձոցն գան ի վերայ Ուռհայոյ: Եւ Թորոս կուրապաղատն տէրն Ուռհայոյ եղեւ լցեալ ամենայն իմաստութեամբ. եւ յամենայն կողմանց սկսաւ ամրացուցանել զքաղաքն. եւ կանգնեցին բաբանս եւ փիլիկպանս՝ եւ յանխնայ ծեծէին զպարիսպ քաղաքին. եւ Թուրքն կացեալ աւուրս բազում անդադար պատերազմաւ՝ եւ ոչինչ կարաց առնել քաղաքին. եւ կացեալ զաւուրս վաթսուն եւ հինգ եւ պատառեցին զպարիսպ քաղաքին յերկու տեղի եւ մտեալ պատերազմէին ի քաղաքն. եւ այնու ոչ կարացին յաղթել քաղաքին:

Radwan, who was Tutush's son, along with Yaghi-Siyan and all the other fugitives came to the city of Edessa. Curopalate T'oros, who was in Edessa, and was an eloquent and very capable man, received them [although] he wanted to arrest them so that he could take Edessa's citadel. However, the other princes did not consider this prudent, and so [the fugitives] peaceably went, each to his own city. Then Curopalate T'oros tried with many stratagems to rule over the city and save the faithful from the foreigners. He started to build walls opposite the citadel and fortified the walls on one part of the city, as the citadel was outside the walls. In it were Turkish guards as well as a brigade of Armenian troops which Tutush had set there. When the *aspasalar* who was in Maniakes' fortress saw that the curopalate had fortified the city and had isolated the citadel from the city, he wrote a letter notifying the nearby emirs about what Curopalate T'oros had done. He said that "from the sea gate to [the church of] Saint Theodore he has walled the city, erected 25 towers, taken the inner citadel and ruled the entire city of Edessa."

In the year 544 of the Armenian Era [A.D. 1095], Suqman, son of Artuq, and the emir of Samosata, Baldux, son of Amir-Ghazi, gathered cavalry and came against Edessa at harvest time. Curopalate T'oros, lord of Edessa, who was full of all wisdom, began to fortify the city on all sides. [The attackers] erected catapults and other [siege] machines and mercilessly hit the city walls. The Turks stayed there for many days waging ceaseless war, but were unable to capture the city. After 65 days they breached the city's walls in two places, entered, and fought inside the city, but were unable to conquer it.

Եւ ի նոյն աւուրսն գայր սուլտանն Հալպայ, որ ասի Ռասուան՝ որդին Դդուշին, եւ Աղուսիանն տէրն Անտիոքայ քառասուն հազարով իջանէր ի վերայ Ուռհայոյ: Յայնժամ Սուգմանն եւ Պալտուխն փախեան ի սուլտանէն. եւ քաղաքացեացն տեսեալ զզօրսն՝ զարհուրեցան յոյժ: Իսկ կուրապաղատն Թորոս առիւծաբար քաջալերէր զամենայն քաղաքն Ուռհայոյ եւ անթիւ գանձս տայր ի պէտս քաղաքին. եւ զաւուրս բազումս արարին սաստիկ պատերազմս ի վերայ քաղաքին, եւ օգնութեամբն Աստուծոյ ոչինչ կարացին առնել, քանզի ամենայն քաղաքացիքն սիրտս առիւծու առին եւ կացին ընդդէմ այլազգեացն. եւ ի վերայ սաստիկ պատերազմացն անճարեալ զօրք այլազգեաց՝ գնացին ամօթով: Եւ յայնժամ ոմն ի զօրաց սուլտանին, որում անուն ասէին Մխիթար, եւ էր այր Քրիստոնեայ, խորհուրդ արարեալ ընդ արսն իւր, զի տացէ զկըլայն ի Թորոս կուրապաղատն: Եւ յայնժամ Մխիթար պատրիկն երեսուն արամբ ի գիշերի արար հնարս եւ տայր զաւագ կլայն Մանիակայ ի ձեռս Թորոսի կուրապաղատին. եւ եղեւ խաղաղութիւն քաղաքին Ուռհայոյ: Յայնժամ զօրս առաքեաց Թորոս ի բերդն Ուռհայոյ՝ որ կոչի Թրսիճ, զի արասցէ զերկիրն իւր հնազանդ. եւ հասեալ Պալտուխ ամիրայն Սամուսատայ, եւ ամենայն զօրք գաւառին ընդ նմա, եւ արարին պատերազմ ի սահմանս բերդին Թրսիճայ, եւ եղեն փախստական զօրքն Ուռհայոյ. եւ հասեալ նոցա ի գիւղն, որ կոչի Անդռանոսի՝ եւ կոտորեցին անդ արս հարիւր եւ յիսուն, եւ զայլսն արարին ձերբակալս:

At this point the sultan of Aleppo, called Ridvan, son of Tutush, and Yaghi Siyan, lord of Antioch, descended on Edessa with 40,000 [troops]. Suqman and Baldux fled from the sultan. When the citizens saw the troops, they were horrified. However, the curopalate T'oros, like a lion, encouraged the entire city of Edessa and gave a countless amount of treasure for the city's needs. For many days [the attackers] conducted fierce warfare against the city but, by the aid of God, they were unable to accomplish anything, since the whole city had become lion-hearted and resisted the foreigners. Despite the intense warfare the troops of the foreigners departed in disgrace, unable to do anything. And then one of the sultan's troops, who was named Mxit'ar and who was Christian, planned with his men to give the citadel to Curopalate T'oros. The patrician Mxit'ar, with thirty men, did what was necessary during the night and gave the senior fortress of Maniakes to the curopalate T'oros. Then there was peace in the city of Edessa. T'oros sent troops to a fortress of Edessa called T'rsich to make the country obedient to himself. Baldux, the emir of Samosata, arrived accompanied by all the troops of the district. They fought in the confines of T'rsich fortress and put to flight the troops of Edessa. [The attackers] reached the village called Andr'anos, killing 150 people there and arresting others.

89. Յայսմ ամի բերաւ Ալփիրակ սուլտանն յՈւռհա հրամանաւ Թորոսի, որ էր յազգէ Դղլմշոյ, եւ տայր Թորոս զՈւռհա ի ձեռս նորա, վասն զի առցէ վրէժս ի թշնամեաց իւրոց: Իսկ Ալփիրակ խորհեցաւ սպանանել զնա եւ առնել ալափ զամենայն քաղաքն. եւ գիտացեալ կուրապաղատն Թորոս զայս ամենայն զնենգութիւնս, արբուցանէր նմա դեղ մահու եւ շուտով առաքեաց զնա ի բաղանիսն, եւ նոյն ժամայն սատակեալ եղեւ. եւ լուեալ զայս ամենայն զօրքն նորա՝ փախեան: Եւ դարձեալ կուրապաղատն Թորոս տիրանայր Ուռհայոյ: Եւ եղեւ իշխանութիւն Ալփիրակայ, զոր եկաց ի յՈւռհա՝ զաւուրս երեսուն եւ երեք:

Յայսմ ամի մեռաւ մեծ երաժիշտն եւ սիւնն սրբոյ Եկեղեցւոյ Տէր Թէոդորոս կաթուղիկոսն Հայոց եւ թաղեցաւ ի Հոնին՝ մօտ ի Տէր Սարգիսն:

Դարձեալ ի թուականութեանն Հայոց ՇԽԵ զօրաժողով արար սուլտանն արեւմտից, որ ասի Խլիճ-Ասլան, որդի Սուլիմանայ՝ որդւոյ Դղլմշոյ, եւ գայր անթիւ բազմութեամբ ի վերայ Մելտենւոյ քաղաքին. եւ ելից զամենայն դաշտսն եւ յարուցանէր սաստիկ պատերազմ ի վերայ քաղաքին Մելտենւոյ եւ եղեալ բաբանս՝ նեղէր զքաղաքն: Իսկ իշխան քաղաքին, որ ասէին Խօրիլ, որ էր աներ Թորոսին՝ կուրապաղատին Ուռհայոյ, սա ամենայն քաջութեամբ կացեալ ընդդէմ սուլտանին՝ եւ յամենայն կողմանց ամրացուցանէր զքաղաքն: Եւ կացեալ անդ սուլտանն զաւուրս բազումս՝ ոչինչ կարաց առնել, դարձաւ ամօթով եւ գնաց յաշխարհն իւր:

89. In this year Alp'irak,[44] of the line of Qutlumush, was brought to Edessa at T'oros' order. T'oros gave Edessa into his hands in order to take vengeance on his enemies. However, al-Faraj planned to kill him and loot the entire city. When Curopalate T'oros learned about all this treachery, he gave him poison to drink, quickly sent him to the baths where, during the same hour, he died. When all of [al-Faraj's] troops heard about this, they fled. Then, once more, Curopalate T'oros ruled over Edessa. The rule of al-Faraj, who had been brought to Edessa, lasted 33 days.

In this year there died the great musician and pillar of the Church, Lord T'e'odoros, [a] Catholicos of the Armenians. He was buried in Honi, near Lord Sargis.

Also [occurring] in 545 of the Armenian Era [A.D. 1096], the sultan of the West—who was called Kilij-Arslan, the son of Sulaiman, son of Qutlumush—came with a countless multitude against the city of Melitene. They filled the entire plain and waged ferocious warfare against the city of Melitene, harassing the city with catapults. Now the prince of the city—who was called Xo'ril and was the father-in-law of Curopalate T'oros—resisted the sultan valiantly and fortified the city on all sides. The sultan remained there for many days but was unable to do anything, and so he went back to his own land in disgrace.

---

44 *Alp'irak:* Sultan al-Faraj.

90. Յայսմ ժամանակի կատարեցաւ մարգարէութիւն սրբոյն Ներսեսի Հայոց կաթուղիկոսին, զորս վասն Հռոմայեցւոց եւ յիշեցն խօսեցաւ ընդ նախարարս եւ ընդ իշխանս Հայոց. եւ զոր նա յառաջ խօսեցաւ, ահա յայսմ ժամանակիս տեսաք աչօք մերովք, զայն որ ի ժամ մահուան մարգարէացաւ սուրբ եւ սքանչելի այրն Աստուծոյ Մեծն Ներսէս. եւ այս էր մարգարէութիւն սրբոյն Դանիէլի՝ զոր տեսանէր ի Բաբելոն զկերպարանս զայլակերպ գազանին, եւ յայտնապէս տեսեալ եւ ցուցեալ էր ասելով զուտելն եւ զմանրելն եւ զառ ոտս հարկանել զմնացեալսն:

Իսկ ի ժամանակիս եղեւ ելն Հռոմայեցւոց, եւ բացաւ դուռն Լատինացւոց ազգին, վասն զի սոքօք կամեցաւ Տէր պատերազմել ընդ տունն Պարսից: Եւ դարձեալ եղեւ Տէր ի բարկութենէ իւրմէ, ըստ բանի Դաւթի մարգարէին, ըստ այնմ զոր ասաց՝ եթէ «Զարթիր, ընդէ՞ր ննջես, Տէր, արի եւ մի՛ մերժեր զմեզ իսպառ». եւ թէ՝ «Զարթեաւ որպէս ի քնոյ Տէր, որպէս հզօր, զի թափէ զգինի. եհար յետս զթշնամիս եւ նախատինս յաւիտենից արար զնոսա»:

Եւ ահա յայսմ ամի շարժեալ եղեւ ամենայն Իտալիա եւ Սպանիա մինչեւ յԱփրիկէ եւ խորին ազգն Փռանգաց՝ եւ գրոհեա անթիւ եւ ահագին բազմութեամբ եւ անհամար դասապետութեամբ, որպէս զմարախ՝ որ ոչ թուի, եւ կամ որպէս զաւազ ծովու՝ որ ոչ քննի մտաց:

90. In these times there was fulfilled the prophecy which had been told to the naxarars and princes of the Armenians by the blessed Nerse's, Catholicos of the Armenians, about the rise of the Romans [Westerners]. What that blessed and wonder-working man of God, Nerse's the Great, had prophesied at the time of his death in days gone by [was realized] in these present times and witnessed with our own eyes. It was the [same] vision seen by the blessed Daniel in Babylon, where he saw the form of a strange beast which he clearly saw and revealed [details] about its eating, chewing, and trampling the remainder.[45]

In this period the rise of the Romans occurred and the gates of the nation of the Latins was opened. [This was because] the Lord wanted, through their agency, to war against the House of the Persians. The Lord turned from his anger, according to the words of the prophet David, who said: "Arise, why do you sleep, O Lord, arise and do not reject us forever," and "The Lord arose from sleep like a strong man who puts aside his wine. He threw back his enemies and made them accursed forever."

So it came about in this year that [many nations] were on the move: all Italy and Spain to Africa and the distant nation of the Franks swarmed in a countless and immense multitude like locusts which cannot be counted or like the sands of the sea which the mind cannot reckon.

---
45 cf. Daniel 7:7.

VOLUME II

Եւ ահաւոր մեծութեամբ եւ բարձրագահ իշխանութեամբ ելեալ գային իշխանք ազգին Փռանգաց. եւ իւրաքանչիւր զօրօքն գային յօգնութիւն քրիստոնէից եւ առ ի փրկել յայլազգեաց զսուրբ քաղաքն Երուսաղէմ եւ ազատել ի Տաճկաց զսուրբ Գերեզմանն աստուածընկալ, արք փառաւորք եւ թագաւորազունք, հաւատով եւ ամենայն աստուածպաշտութեամբ զարդարեալք եւ էին սնեալք ի գործս բարութեան. որոց էին անուանքն այսոքիկ. Կոնդոփրէ, այր հզօր, որ էր յազգէ թագաւորացն Հռոմայեցւոց, եւ նորին եղբայրն Պաղտինն. Այս Կոնդոփրէ էր, որ ունէր զթուրն եւ զթագն ի հետ իւր Վեսպիանոսի թագաւորին, որ կոտորեաց զԵրուսաղէմ. էր եւ մեծ կոմսն, որ ասէին Պեմունդ, եւ Տանգրի քուրորդի նորա, եւ կոմսն՝ որ ասի Զնճիլ, այր ահարկու եւ փառաւոր, եւ Ռոպերդն Նորմնդաց կոմսն, եւ միւս այլ Պաղտինն. գայր եւ յետոյ կոմսն՝ որ ասի Ճօսլին, այր հզօր եւ քաջ: Արդ այսքան արք հզօրք եւ պատերազմողք գային սոքա ահագին բազմութեամբ, որպէս զաստեղս երկնից. գային եւ զհետ սոցա բազում եպիսկոպոսունք, քահանայք եւ սարկաւագունք՝ եւ մեծաւ աշխատութեամբ ճանապարհորդեալ ընդ հեռաձիգ աշխարհն Հռոմայեցւոց եւ չարաչար նեղութեամբ անցանէին ընդ աշխարհն Ունգռաց ընդ նեղ եւ ընդ դժուար կապանս լերանց նոցա՝ եւ ժամանեալ հասանէին ի սահմանս Բուլղարաց, որ էր ընդ իշխանութեամբ Ալէքսին Յունաց թագաւորին, եւ այսպիսի ճանապարհորդութեամբ հասանէին ի մեծն Կոստանդնուպօլիս:

In awesome grandeur and high-ranking leadership there arose and came princes of the Franks, each with his own troops, coming to the aid of Christians and to save the holy city of Jerusalem from the foreigners and to free from the *Tachiks* the blessed Sepulcher which had received God in it. They were glorious men and kings, adorned with faith and all piety, nourished in good deeds. Here are their names: Godfrey, a mighty man, from the line of kings of the Romans and his brother, Baldwin. It was this Godfrey who possessed and had with him the sword and crown of the emperor Vespasian, with which he had destroyed Jerusalem. Also [arriving were] the great count named Bohemond and his sister's son, Tancred; the count named Saint Gilles, an awesome, glorious man; Robert, count of Normandy; and also another Baldwin. Subsequently there arrived the count named Joscelin a mighty and valiant man. Such mighty and martial men as these came with an immense multitude, as numerous as the stars in the sky. Along with them came many bishops, priests, and deacons, With much labor they traveled through the distant land of the Romans and, with wicked trouble, they passed through the land of the Hungarians, through the narrow and difficult passes of their mountains. They arrived at the borders of the Bulghars, which was under the rule of Alexius, emperor of the Byzantines. With such traveling they reached Constantinople, the great [city].

91. Եւ լուեալ զգալն նոցա թագաւորն Ալէքսն՝ առաքէր զօրս ընդդէմ նոցա ի պատերազմ. եւ եղեւ աճագին կոտորած յերկոցունց կողմանցն. եւ արար փախստական Փռանգն զզօրսն Յունաց. եւ յայնմ աւուր եղեւ բազում արեանց հեղումն: Եւ այսպիս օրինակաւ ընդ որ անցանէին՝ գային ամենայն աշխարհք ի վերայ նոցա պատերազմ եւ նեղէին զնոսա բազում չարչարանօք: Եւ լուեալ զայս ամենայն թագաւորն Ալէքսն, վերացոյց զսուրն եւ ոչ ետ այլ պատերազմ ընդ նոսա: Եւ ամենայն բանակն առհասարակ եկեալ իջաւ ի դուռն Կոստանդնուպօլսի եւ խնդրէին անցանել ընդ ծովն Ովկիանոս. եւ թագաւորն Ալէքս արար սէր եւ միաբանութիւն ընդ ամենայն իշխանսն Փռանգաց եւ տարաւ զնոսա ի սուրբն Սոփի եւ ետ նոցա բազում տուրս ոսկւոյ եւ արծաթոյ. եւ նոքա երդուան նմա, զի ամենայն գաւառսն, որ յառաջ լեալ էր Հոռոմոց, թափեն ի Պարսից եւ տան զայն թագաւորին Ալէքսին, եւ աշխարհն Պարսից եւ Արապկաց եղիցին ազգին Փռանգաց. եւ այսպիսի դաւանութեամբս խաչով եւ աւետարանով կապեցին զերդումնն անլուծանելի կապանօք: Եւ առեալ զօրս եւ իշխանս ի թագաւորէն՝ եւ նաւէին ընդ մեծն յՈվկիանոս եւ հասեալ բազմութեամբ բանակաւն ի քաղաքն, որ կոչի Նիկիա, մօտ ի ծովն յՈվկիանէ:

91. When Emperor Alexius heard of their coming, he sent troops against them in warfare. There was frightful killing on both sides. The Franks put to flight the Byzantine troops. There was much bloodshed on that day. In this fashion, wherever [the Franks] traveled the entire land came against them in battle and harassed them with many evils. When Emperor Alexius heard about all this, he sheathed his sword and did not offer any further warfare against them. One and all the entire army [of Europeans] came and descended upon the gates of Constantinople and sought passage across the Ocean Sea [Mediterranean]. Emperor Alexius made peace and alliance with all the princes of the Franks and took them to [the church of] Saint Sophia. He gave them many gifts of gold and silver. They vowed to him that all the districts which previously had belonged to the Byzantines and which they would take from the Persians would be given to Emperor Alexius. As for the lands of the Persians and Arabs, those would belong to the Frankish nation. This understanding they sealed with Cross and Gospel as an unbreakable vow. Taking troops and princes from the emperor, they sailed across the great Ocean and arrived with a multitudinous army at the city called Nicaea which borders the Ocean Sea.

Եւ ամենայն զօրքն Պարսից ժողովեցան ի վերայ զօրացն Փռանգաց, որ բանակեալ էին ի սահմանս յայն, եւ արարին պատերազմ ընդ զօրսն Փռանգաց. եւ յայնժամ զօրք Փռանգաց յաղթեցին զօրացն Պարսից եւ արարին զնոսա փախստականս եւ յարձակեցան սրով զհետ նոցա՝ եւ արեամբ լցին զերկիրն. եւ պատերազմեալ ի վերայ քաղաքին Նիկիա՝ եւ սրով առին զքաղաքն եւ կոտորեցին զամենայն անհաւատսն: Եւ յայնժամ գնացին ճիչկան առ սուլտանն Խլիճ-Ասլան, յորժամ պատերազմէր ի վերայ քաղաքին Մելտենույ, եւ զայս ամենայն ազգ արարին նմա: Եւ նորա արարեալ ժողովս անթիւ բազմութեամբ եւ գայր ի վերայ Փռանգ զօրացն ի գաւառին Նիկիա. եւ արարին սաստիկ պատերազմ յերկոցունց կողմանցն եւ յանխնայ քաջապէս յարձակեցան ի վերայ միմեանց եւ գազանաբար բախէին զճակատ պատերազմացն. եւ ի փայլատակմանէ սաղաւարտացն եւ ի շաչել զրեհացն եւ ի ճայթմանէ աղեղանցն եղեն գումարեալք ամենայն բազմութիւնք զօրացն այլազգեացն, վասն զի սաստկութենէ ձայնիցն դողայր երկիրն եւ ի շաչել նետիցն՝ երիվարքն սարսէին. իսկ որ արիականքն եւ որ ընտիրքն էին, քաջքն ընդ քաջքն ելանէին՝ եւ որպէս զկորիւնս առիւծուց յանխնայ կոփէին զմիմեանս:

All the troops of the Persians massed against the troops of the Franks which were encamped in those borders. They made war against the troops of the Franks. On this occasion the troops of the Franks conquered the troops of the Persians and put them to flight. They pursued and attacked them with the sword and filled the land with blood. They fought against the city of Nicaea, took it with the sword, and killed all the unbelievers. Then [Muslims] went wailing to Sultan Kilij-Arslan who, at the time, was warring against the city of Melitene, and they informed him about all this. He massed a countless multitude and came against the Frankish troops in the district of Nicaea. There was a fierce battle between the two sides in which they mercilessly and valiantly attacked one another, savagely hitting the front lines. Driven on by the flashing of helmets, the clanging of coats of mail, and the crackling noise of bows, the entire mass of the foreigners' troops was forced to concentrate. Indeed, the ground itself shook from the din of battle and even the horses trembled from the whizzing of arrows. The brave, select warriors arose against their foes, brave against brave and, like lion cubs, mercilessly struck at each other.

Եւ էր օրն այն օր մեծ եւ ահագին յառաջին պատերազմին, վասն զի վաթսուն բիւրով պատերազմէր սուլտանն ընդ ազգն Փռանգաց. եւ ի վերայ այսքան պատերազմաց յաղթեաց զօրքն Փռանգաց զօրացն Պարսից՝ եւ արարին զնոսա փախստականս ահագին եւ սաստիկ կոտորածով, որ եւ ծածկեալ եղեւ դաշտն դիակամբք մեռելօք, եւ առին բիւրս բիւրուց աւար եւ գերութիւն. եւ թիւ ոչ գոյր ոսկւոյ եւ արծաթոյ, զոր առին ի Պարսից: Եւ զկնի երից աւուրց դարձեալ սուլտանն արար երկրորդ ժողով եւ ահագին բազմութեամբ գայր ի վերայ Փռանգ զօրացն. եւ արարին պատերազմ ահաւոր եւ սաստիկ քան զառաջինն. եւ զօրքն Փռանգաց զնոյն բարկութիւն արկանէին ի վերայ զօրացն Պարսից, եւ սաստիկ կոտորածով եւ գերութեամբ եհան զնոսա յայնմ աշխարհէն. եւ ետուն զօրքն Փռանգաց զՆիկիա ի ձեռս Հոռոմոց թագաւոր Ալէքսին:

Դարձեալ ի թուականութեանս Հայոց ՇԽԶ եւ ի յաւուրս հայրապետացն Հայոց Տէր Վահրամայ եւ Տէր Բարսղի, եւ ի թագաւորութեան Յունաց Ալէքսին Հոռոմոց արքային, շարժեալ եղեւ բանակն Հոռոմայեցւոց եւ անհամար բազմութեամբ իբրեւ զբիւրս յիսուն: Զայս թղթով ազդ արարեալ իշխանին Ուռհայոյ Թորոսի եւ մեծ իշխանին Հայոց Կոստանդին որդին Ռուբենայ, որ ունէր զՏօրոս լեառն ի յաշխարհին Կոպիտառայի ի Մարապա, որ եւ բազում գաւառաց տիրեալ էր, եւ ի զօրացն Գագկայ էր:

That day of the first battle turned out to be a great and significant one, since the sultan fought against the nation of Franks with 600,000 men. The Frankish troops triumphed against so many Persian combatants, putting them to flight with fearsome and severe casualties. The bodies of the dead covered the plain, while [the Franks] took myriad upon myriad of captives and immense loot. There was no counting the gold and silver which they took from the Persians. Three days later the sultan again massed troops and, with an enormous multitude, came against the Frankish troops. They fought a battle more frightful and intense than before. The troops of the Franks hurled the same fury at the Persian troops and, with great killing and captive-taking, they removed them from that land. The Frankish forces gave Nicaea into the hands of Alexius, emperor of the Byzantines.

In 546 of the Armenian Era [A.D. 1097], during the days of the patriarchs of the Armenians, Lord Vahram and Lord Barsegh, and during the reign of Alexius, emperor of the Byzantines, the army of the Romans [Westerners] went on the move with an awesome multitude of some 500,000 men. The prince of Edessa, T'oros, was informed about this by letter, as was the great prince of the Armenians, Kostand, son of R'uben. [The latter] held the Taurus Mountains in the land of Kopitar in Marapa and also ruled over many other districts. He [had been] one of Gagik's troops.

Եւ զօրքն Փռանգաց մեծութեամբ բազմութեամբ ճանապարհ արարեալ ընդ աշխարհն Բիւթանացւոց եւ ընդարձակ բանակաւ անցանէր ընդ սահմանս Գամրաց՝ եւ հասանէին ի դժուար վայրս լերանց Տօրոսի. եւ խաղացեալ էանց բազմութիւն բանակին եւ ընդ նեղ կապանս նորա գնալով ընդ Կիլիկիա. եւ էանց ընդ Տրովադա, որ է Անաւարզա, եւ հասանէր ի քաղաքն Անտիոք: Եւ ահագին զօրութեամբ բանակեալ ի վերայ նորա՝ եւ լցեալ զլայնատարած դաշտն նորա եւ արգելեաց ի քաղաքն զզօրապետն Պարսից հանդերձ զօրօքն իւրովք՝ զԱղուսիանն եւ սաստիկ պատերազմաւ պաշարեաց զքաղաքն զամիսս տասն: Եւ լուեալ զայս ամենայն շրջակայ աշխարհն Պարսից՝ եւ մեծաւ հանդիսիւք գային պատերազմաւ ի վերայ Փռանգ զօրացն. իսկ նոքա ամօթով դարձուցանէին զամենայն թշնամիսն իւրեանց: Եւ յայսմ աւուրքս եղեւ ժողով այլազգեացն. Դմիշգ եւ ամենայն Ափրիկեցիքն հանդերձ ամենայն ծովեզերօքն յԵրուսաղէմ եւ յամենայն սահմանակիցք Մսրայ, Հալպ եւ Հէմս, մինչեւ ի մեծ գետն Եփրատ՝ եւ խաղային անթիւ եւ անհամար բազմութեամբ ի վերայ զօրացն Փռանգին: Եւ յորժամ լուան զգալն այլազգեացն, վառեցին զզօրս իւրեանց եւ ելան ընդդէմ նոցա: Եւ Պեմունդն էր այր քաջ եւ պատերազմող, եւ Ջընճիլն. եւ իբրեւ զառիւծ յարձակեցան տասն հազարով ի վերայ տասն բիւրուց ի սահմանս Անտիոքայ եւ ահագին յաղթութեամբ դարձուցին ի փախուստ եւ արարին սաստիկ կոտորածս զզօրսն Պարսից:

MATTHEW OF EDESSA'S CHRONICLE

The Frankish forces in their great multitude took to the road, going through the land of Bithynia and, with their vast army, passed through the borders of Cappadocia, reaching the difficult places in the Taurus Mountains. The multitude of the army went through the narrow passes and came through Cilicia. They passed through Trovarda, which is Anazarbus, and reached the city of Antioch. This enormous force encamped opposite it and filled its broad plain, confining in the city Yaghi-Siyan, military commander of the Persians and his troops. With fierce fighting [the Franks] besieged the city for ten months. When this was known by the Persians of the neighboring lands, they came to war against the Frankish troops, with great preparation. However, the latter put all their enemies to shameful flight. In these days the foreigners held a muster. Coming in a countless multitude against the troops of the Franks were Damascus, all the Africans together with all the coastal areas to Jerusalem, and all the adjacent areas of Egypt, Aleppo, Homs, as far as the great Euphrates River. When [the Franks] learned about the coming of the foreigners, they encouraged their troops and arose against them. Bohemond, a brave and martial man, and Saint Gilles were like lions—with 10,000 [men] they attacked 100,000 in the borders of Antioch. In massive triumph they put to flight and severely killed the Persian troops.

92. Դարձեալ ամիրայն Սուքման որդին Արդուխին, այր քաջ եւ պատերազմող, եւ տէրն Դմշկայ, որք էին ամիրայք մեծամեծք եւ փառաւորք, արարին ժողովս Թուրք զօրացն Մուսլ եւ ամենայն աշխարհին Բաբելացւոցն իբրեւ բիւրս երիս՝ եւ գային ի վերայ Փռանգ բանակին: Յայնժամ մեծ տունկն Կոնդոփրէ եւթն հազարով գնացին ընդդէմ այլազգեացն ի սահմանս Հալպայ եւ արարին սաստիկ պատերազմ: Իսկ ամիրայն Դմշկայ, որ ասի Տուղտիկին, ի դիմի հարաւ Կոնդոփրէի առն քաջի եւ թռոյց զնա ի ձիոյն, բայց զգեստն երկաթեղէն ոչ կարաց պատառել, եւ գնաց անվնաս: Եւ յայնժամ զզօրսն այլազգեացն դարձուցին ի փախուստ եւ զհետ մտեալ զօրացն Փռանգաց եւ սուր ի գործ արկեալ՝ արարին զայլազգիսն փախստականս եւ դարձաւ մեծաւ յաղթութեամբ ի բանակն իւրեանց: Իսկ ի բազմութենէ զօրացն վտանգ հասանէր զօրացն ի հացէ եւ նեղէին ի կերակրոց, եւ յայնժամ իշխանքն, որ կային բնակեալ ի Տօրոս լեառն, Կոստանդին որդին Ռուբինայ, եւ երկրորդ իշխանն Բազունի, եւ երրորդ իշխանն Օշինն, սոքա զամենայն կարիս կերակրոյ առաքէին առ զօրապետն Փռանգաց. նոյնպէս եւ վանորայքն Սեւ լերինն կերակրոք օգնէին նոցա, եւ ամենայն ազգք հաւատացելոցն բարեկամութիւն ցուցանէին առ նոսա: Եւ յայնժամ առ ի չգոյէ կերակրոյ՝ մահ եւ ցաւ անկաւ ի բանակն Փռանգաց, որ ի հինգ մասէն մի մասն պակասեալ լինէր եւ այլն ամենայն կային մեծաւ պանդխտութեամբ. բայց ողորմութիւնն Աստուծոյ ոչ ի բացեայ թողոյր զնոսա, այլ հովուէր հայրախնամ սիրով որպէս զբանակն որդւոցն Իսրայէլի յանապատին:

Յայսմ ամի եղանէր աստղ մի գիսաւոր յարեւմուտս կոյս ի յարեգի ամիս, եւ ագին նորա նուազ ցուցանէր զլոյսն իւր. եւ կացեալ նորա զաւուրս տասն եւ հինգ՝ եւ լինէր աներեւոյթ տեսողացն:

92. Now it came about that Emir Suqman, son of Artuq, a brave and martial man, together with the lord of Damascus, both glorious grandee emirs, gathered the Turkish troops of Mosul and of the entire land of the Babylonians, some 30,000 [men] and came against the Frankish army. The great Duke Godfrey with 7,000 [troops] went against the foreigners in the borders of Aleppo and waged intense warfare. The emir of Damascus, who was named Tugh-Tegin went opposite Godfrey, that brave man, and unhorsed him. But [Tugh-Tegin] was unable to puncture the iron mail [armor], and [Godfrey] departed unharmed. At that point [the Franks] put the foreigners to flight and then the Franks pursued, putting their swords to work. They put the foreigners to flight and returned to their own camp with great triumph. Now due to the multitude of troops, danger came upon them from a lack of bread and food. However, the princes who dwelled in the Taurus Mountains— Kostand, son of Ruben, the second prince, Bazuni, and the third prince, O'shin—sent to the military commander of the Franks all the victuals needed. Similarly, the monks on Black Mountain helped them with food, while all the nations of believers showed them friendship. Despite this, due to the [continued] lack of [sufficient] food, death and affliction descended on the army of Franks. One in five of them perished, and the rest felt themselves in exile. However, the mercy of God did not abandon them, but rather shepherded them with a father's love, like [He helped] the army of the sons of Israel in the desert.

In this year a comet arose in the western part [of the sky] in the month of Areg, its tail casting little light. It remained for 15 days and then became invisible.

Յայսմ ամի լինէր նշան ահաւոր եւ զարմանալի յերկինս ի կողմն հիւսիսոյ, որ ոչ ոք ետես այնպիսի սքանչելի նշան. ի յամսեանն մարերի բորբոքեցաւ երեսք երկնից ի բոց հրոյ եւ կարմրացաւ սաստկապէս ի պարզոյ եւ բլուր բլուր կապեցաւ երկինքն եւ բորբոքեալ լինէր ի գոյնս. եւ սահեալ ելանէր դիմօք յարեւելս եւ դիզացեալ եղեւ մասն մասն եւ ծածկեաց զմեծ մասն երկնից, եւ գունովն յոյժ կարմիր եւ զարմանալի, եւ հասանէր ի կամարն երկնից: Եւ ծանուցեալ զայս իմաստնոց եւ հանճարեղացն՝ եւ ասէին, թէ այս նշան է արեան հեղութեան. որ եւ եղեւ այնպիսի չար կոտորածք եւ արհաւիրք, զոր զսակաւն գրեցաք յայս մատենագրութիւնս:

Եւ եղեւ այս ինչ ի թուականութեանս Հայոց ՇԽԷ եկեալ կոմս մի անուն Պաղտին եւ հարիւր ձիաւորով էառ զքաղաքն, որ կոչի Թլպաշար: Եւ լուեալ զայս իշխանն Հոռոմոց Թորոս, որ էր ի քաղաքն Ուռհա, եւ լցեալ եղեւ մեծաւ ուրախութեամբ եւ առաքեաց առ կոմսն Փռանգաց ի Թլպաշար եւ կոչէր զնա առ ինքն յօգնութիւն իւր ընդդէմ թշնամեաց իւրոց՝ վասն նեղութեանցն, որ ունէր ի մօտաւոր ամիրայացն: Եւ եկեալ կոմսն Պաղտին ի յՈւռհա վաթսուն ձիաւորով, եւ ելին բազմութիւն քաղաքին ընդդէմ նորա եւ մեծաւ ուրախութեամբ արկանէին զնա ի քաղաքն, եւ եղեւ ուրախութիւն ամենայն հաւատացելոց. եւ արար կուրապաղատն Թորոս բազում սէր եւ տուրս կոմսին եւ հաստատեաց միաբանութիւն ընդ նմա:

In this year an awesome and astonishing sign appeared in the northern part of the sky. No one, previously, had seen such a wondrous omen. For in the month of Mareri the face of the Heavens blazed, flaring up with fire and, from its [normal] transparency [the sky] turned an intense red. The firmament clumped itself into hills and blazed with color. They arose and glided across the face of the Heavens going east, and accumulated here and there, [eventually] covering the greater part of the sky. An extremely red and astonishing color reached up to the vault of the firmament. Wise and clever people, when they became acquainted with this, said: "It is an omen of bloodshed." And, indeed, there were wicked killings and disasters [about to take place], which we shall briefly describe in this book of ours.

Now it happened in 547 of the Armenian Era [A.D. 1098] that a count named Baldwin came with 100 horsemen and captured the city named Tell Bashar. When the Byzantine prince T'oros, who was in the city of Edessa, heard about this, he was filled with great joy. He sent to the count of the Franks in Tell Bashar and called him to help him against his enemies, the nearby emirs, who were harassing him. Count Baldwin came to Edessa with 60 cavalry. The multitude of the city arose, went before him, and, with great delight, led him inside the city. All the faithful rejoiced. Curopalate T'oros established great friendship and alliance with him and gave him many gifts.

Եւ եկեալ իշխանն Հայոց ի Կառկռայ, որ ասի Կոստանդին, եւ զկնի սակաւ աւուրց հանէ զնոսա կուրապաղատն ի պատերազմ ի վերայ Սամուսատայ ի վերայ Պալտուխ ամիրային, եւ զօրք քաղաքին զհետ Փռանգին եւ ամենայն զօրք գաւառին հետեւակք. եւ գնացին ի Սամուսատ բազում զօրօք եւ արարին ալափ զդրուց շէնն, եւ Թուրքն ոչ համարձակեցաւ ելանել ի պատերազմ: Յայնժամ միաբան յալափ մտեալ ամենայն զօրք քրիստոնէիցն. եւ տեսեալ զօրացն Թուրքաց՝ ելեալ երեք հարիւր ձիաւոր ի վերայ նոցա եւ յաղթեցին ամենայն զօրացն եւ արարին զՓռանգն փախստական եւ զամենայն գաւառացիքն. եւ ի Սամուսատայ մինչեւ ի Թիլն եղեւ սաստիկ կոտորած իբրեւ արս հազար: Եւ Կոստանդին եւ կոմսն համան ի քաղաքն յՈւռհա առ Թորոս կուրապաղատն, եւ այս եղեւ յերկրորդ շաբաթի աղուհացիցն:

93. Իսկ յորժամ եկն կոմս Պաղտինն ի յՈւռհա, յայնժամ յարեան արք նենգաւորք եւ չարախորհուրդք եւ արարին միաբանութիւն ընդ կոմսն, վասն զի սպանցեն զԹորոս կուրապաղատն՝ զորս ոչ վայել էր գործոց երախտեաց նորա, վասն զի ի ձեռն հանճարեղ իմաստութեան նորա եւ արուեստաւոր հնարաւորութեան եւ բուռն զօրութեան եղեւ ազատեալ Ուռհա ի հարկատրութենէ եւ ի ծառայութենէ չար եւ դառնացեալ ազգին Տաճկաց: Իսկ յայսմ աւուրքս արք քառասունք եղեն միաբանեալք ի խորհուրդն Յուղայի եւ ի գիշերի գնացին առ կոմսն Պաղտին, այն՝ որ էր եղբայր Կոնդոփրէի կոմսին, եւ միաբանեցին զնա ի չար խորհուրդս իւրեանց եւ խոստացան տալ զՈւռհա ի ձեռս նորա, եւ նա հաւանեցաւ չար խորհրդոց նոցա:

Then there came the prince of the Armenians from Gargar, who was called Kostandin, and, after a few days, the curopalate [T'oros] took them to fight against Emir Baldukh in Samosata. Troops from the city accompanied the Franks, and all the district's troops went as infantry. They went to Samosata with many troops and looted the buildings outside the gates, while the Turks did not dare to come out to fight. Then all the Christian troops, unitedly, began to loot everything. Now when the Turks saw that, 300 of their cavalry arose against them, defeating all the troops, and putting to flight the Franks and all the district troops. From Samosata to Tell [Tell Hamdun] there was a severe slaughter of some 1,000 men. Kostand and the count reached Curopalate T'oros in the city of Edessa. This occurred during the second week of Lent.

93. Now it came about that when Count Baldwin arrived at Edessa, some treacherous and malicious men united with the count to slay Curopalate T'oros. This was something not commensurate with his meritorious deeds—since it was due to his astuteness, inventiveness, and native strength that Edessa had been freed from taxation and service to the wicked and embittered nation of Tachiks. And so it happened during these days that 40 men joined together in a Judas-like plot. During the night they went to Count Baldwin, who was the brother of Count Godfrey, and joined him to their evil scheme, promising to give Edessa into his hands. He approved of their wicked conspiracy. They also got to join them the prince of the Armenians, Kostand.

Միաբանեցուցին զիշխանն Հայոց զԿոստանդին եւ ի հինգերորդումն շաբաթու աղուհացիցն շարժեցին զամենայն բազմութիւն քաղաքին ի վերայ կուրապաղատին Թորոսի. եւ յաւուր կիւրակէի արարին ալափ զամենայն տունն իշխանաց նորա եւ առին զվերին կլայն. եւ յաւուր երկուշաբաթին արարին ժողով ի ներքին կլային վերայ, ուր ինքն էր, եւ սաստկապէս պատերազմէին ի վերայ նորա. եւ նորա անճարեալ խնդրեաց երդումն ի նոցանէ, զի մի՛ մեռիցեն նմա, եւ նա տացէ զկլայն եւ զքաղաքն ի նոսա, եւ ինքն եւ կին իւր գնասցեն ի քաղաքն Մելտենի: Եւ հանեալ առ նոսա զՎարագայ սուրբ Նշանն եւ զՄաքենեացն՝ եւ նոքօք երդուաւ կոմսն ի մէջ սրբոյ եկեղեցւոյն Առաքելոցն՝ ոչ մեռանչել նմա. երդուաւ եւ ի հրեշտակսն եւ ի հրեշտակապետսն եւ ի մարգարէսն եւ ի նահապետսն եւ ի սուրբ առաքեալսն եւ ի սուրբ հայրապետսն եւ ի դասս ամենայն մարտիրոսաց, զոր թղթով գրեալ էր Թորոսի առ կոմսն. եւ նորա երդուեալ այս ամենայն սրբովքս: Յայնժամ Թորոս տայր զկլայն ի ձեռս նորա՝ եւ Պաղտին եւ այլ իշխանք քաղաքին մտան ի կլայն. եւ յաւուր երեքշաբաթուն ի տօնի սուրբ Քառասնիցն արարին քաղաքացիքն սաստիկ ժողով ի վերայ նորա եւ սրօք եւ բրօք կանխեալ ընկեցին զնա ի պարսպէն ի մէջ բազմամբոխ խուխային եւ առհասարակ դիմեալ միաբան ի վերայ նորա եւ չարաչար մահուամբ եւ բազմախոց սուսերօք սպանանէին զնա. եւ արարին մեղս մեծամեծս առաջի Աստուծոյ՝ եւ պարան կապեցին յոտս նորա եւ խայտառականօք քարշէին զնա ընդ քաղաքամէջսն. եւ յայսմ աւուր ուրացան զերդումն, զոր եդին. եւ յետ այսորիկ տան զՈւռհա ի ձեռս Պաղտին կոմսին:

During the fifth week of Lent they motivated the entire multitude of the city against *Curopalate* T'oros. On Sunday they looted all the homes of his princes and seized the upper citadel. On Monday they assembled at the inner citadel where [T'oros] was, and ferociously battled against him. Then he quickly sought an oath [of security] from them, that they would not blame him and [in return] he would give over to them the citadel and the city, while he and his wife would depart to the city of Melitene. Then the count [acquiesced], displaying before them the Holy Cross of Varag and of Mak'enik' and, swearing by them in the blessed Church of the Apostles that he would not blame him, [Count Baldwin] also swore by the angels, the archangels, the prophets, the chiefs, by the blessed apostles, the holy patriarchs, and the ranks of all the martyrs—which vows were written in a letter from the count to T'oros. [Baldwin] swore to all this by the saints, and then T'oros gave the citadel to him and Baldwin and the other princes of the city entered the citadel. On Tuesday, on the feast day of the Holy *K'ar'asunk'*, the citizens held a violent gathering against him and, with swords and clubs, threw him down from the walls into a tumultuous mob which, unitedly, set upon him and put him to a wicked death, stabbed repeatedly by their swords. They committed a very grave sin before God. They tied a rope around his feet and dragged him through the midst of the city with insults. On that day they violated the oath they had sworn. After this they gave Edessa to Count Baldwin.

Յայսմ ամի գայ բազում զօրօք ասպասալարն Պարկիարուխին՝ Պարսից սուլտանին, որ ասի Կուրապաղատ, գայր խաղայր ահագին բազմութեամբ յարուցանել պատերազմ ընդ զօրսն Փռանգաց եւ եկեալ բանակեցաւ ի դուռն Ուռհայոյ. եւ կացեալ բազում զօրօք մինչեւ յաւուրս հնձոցն եւ կերեալ զամենայն արտորայսն՝ եւ յարուցանէր պատերազմ ի վերայ քաղաքին, եւ եղեւ ժողով բազմութեան զօրաց առ նա: Եւ զկնի քառասուն աւուր գայր առ Կուրապաղատն որդին Աղուսիանին Անտիոքայ ամիրային եւ անկեալ յոտքն Կուրապաղատին եւ աղաչէր գալ օգնել նոցա. եւ պատմեաց նմա վասն Փռանգ բանակին, եթէ սակաւ է եւ սովաբեկ:

Եւ ահա յայսմ ամի շարժեալ եղեւ ամենայն Խորասան յարեւելից մինչեւ ի մուտս արեւու ի Մարայ մինչեւ ի Բաբելոն, եւ Յունաց եւ յարեւելից կողմ աշխարհին, Դմիշկ եւ ամենայն ծովեզերեայք եւ յԵրուսաղէմայ մինչեւ յանապատն ժողովեցան բիւրք ութսուն, եւ հետեւակ բիւրք երեսուն. գընայր խաղայր խրոխտալով եւ լցեալ զդաշտս եւ զբարձունս՝ եւ ահաւոր հպարտութեամբ հասանէր ի վերայ Փըռանգ զօրացն ի դուռն Անտիոքայ: Եւ Աստուած ոչ կամեցաւ կորուսանել զսակաւ զօրսն քրիստոնէից, այլ հովուեալ պահէր զնոսա որպէս զբանակս որդւոցն Իսրայէլի:

Արդ մինչդեռ ի բացեայ էին զօրք այլազգեացն, մի ոմն յիշխանաց քաղաքին հանեալ ի գիշերի մարդ առ Պեմունդն եւ առ այլ իշխանսն Փռանգացն՝ եւ խնդրեաց իւր հայրենիք. եւ առեալ ի նոցանէ երդումն՝ եւ գաղտաբար ի գիշերի տայր զԱնտիոք քաղաքն ի ձեռս Պեմնդին. եւ բացեալ ի պարիսպն զկլայ էած դուռն, եւ ամենայն բանակն Փռանգաց մտին ի քաղաքն Անտիոք. եւ ընդ առաւօտն միաբան հնչեցուցին զփող եղջերացն ամենայն զօրքն:

In this year the spasalar of the Persian sultan Berk-Yaruq, who was named Kurapaghat [Kerbogha, the emir of Mosul], came with many troops. Advancing with an enormous multitude to make war against the troops of the Franks, he came and camped at the gates of Edessa. He remained there with numerous soldiers until harvest time, eating up all the produce and making war against the city. A multitude of troops massed by him. Forty days later, there came to Kerbogha the son of Yaghi-Siyan, emir of Antioch who, falling at Kerbogha's feet, begged him to come to help them. He told [Kerbogha] about the [condition of the] Frankish army, how it was few in number and starving.

Indeed, it was in this very year [that aid was sent], as all Khorasan in the East, to Media and Babylon in the West, went on the move. [This included] Byzantium and the Eastern areas of the land, Damascus and all the sea coast and Egypt as far as the desert. There assembled 800,000 [cavalry] and 300,000 infantry which went along boastfully, filling up the plains and the heights. With frightful boldness did they advance upon the Frankish troops at the gates of Antioch. Yet God did not want to destroy the few Christian troops. Instead, He shepherded and preserved them as [He protected] the army of the children of Israel.

And so it came about that while the troops of the foreigners were out in the open, a certain one of the princes of the city during the nighttime sent a man to Bohemond and to the other Frankish princes requesting [that he take over] his patrimony. Taking an oath from them, [this prince] secretly, at night, gave the city of Antioch into Bohemond's hands. Opening the citadel gates, the entire army of the Franks entered. At dawn, in unison, all the troops blew their [battle] horns.

Եւ լուեալ զայս այլազգիքն ամենայն՝ եղեն գումարեալք եւ ոչ գիտէին փախչել ի յահէն. եւ սուր ի գործ արկեալ զօրքն Փռանգաց՝ արարին սաստիկ կոտորածս զնոսա. եւ ամիրայն Աղուսիանն փախեաւ ի քաղաքէն եւ սպանաւ ի գեղացեացն՝ մանգաղաւ հատեալ զգլուխ նորա։ Եւ արդ այսպիսի օրինակաւ առաւ քաղաքն Անտիոք, զորս ի Հայոց ազգէն առեալ եղեւ։ Իսկ մնացեալ այլազգիքն ժողովեալ եղեն ի կլայն եւ տային պատերազմ ընդ զօրսն Փռանգաց։ Եւ զկնի երեք աւուրց հասանէր բանակն Պարսից զօրացն եւ ելից զբանակն Փռանգին ութնապատիկ, եւ արարեալ սաստիկ խսար ի վերայ Փռանգին՝ եւ նեղէին զնոսա. եւ բազում վտանգ հասանէր նոցա ի սովոյ, վասն զի յառաջագոյն հացն հատեալ էր ի քաղաքէն. եւ անճարեցան առաւել քան զառաւել եւ խորհեցան առնուլ երդումն ի Կուրապաղատէն եւ տալ զքաղաքն ի ձեռս նորա՝ եւ ինքեանք գնասցեն ի յաշխարհն Փռանգաց։

94. Եւ տեսեալ Աստուծոյ զմեծ վտանգն, որ կայր առ նոսա, գթացաւ ի նոսա եւ ողորմեցաւ նոցա. եւ երեւեցաւ ի գիշերի տեսիլ մեծ առ նոսա. եւ ահա երեւեցաւ ի գիշերի սուրբ առաքեալն Պետրոս Փռանգի միոջ աստուածապաշտի եւ ասէր, եթէ «Ի ձախակողմ եկեղեցւոյդ կայ ի պահեստի զէնն, որով Քրիստոս ի հրէիցն էառ զխոցումն ի յանապատ ի կողսն իւր՝ ի յանուաստուած ազգէն Հրէիցն, ահա կայ առաջի խորանին. հանէք զնա, եւ նովաւ ելէք ի պատերազմ, եւ նովաւ յաղթէք թշնամեացն ձերոց, որպէս եւ Քրիստոս սատանայի»։ Եւ այսպիսի օրինակաւ երկրորդ եւ երրորդ երեւեալ նշանն, եւ պատմեցին Կոնդոփրէին եւ Պեմնդին եւ ամենայն իշխանացն. եւ սկիզբն արարին աղօթից եւ ի նշանացեալ տեղին բացեալ՝ եւ գտանէին զզէնն Քրիստոսի յեկեղեցին, որ կոչի սուրբ Պետրոս։

When all the troops of the foreigners heard that, they were massed but, from fright, did not know [what to do, whether or not] to flee. The Franks put their swords to work and made a severe slaughter of them. Emir Yaghi-Siyan fled the city and was slain by peasants [who] cut off his head with a sickle. In this fashion they took the city of Antioch, which was taken from the Armenian people. Meanwhile, the remaining foreigners gathered in the citadel and fought with the Franks. Three days later the army of the Persians arrived. It was more than seven times the size of the Franks' army. They made a fierce assault on the Franks and harassed them. Then great danger of famine descended upon them because, previously, bread had been cut off from the city. With no choice, they thought to obtain an oath [of safe-keeping] from Kerbogha—to give the city to him and they would go [back] to the land of the Franks.

94. When God saw the great danger, He did not give [Antioch] into the hands [of the foreigners]. [He] pitied and had mercy on them. He appeared to them at night in a great vision. Behold, the blessed Apostle Peter appeared to a pious Frank during the nighttime and said: "On the left-hand side of this church [you will find secured] in a reliquary the weapon by which Christ's undefiled side was pierced by the godless Jewish people. It is [buried] right in front of the altar. Retrieve it, and go into battle with it, and through it you shall defeat your enemies, as Christ [defeated] Satan." The same vision was repeated a second and a third time, and they told of it to Godfrey, Bohemond, and all the princes. They started praying and then opened the place which had been indicated [in the vision] and came upon the Lance of Christ in the church named [after] Saint Peter.

VOLUME II

Եւ յայսմ ժամու գայր պատգամաւոր ի բանակէն այլազգեաց եւ խնդրէին պատերազմ, եւ զօրքն Փռանգաց կային ի մեծ ուրախութեան: Յայնժամ պատուիրեաց Պեմունդն եւ այլ իշխանքն ի Կուրապաղայ եւ ասեն, եթէ՝ Ահա առ վաղիւն ելցուք ի պատերազմ ընդ ձեզ: Եւ էր զօրք Փռանգացն սակաւացեալ. եւ կազմեաց Պեմունդն զճակատ պատերազմին իւրեանց հնգետասան հազար եւ հետեւակ զօրս հնգետասան բիւրս եւ սօքօք ելեալ ի պատերազմ՝ ունելով զզէնն Քրիստոսի առաջի իւրեանց, եւ բարձեալ տանէին զնա: Իսկ զօրք այլազգեացն առհասարակ լցին զլայնատարած դաշտն հնգետասան կարգով մի առ միով: Եւ եկեալ Զնճիլն եւ կանգնեաց զզէնն Քրիստոսի ընդդէմ նշանակացն Կուրապաղատին. եւ Կուրապաղատն կայր ընդդէմ նոցա՝ դիզացեալ որպէս զլեառն անհամար զօրօք. եւ զձախոյ թեւն առեալ առիւծադէմն Տանգրի, եւ զաջոյ թեւն առեալ ունէր Որմնդաց կոմսն Ռոպերթն, եւ Կոնդոփրէ եւ Պեմունդն կային ընդդէմ անհամար զօրացն Թուրքաց բանակին: Եւ յայնժամ զԱստուած օգնական կարդային անձանց իւրեանց եւ միաբան որպէս զհուր, որ ցոլանայ յերկնից եւ այրէ զլերինս, այսպիսի օրինակաւ զօրքն քրիստոնեականացն հեղան ի վերայ այլազգեացն եւ առ հասարակ զամենայն բանակն ի փախուստ դարձուցին. եւ մեծաւ սրտմտութեամբ եւ սաստիկ կոտորածով վարեցան զհետ այլազգեացն զմեծ մասն աւուրն, եւ արբեցան սուրք նոցա յարենէ այլազգեացն, եւ լցաւ ամենայն դաշտն դիակամբք. իսկ զաստուածասաստ բարկութիւնն արկին վերայ հետեւակ զօրացն, վասն զի հրով այրեցին զնոսա բիւրս երեսուն, որ եւ հոտեցաւ երկիրն. եւ բազում աւարաւ եւ գերութեամբ եւ մեծաւ ուրախութեամբ դարձաւ զօրքն Փռանգաց ի քաղաքն Անտիոք. եւ էր օրն այն օր մեծ ուրախութեան հաւատացելոցն Քրիստոսի:

MATTHEW OF EDESSA'S CHRONICLE

At the same time, a messenger came from the army of the foreigners, demanding battle. The troops of the Franks were delighted. Then Bohemond and the other princes replied to Kerbogha, saying: "Tomorrow at daybreak we will arise to fight you." Now [by this time] the troops of the Franks had become depleted. Bohemond arranged their battle fronts with 15,000 cavalry and 150,000 infantry. With them he arose to battle, having the Lance of Christ led before them, on high. The troops of foreigners completely filled the broad plain, fifteen ranks deep. [The crusader] Saint Gilles came and erected the Lance of Christ across from Kerbogha's standards. Kerbogha was there with his innumerable troops, like a mountain. The lion-visaged Tancred led the left wing; the right wing was led by Count Robert of Normandy; while Godfrey and Bohemond faced the countless troops of the army of the Turks. Calling upon God to help them, together, like a fire which falls from the sky and burns the mountains, the troops of the Christians poured down upon the foreigners and put the entire army to flight. With great anger and severe slaughter they pursued the foreigners for the greater part of the day. Their swords drank the blood of those foreigners, while the entire plain was filled with their corpses. [The Franks] subjected the infantry troops to Divine anger, burning 30,000 of them, and the entire country reeked from this. With great joy, the troops of the Franks returned to the city of Antioch with much loot and captives. That was one day of great happiness for the believers in Christ.

95. Յայսմ ամի դարձեալ երկրորդ նշան եղեւ յերկինս ի կողմն հիւսիսոյ. եւ զչորրորդ ժամ գիշերոյն հրով բորբոքեալ լինէր երկինքն առաւել քան զառաջինն. եւ եղեւ ի գոյն սաստիկ կարմրութեան յերեկորէն սկիզբն արարեալ մինչեւ ցչորրորդ ժամ գիշերոյն, զոր ոչ ոք երբէք ետես այնպիսի նշան ահաւոր, եւ ծառացեալ բարձրանալով եւ երակելից զերեսս հիւսիսոյ մինչեւ ի գագաթն երկնից, եւ ամենայն աստեղքն եղեն ի գոյն հրոյ. եւ ահա նշանս այս նշան էր բարկութեան եւ կատարածի:

Դարձեալ եղեւ ի թուականութեանն Հայոց ՇԽԸ եղեւ խաւարումն լուսինն ըստ գնացից սովորութեանն իւրոյ՝ եւ լինէր ի գոյն արեան սաստիկ գունով եւ յառաջին պահէն մինչեւ ի չորրորդ ժամն. եւ դարձեալ լինէր ի գոյն սեւութեան, եւ երեւեալ լինէր տեսողացն թէ ի գոյնս արեան իցէ. եւ ի սաստկութենէ սեւութեանն մթանայր ամենայն արարածք. եւ զայս ասացին հանճարեղքն՝ եթէ լինելոց է արեան հեղութիւն ի յազգէն Պարսից ըստ ցուցման լուսնին ի վերայ նոցա՝ ըստ գրոյ ազգին իւրեանց:

Յայսմ ամի խաղայր գնայր բանակն Փռանգաց ի վերայ սուրբ քաղաքին Երուսաղէմի, վասն զի կատարեսցի մարգարէութիւն Ներսեսի Հայոց հայրապետի որ ասաց՝ եթէ «Ի յազգէն Փռանգաց լիցի փրկութիւն Երուսաղէմի, եւ դարձեալ վասն մեղաց անկցի ի ձեռս այլազգեաց»:

95. In this year, for the second time, an omen appeared in the northern part of the sky. In the fourth hour of the night, the sky was enflamed—more than the previous time. It turned an intense red color. This began in the evening and continued through the fourth hour of the night, and it was an awesome omen never seen before. [The color] rose up like a tree with veins [of color] filling up the northern part and ascending to the heights of the firmament, while all the stars took on the color of flame. Behold such is an omen of [coming] anger and destruction.

In the year 548 of the Armenian Era [A.D. 1099-1100] a normal eclipse of the moon occurred, which [also] had that intense red hue and which lasted from the first watch until the fourth hour. Then it turned a black color while viewers also could see the bloody red [background]. Because of the intensity of the blackness, all creation was darkened. Savants said that there would be bloodshed from the Persian nation, as the moon above them showed, according to their books.

In this year the army of the Franks went against the holy city of Jerusalem, in fulfillment of the prophecy of Nerse's, the Armenian patriarch [A.D. 353-373], who had said: "The salvation of Jerusalem will come from the nation of the Franks, yet due to their sins it once more will fall into the hands of foreigners."

Եւ եղեւ յորժամ ելան նոքա ի ճանապարհ, գային զօրք այլազգեացն ի վերայ նոցա ի պատերազմ, որպէս գայր Ամաղէկ ընդ առաջ որդւոցն Իսրայէլի: Եւ յորժամ հասան ի քաղաքն, որ կոչի Արկա, եղեւ անդ սաստիկ պատերազմ ընդ այլազգեացն, եւ յաղթեաց զօրքն Փռանգաց նոցա մեծաւ յաղթութեամբ. եւ գնաց խաղաղութեամբ բանակն Փռանգաց եւ հասաւ ի դուռն Երուսաղէմի եւ արար բազում պատերազմ: Եւ էր յայնժամ յԵրուսաղէմ Տէր Վահրամ հայրապետն Հայոց. եւ զօրք այլազգեացն կամեցան սպանանել զնա, եւ Տէր փրկեաց զնա ի ձեռաց նոցա: Իսկ յետ բազում պատերազմաց կանգնեցին փայտէ բերդս եւ տարան մօտ ի պարիսպ քաղաքին՝ եւ ուժգին բռնութեամբ եւ սրով եւ զօրութեամբ առին զսուրբ քաղաքն Երուսաղէմ: Եւ յայնժամ Կոնդոփրէ զթուրն Վեսպիանոսի կայսերն առեալ՝ եւ յարձակեցաւ ամենայն զօրութեամբ ի վերայ այլազգեացն եւ կոտորեաց ի տաճարն արս վաթսուն եւ հինգ հազար եւ ի քաղաքն զայլ բնակիչսն. եւ այսպիսի օրինակաւ առաւ սուրբ քաղաքն Երուսաղէմ, եւ ազատեցաւ գերեզմանն Քրիստոսի Աստուծոյ մերոյ ի հարկատրութենէն Տաճկաց:

Եւ արդ ահա Վեսպիանոսի թուրն այս երեք հետ եղեւ, որ կոտորեաց զԵրուսաղէմ յետ խաչելութեանն Տեառն:

MATTHEW OF EDESSA'S CHRONICLE

Now it happened that when they were en route, an army of foreigners came to war upon them—just as the Amalekites went before the children of Israel [in battle]. When [the crusaders] reached the city named Arqah, a fierce battle with the foreigners took place there, and the troops of the Franks defeated it in great triumph. The army of the Franks advanced peacefully and reached the gates of Jerusalem, where they engaged in many battles. At that time Lord Vahram, patriarch of the Armenians, was in Jerusalem. The troops of the foreigners wanted to kill him, but the Lord preserved him from their clutches. After much warfare, [the Franks] erected wooden towers and brought them close to the city walls. With great violence, the sword, and power, they captured the holy city of Jerusalem. It was then that Godfrey took the sword of Emperor Vespasian and attacked the foreigners with all his might, killing 65,000 of them in the Temple [al-Aqsa mosque], and [also killing] other residents of the city. In such a fashion was the holy city of Jerusalem taken and the Sepulcher of Christ our God freed from taxation to the *Tachiks*.

And behold, this was the third time since the crucifixion of the Lord that Vespasian's sword had broken Jerusalem.

VOLUME II

Յայամ ամի եղեւ սաստիկ ժողով յԵգիպտոսէ մինչեւ ի Սկիւթ, Նուպիք եւ մինչեւ ի սահմանս Հնդկաց՝ մինչեւ երեսուն բիւրս՝ եւ գան ամենայն պատրաստութեամբ ի վերայ Երուսաղէմի: Եւ լուեալ զօրք Փռանգացն՝ սաստնելով դողացան եւ ոչ համարձակեցան կալ ի քաղաքն, այլ յարուցեալ գնացին ընդդէմ նոցա ի պատերազմ, եւ զայս ունէին ի մտի, եթէ ոչ կարասցեն պատերազմել, դարձցին յաշխարհն իւրեանց. եւ մերձ ի համատարած ծովն հանդիպեցան միմեանց: Եւ թագաւորն Եգիպտոսի տեսեալ զգալ զօրացն Փռանգաց՝ եւ ձայն տուեալ զօրաց իւրոց՝ յարձակեցաւ ի պատերազմ: Իսկ զօրացն Փռանգաց դիմեցին առհասարակ ի պատերազմ եւ կանգնեցին զճակատ պատերազմին. եւ յարձակեալ զօրացն Փռանգաց ի վերայ զօրացն Եգիպտացւոցն, եւ դարձան առհասարակ ի փախուստ. եւ ոչ եթէ նոքա էին, որ պատերազմէին, այլ Աստուած էր, որ փոխանակ նոցա պատերզամէր ընդ Եգիպտացիքն, որպէս առ Փարաւոն առ Կարմիր ծովուն արար որդւոցն Իսրայէլի: Իսկ ի սաստկանալ պատերազմին իբրեւ արս հարիւր հազարս արկին ի ծովն, եւ անդ սատակեցան, եւ զայլսն կոտորելով արարին փախստականս. եւ դարձաւ զօրքն Փռանգաց մեծաւ յաղթութեամբ եւ բազում աւարաւ ի քաղաքն Երուսաղէմ:

MATTHEW OF EDESSA'S CHRONICLE

In this year there took place an enormous assembly [of troops]—from Egypt to Scythia [*Scythiaca regio*, southwest of Alexandria], [including] Nubians and [extending] as far as the borders of the Indians—some 300,000 of them came against Jerusalem in great preparedness. When the troops of the Franks learned about this they shook with fear and did not dare to remain [to be trapped] in the city. Rather, they arose and went against them in battle. Here is what they had in mind: if they were not able to fight, they would return to their own land. The two [antagonists] encountered each other close to the broad [Mediterranean] Sea. When the king [Fatimid ruler] of Egypt saw the Frankish troops coming, he signaled to his troops and attacked. The Frankish forces all turned to the battle at hand and assumed battle formation. When the troops of the Franks attacked the Egyptian troops, the latter turned and fled en masse. For it was not [the Franks] who were making war, but God fighting against the Egyptians in their place—just as [God fought against] Pharaoh at the Red Sea, [protecting] the children of Israel. As the battle intensified, some 100,000 men were thrown into the sea and perished there, while others were slain as they fled. The troops of the Franks returned to the city of Jerusalem with great triumph and much booty.

96. Յայսմ ամի զօրաժողով արար Գրիգոր կուրապաղատն արեւելից, եղբայր Տեառն Բարսղի Հայոց կաթողիկոսի. սորա գնացեալ ի վերայ Թուրք բանակին ի գաւառն Աշորնիս, վասն զի էր այր քաջ եւ հզօր պատերազմող. գնացեալ զօրօքն իւրովք ի գեւղն, որ ասի Կաղեղուան, եւ հասեալ ի վերայ Թուրքին՝ եւ պատերազմաւ հարեալ զնոսա՝ եւ արար հալածականս եւ զբազումս ի նոցանէ սրով սատակեաց, եւ դարձեալ գնալով ի քաղաքն Անի: Յայնժամ մի ոմն ի դարանի կայր ի Թուրք զօրացն ընդ ծառով միով, եւ գաղտ նետիւ հարեալ զնա ի բերանն, եւ ի սաստիկ խոցոյն ի յերկիր անկեալ աւանդեաց զհոգին, եւ եղեւ սուգ մեծ Շիրակայ եւ ամենայն տանն Հայոց. արդ այսպիսի օրինակաւ մեռաւ քաջ զօրականն եւ մեծ հաւատացեալն Գրիգոր որդի Վասակայ, որդի Ապիրատին՝ որդւոյ Հասանայ, յազգէ քաջանց եւ ի պատերազմող զօրականաց, յազգէ Պալհաւունեաց:

Յայսմ ամի դարձաւ Ջնճիլ կոմսն եւ գնաց ի Փռանգ եւ տարաւ զզէնն Քրիստոսի, զոր գտին յԱնտիոք, եւ ետ Ալէքսին Հոռոմց թագաւորին, եւ ինքն գնաց ի Փռանգ:

Յայսմ ամի մեռաւ մեծ իշխանն Հայոց Կոստանդին՝ որդին Ռուբենայ, եւ մնաց իւր երկու որդի՝ Թորոս եւ Լեւոն: Սորա տիրեալ էր բազում քաղաքաց եւ գաւառաց եւ ըմբռնեալ ունէր զմեծ մասն Տօրոս լերինն, զոր առեալ քաջութեամբ իւրով ի զօրացն Պարսից. սա էր ի զօրացն Գագկայ Բագրատունւոյ՝ որդւոյ Աշոտոյ. սա մեռանէր յայսմ ժամանակիս. եւ եղեւ այս ինչ նշան ի տան նորա՝ վասն մահու նորա. եւ եղեւ ի միում աւուր մինչ կենդանի էր, լինէր ցնլումն հրոյ կայծականց, եւ ի բերդն, որ ասի Վահկայ, հարեալ կայծակն եւ ի սպասաւորաց տանն զարկեալ եւ զարծաթի սկուտեղքն զմին կողմն տարաւ ի ներքոյ հինգ սկուտեղան. եւ իմաստունքն ասացին, եթէ այս է վերջին տարին Կոստանդէի. եւ ի նմին ամին մեռանէր եւ թաղեցաւ ի վանքն, որ կոչի Կաստաղօն:

96. In this year Grigor, the curopalate of the East, and brother of Lord Barsegh, Catholicos of the Armenians, massed troops and went against the Turkish army in the district of Ashornik'. He was a brave man and a mighty warrior. Going with his troops to the village called Kagheghuan and reaching the Turks, he beat them in battle and put them to flight, killing many of them with the sword. He was returning to the city of Ani when someone from the Turkish forces, waiting in ambush in a tree, shot an arrow which struck him in the mouth. From the severity of the injury, [Grigor] fell from his horse and gave up the ghost. Then there was great mourning in Shirak and throughout the entire House of the Armenians. In such a fashion died the great military man and great believer [in Christ], Grigor, son of Vasak, son of Apirat, son of Hasan, from the line of brave and martial military men, from the Pahlawuni line.

In this year Count Saint Gilles went [back] to the Franks, taking the Lance of Christ that they had found in Antioch and which he gave to Alexius, emperor of the Byzantines. He himself went to the [country of the] Franks.

In this year there died the great prince of the Armenians, Kostandin, son of R'uben, leaving two sons: T'oros and Lewon. [Kostandin] had ruled over many cities and districts and also controlled most of the Taurus Mountains, which he had taken from the troops of the Persians by his own bravery. He had been of the troops of Gagik Bagratuni, son of Ashot. [Kostandin] died in this period, and there had been an omen in his House, foretelling his death. One day, when he was still alive, a flash of lightning struck the fortress named Vahka, hitting within the servants' residence some silver plates, and in one place penetrating through five of them. Savants said that this would be Kostandin's final year. Indeed, he died in this very year and was buried at the monastery called Kastagho'n.

Յայսմ ամի դարձեալ եղեւ երրորդ նշան հրակերպ յերկինս ի գոյն սաստիկ կարմրութեան. եւ կացեալ վեց ժամ գիշերոյն ի հիւսիսային կողմանէն՝ գնալով գնայր յարեւելս, եւ դարձաւ ի սեւութիւն. եւ ասացին զնշանս զայս՝ նշան արեան հեղութեան քրիստոնէից, որ եւ եղեւ իսկ: Եւ արդ յօրէ, յորմէ հետէ ելան ազգն Փռանգաց, ոչ երբէք երեւեցաւ նշան բարւոյ եւ կամ ուրախութեան, այլ բարկութեան եւ կատարածի եւ աւերման եւ քակտելոյ աշխարհի, մահու եւ կոտորածի, սովու եւ սասանութեան:

Յայսմ ամի եղեւ սով սաստիկ ընդ ամենայն աշխարհն Միջագետաց. եւ ի քաղաքն Ուռհա եղեւ մեծ նեղութիւն, վասն զի զտարին ողջոյն ոչ եկն անձրեւ ի վերայ անդաստանացն, եւ արգելաւ ցօղն յերկնից, եւ ցամաքեցաւ երկիր ի ջրոյ, եւ չորացան ծառք եւ այգիք, խցան աղբեւրք ջրոց, եւ յերեսաց սովոյն բազումք մեռան ի քաղաքին Ուռհա. եւ զորս լուաք ի Սամարիա յաւուրս մարգարէին Եսայեայ, այնպէս եղեւ ի քաղաքս Ուռհա. զի կին ոմն ի հաւատացելոցն Հոռոմոց զտղայն իւր եփեալ կերաւ, նոյնպէս եւ այլազգի ոմն Տաճիկ առ վտանգի սովոյն եկեր զկին իւր, վասն զի զզօրութիւն հացին բեկեալ էր Աստուած. ուտէին եւ ոչ յագենային. եւ բազումք ասացին, թէ այս յԱստուծոյ է դատաստանս վասն անիրաւ մահուն Թորոսի կուրապաղատին, որք խաչիւ եւ աւետարանով երդուան նմա, եւ դարձեալ ուրացեալք լինէին եւ սպանին զնա չարաչար եւ զգլուխն ի ձող ցցեալ բազում հայհոյութեամբ եւ ձգեալ զնա առաջի եկեղեցւոյն, որ ասի Ս. Փրկիչ, զոր շինեաց սուրբ առաքեալն Թադէոս, եւ վասն այսորիկ էած Տէր Աստուած զնեղութիւնս զայս ի վերայ տանն Աբգարու. եւ ամ յամէ ոչ դադարեցաւ բարկութիւնն Աստուծոյ ի քաղաքն Ուռհայոյ:

In the same year, for the third time, a fiery omen colored the Heavens an intense red. This lasted for six hours at night in the northern region and then went to the east, before it turned black. They said that this omen presaged the shedding of Christian blood, as in fact happened. From the day the nation of the Franks arose, an omen of goodness or joy never appeared. Rather [the omens foreshadowed] anger, destruction, wrecking, and pulling apart of the land, [accompanied by] death, ruination, famine, and catastrophe.

In this year there was a severe famine throughout the entire land of Mesopotamia. The city of Edessa was in dire straits, for it had been an entire year without rain falling on the fields. Dew stopped coming from the sky, the ground dried up from lack of water, orchards and vineyards became desiccated, springs went dry, and many in Edessa starved to death. What we heard had happened in Samaria in the time of the prophet Isaiah, also happened here in the city of Edessa. A woman of the Roman faith cooked and ate her child, and similarly, a certain foreigner, who was dying of hunger, ate his wife. God had shut off the power of bread [to ease hunger], so that [people] ate and were not satiated. Many said that this was God's judgment for the unjust death of the curopalate T'oros to whom they had vowed by the Cross and the Gospels and then turned around and broke that oath. They put him to a wicked death, put his head on a pike with many insults, then threw [his body] in front of the church named Surb P'rkich'[46] which the blessed Apostle Thaddeus had built. For this reason, the Lord God brought such affliction upon the House of Abgar. Year after year the anger of God against the city of Edessa did not cease.

---

46 Surb P'rkich': "Holy Savior"

97. Իսկ ի բարձրանալ թուականութեանս Հայոց ՇԽԹ ամին եղեւ լիութիւն հացի ընդ ամենայն արարածս, եւ ի յՈւռհա անչափ առատութիւն ցորենոյ եւ գարւոյ, որ մոռացան զառաջին նեղութիւնն, վասն զի մի՛ մոդն հարիւր մոդն արար, եւ լցան ծառք եւ ամենայն պտղաբերք, եւ աղբեւրք յորդորեցին զջուրս իւրեանց, եւ յագեցան մարդ եւ անասուն: Ի յայսմ ամի մեռաւ Կոստանդին որդին Ռուբենայ:

Յայսմ ամի Կոնդոփրէ տուկն Փռանգաց գնացեալ զօրօքն ի քաղաքն, որ ասի Կեսարիա Փիլիպպեայ, որ է ի վերայ ծովուն Ովկիանոսի. եւ ելին առ նա իշխանքն Տաճկաց սիրոյ աղագաւ եւ բերին կերակուրս եւ արկին սեղանս առաջի նորա. եւ նա էառ եկեր անպատրաստութեամբ, եւ էր կերակուր դեղած մահաբեր դեղօք. եւ զկնի սակաւ աւուրց մեռաւ տուկն Կոնդոփրէ, եւ քառասուն այր ընդ նմա, եւ թաղեցին զնա ի քաղաքն Երուսաղէմ առաջի սրբոյն Գողգոթային, վասն զի յայնմ աւուրքն անդ էր: Եւ յայնժամ յղարկեցին խնդրակ եղբօրն իւրոյ Պաղտնին, որ էր ի քաղաքն Ուռհա, եւ բերեալ զնա՝ տան զսուրբ քաղաքն Երուսաղէմ ի Պաղտինն: Եւ Տանգրի յարուցեալ գնաց ի քաղաքն Անտիոք առ կոմսն Փռանգաց Պեմունդն, վասն զի քեռի էր նմա:

Յայսմիկ ժամանակիս էր զօրապետն Հոռոմց իշխանաց իշխանն ի քաղաքն Մարաշ, ընդ ձեռամբ Յունաց թագաւորին Ալէքսին, զորս ետուն յառաջին ամն իշխանքն Փռանգաց ի յԱլէքսըն եւ ուրացեալ եղեն եւ զոր խոստացան՝ ոչ արարին:

97. At the beginning of the year 549 of the Armenian Era [A.D. 1100], there was plenitude of bread for all. In Edessa there was such an abundance of wheat and barley that the prior difficulty was forgotten, for one mod produced 100 mod, the trees and all fruit-bearers were full of fruit, the streams gushed forth their waters, and man and beast were satiated. In this year Kostandin, son of R'uben, died.

In this same year Godfrey, duke of the Franks, went with his troops to the city named Caesarea Phillipi [which borders] on the Ocean Sea. Then it came about that princes of the Tachiks came to him [ostensibly] out of friendship. They brought along food and placed a table before him. [Godfrey] took and ate without any precaution, that food which was poisoned with lethal drugs. A few days later Duke Godfrey died and forty of his men with him. They buried him in the city of Jerusalem, opposite Holy Golgotha, since during these days he was there. Then they sent a request to his brother, Baldwin, who was in the city of Edessa, and had him brought [to them] and gave the blessed city of Jerusalem to Baldwin. Then Tacred arose and went to the city of Antioch, to Bohemond, count of the Franks, since [Baldwin] was his mother's brother.

In these times the military commander of the Byzantines, the Prince of Princes, was in the city of Marash. [Marash] then was under the control of the Byzantine emperor, Alexius. The previous year the princes of the Franks had given [Marash] to Alexius, but they now broke that pledge and would not abide by it.

Եւ յարուցեալ մեծ կոմսն Փռանգաց Պեմունդն, եւ Ռաջարդն քուրորդին նորա, եւ արար ժողովս զզօրն Փռանգաց՝ եւ գային ի վերայ քաղաքին Մարաշայ եւ պատերազմեալ ի վերայ իշխանաց իշխանին, որ աւէին նմա Թաթուլ, եւ խնդրէր ի նմանէ զքաղաքն Մարաշ՝ եւ բանակեալ բազում պատերազմաւ ի վերայ նորա. իսկ իշխանաց իշխանն առ ոչինչ համարելով զամենայն պատերազմն նորա, զի էր այր քաջ եւ պատերազմող եւ էր բազում ազատօքն ի քաղաքն Մարաշ. եւ Պեմունդն կայր բանակեալ ի դաշտն Մարաշայ եւ հաւանեցոյց զգաւառն իւր:

Յայսմ ամի գայր բազում զօրօք ամիրայն Պարսից, որ աւէին Դամիշման, որ էր տէր Սեւաստոյ եւ ամենայն Հոռոմոց աշխարհին. եւ խաղացեալ բազմութեամբ հեծելոց եւ եկեալ ի վերայ քաղաքին Մելտենւոյ՝ եւ տայր սաստիկ պատերազմ ի վերայ նորա. եւ իշխան քաղաքին, որ աւէին Խորիլ, յղարկեաց առ Պեմունդն՝ եւ կոչեաց զնա յօգնութիւն քաղաքին իւրոյ, եւ խոստացաւ տալ զՄելտենի ի ձեռս Պեմնդին: Եւ յայնժամ Պեմունդն եւ Ռաջարդն յարուցեալ զօրօք գան ի վերայ Գամիշմանին. եւ լուեալ զայս Գամիշմանն՝ եւ առաքեաց զօրս ընդդէմ զօրացն Փռանգաց ի դաշտն Մելտենւոյ եւ կացուցանէր քմինս ի բազում տեղիս, եւ ինքն առեալ զօրս բազումս գնաց ընդ առաջ նոցա: Եւ ահա գայր Պեմունդն եւ Ռաջարդն անմտաբար, եւ ամենայն պատրաստութեամբ լցեալք էին, եւ զօրք իւրեանց դատարկք թափուրք ի սրոց պատերազմէ, եւ գային պաճուճեալք՝ որպէս կանայք զհետ մեռելոյ. վասն զի զզէնսն պատերազմի պաշտօնեայքն նոցա ունէին, եւ պատերազմողքն ունայնացեալք կային որպէս զգերեալս:

The great count of the Franks, Bohemond, and his sister's son, Richard, arose, assembled Frankish troops, and came against the city of Marash to battle against the Prince of Princes, who was named T'at'ul. They demanded the city of Marash from him, encamping there and offering many fights against him. Now the Prince of Princes regarded as nothing all the warfare, for he was a brave and martial man and was in the city of Marash with many azats. Meanwhile, Bohemond was encamped in the plain of Marash and had pacified its district.

In this year, the emir of the Persians, who was named Danishmand, came against the city of Melitene with a multitude of cavalry. [He was] the lord of Sevast and all the Byzantine lands [in that area]. He offered fierce battle against [Melitene]. Now it happened that the prince of the city, who was named Xoril, sent to Bohemond and called on him to help the city, [in exchange for which] he promised to deliver Melitene into Bohemond's hands. Then Bohemond and Richard arose with troops and came against Danishmand. When Danishmand heard about this, he sent troops against the troops of the Franks in the plain of Melitene and put ambuscades in many places. He himself took many troops and went before them. Then, behold, Bohemond and Richard foolishly came with no preparation. Their troops, moreover, were without fighting swords and they came dressed in cloaks like women in a funeral procession, while their weapons of war were with their officials. These fighters without their weapons might have been captives.

Եւ յանկարծակի հեղան զօրք Դամիշմանին ի վերայ Փռանգ զօրացն, եւ եղեւ պատերազմ սաստիկ յայնմ աւուր, եւ եղեւ կոտորումն ամենայն զօրացն Փռանգաց եւ Հայոց. եւ կալան զՊեմունդն եւ զՌաջարդն ծառայ. եւ սպանաւ յայսմ պատերազմիս երկու եպիսկոպոս ի Հայոց, Կիպրիանոս Անտիոքայ եպիսկոպոսն եւ Գրիգորիս Մարաշայ եպիսկոպոսն, որք էին զհետ Պեմնդին, զի յոյժ մեծարէր զնոսա. Եւ լուեալ զհամբաւս զայս՝ դողաց սաստանելով ամենայն տունն քրիստոնէից, եւ ուրախացեալ խնդաց ամենայն ազգն Պարսից, վասն զի զնա գիտէին յանուանէ թագաւոր Փռանգաց, եւ յանուանէ նորա դողայր ամենայն տունն Խորասանայ: Եւ լուեալ զայս Պաղտոյն կոմսն Ուռհայոյ եւ ամենայն ազգն Փռանգաց, որք յԱնտիոք, վարեցան զհետ Դամիշմանին. եւ Դամիշմանն առեալ զՊեմունդն եւ զՌաջարդն եւ երկաթի կապանօք տարաւ ի Նիկիսար: Եւ լուեալ զայս Պաղտոյնն՝ դարձաւ յՈւռհա եւ տայր զՈւռհա ի միւս Պաղտոյնն, որ ասի Տպօրկ, որ էր յառաջագոյն ճորտ Պեմնդին, ի ինքն չարչարեալ զՈւռհա եւ առեալ բազում գանձս ոսկւոյ եւ արծաթոյ՝ եւ գնաց յԵրուսաղէմ՝ յաթոռ եղբօր իւրոյ Կոնդոփրէի եւ թագաւորեաց ի վերայ Երուսաղէմի. եւ Տանգրի եկեալ յԱնտիոք, որպէս ասացաք:

98. Արդ այս այսպէս գործեցաւ ընդ զօրսն Փռանգաց վասն գործոց մեղանցն, զի թողին զուղղորդ ճանապարհն Աստուծոյ եւ սկսան գնալ ընդ ճանապարհն, մեղաց, զորս ոչ հրամայեաց նոցա Աստուած. եւ ամենայն անիրաւութեամբ եւ ամենայն անառակ գնացիւք մոռացան զպատուիրանս Տեառն, եւ զորս ոչ կամէր Աստուած՝ զայն կամեցան նոքա: Իսկ Աստուած զառաջին օգնականութիւնն եւ զյաղթութիւնն եբարձ ի նոցանէ, որպէս եբարձ ի բանակէն որդւոցն Իսրայէլի: Եւ ահա այս առաջին կոտորումն զօրացն Փռանգաց՝ որ եղեւ. աստ ի յառաջ միտ դիք եւ մի՛ ձանձրանայք:

Suddenly Danishmand's troops poured down upon the Franks' troops and there was a frightful battle on that day. All the troops of the Franks and the Armenians were destroyed. Bohemond and Richard were taken captive. Two bishops of the Armenians were killed in this battle: Kiprianos, bishop of Antioch, and Grigoris, bishop of Marash. They had been with Bohemond, who had greatly exalted them. Hearing news about this [defeat], the entire House of the Christians quaked with fear, while the entire nation of the Persians rejoiced. For they knew [Bohemond's] name as the name of the king of the Franks and at [the mention of] that name, the entire House of Khurasan quaked. Now when Baldwin, count of Edessa, and the whole nation of the Franks at Antioch heard about this, they went in pursuit of Danishmand. But as for Danishmand, he took Bohemond and Richard to Nikisar [Neocaesarea] in iron fetters. When Baldwin heard about this, he returned to Edessa and gave Edessa to another Baldwin, who was called Tpo'rk [Le Bourg], who previously had been a vassal of Bohemond. [Baldwin Le Bourg] tormented Edessa. Taking much treasure of gold and silver, he went to Jerusalem, to the throne of his brother Godfrey, and ruled as king over Jerusalem. Tancred went to Antioch as we said earlier.

98. Now these things befell the Frankish troops because of [their] sinful deeds. For they had departed from God's straight road, and started to travel on the road of sinfulness, [doing deeds] which God had not commanded them to do. With all their injustice and debauched ways, they forgot the commandments of the Lord. They craved what God did not want for them. Consequently, God withdrew from them His former assistance and victory, just as He had withdrawn [them] from the army of the children of Israel. This was the first destruction for the Frankish troops. Bear in mind [such consequences] and do not tire of recalling them.

Յայսմ ամի զօրաժողով արար ամիրայն Պարսից Սուգման որդի Արդուխին, որ էր, այր քաջ եւ արեանարբու եւ գայր բազում զօրօքն ի քաղաքն, որ ասի Սրուճ, եւ արար ասպատակ զամենայն երկիրն: Եւ լուեալ զայս կոմսն Պաղտոյն Տպօրկ եւ կոմսն Սրճոյ, որ ասի Փուչեր, գնացին ի վերայ Թուրքին, եւ ձեռն անպատրաստութեանն իւրեանց եղեն պարտեալք, եւ սաստիկ յաղթեաց Թուրքն Փռանգին եւ արարին սաստիկ կոտորածս զզօրսն Փռանգաց եւ Հայոց, որք էին զհետ նոցա. եւ սպանաւ կոմսն Սըրճոյ Փուչերն՝ այր քաջ եւ հզօր եւ սուրբ ի մեղաց մարմնոյ, եւ կոմսն Պաղտին երեք արամբք անկանէր ի կլայն Ուռհայոյ եւ կայր լալագին մարմնով: Եւ եկեալ իշխանք քաղաքին իջուցին զնա ի քաղաքն եւ տարան զնա յաթոռ իւր. եւ զկնի երեք աւուր յարուցեալ գնաց յԱնտիոք ի խնդիր զօրաց. եւ բանակ այլազգեացն պատերազմէր ի վերայ Սրճոյ կլային, վասն զի ամենայն քրիստոնեայքն, որ անդ էին, ի կլայն ժողովեցան: Էր անդ եւ պապիոսն Ուռհայոյ. եւ քաղաքն Սրուճ եղեւ ընդ Թուրքն միաբան: Եւ զկնի քսան եւ հինգ աւուր գայր Պաղտոյն, եւ վեց հարիւր ձիաւոր ընդ նմա եւ հետեւակ եւթն հարիւր, եւ արարին հալածականս զանօրէն բանակն Պարսից, եւ քաղաքն Սրուճ ոչ եկն ի հաւանութիւն: Յայնժամ դարձաւ Փռանգ ի վերայ քաղաքին Սրճոյ եւ զամենայն բազմութիւն քաղաքին կոտորեաց սրով. եւ արարին ալափ առհասարակ զամենայն քաղաքն եւ մանկունս եւ աղջկունս եւ զկանայս անհամարս էարկ ի քաղաքն Ուռհա, եւ լցաւ գերութեամբ Անտիոք եւ տունն Փռանգաց, եւ լցաւ արեամբ ամենայն քաղաքն:

Յայսմ ամի եղեւ չորրորդ նշան կարմրութեան ի հիւսիսային կողմանէն ահաւոր եւ հրաշալի քան զառաջինսն, ի գոյն արեան երեւեալ լինէր եւ դարձեալ սեւացաւ: Եւ այս դարձեալ չորրորդ նշանացս լուսնին փուլն հանդիպէր հանապազ. եւ այս նշանս նշան էր բարկութեան ի վերայ Քրիստոնէից ըստ Երեմիայի մարգարէին որ ասէր՝ եթէ «Յերեսաց հիւսիսոյ բորբոքեսցի բարկութիւնն», որ եղեւ իսկ անհաս բարկութիւնս:

In this year the emir of the Persians, Suqman, son of Artuq, massed troops. He was a brave, bloodthirsty man. He came with many troops to the city called Saruj, and raided the entire country. When this became known by Count Baldwin Le Bourg, and the count of Saruj, who was named Fulcher, they went against the Turks. They were defeated because of their lack of preparation. Through intense warfare the Turks conquered the Franks, severely killing the troops of the Franks and the Armenians who were with them. The count of Saruj, Fulcher, was slain. He had been a brave and mighty man and blessed toward the sins of the flesh. Count Baldwin, with three men, managed to get into Edessa's citadel and stayed there in a pitiful condition. Then the princes of the city came and brought him down into the city and took him to his throne. After three days he arose and went to Antioch in search of troops. The army of the foreigners fought against the citadel of Saruj, since all the Christians had taken refuge there. Also present [in the citadel] was the bishop of Edessa. Then the city of Saruj made an agreement with the Turks. However, after 25 days, Baldwin arrived with 600 cavalry and 700 infantry. They put to flight the impious army of the Persians. The city of Saruj did not make an agreement with them [to surrender]. Then the Franks turned upon the city of Saruj and destroyed the entire multitude of the city with the sword. Generally, they looted the entire city. Countless boys, girls, and women they brought to the city of Edessa, while Antioch and the House of the Franks filled up with captives. The entire city [of Saruj] filled with blood.

In this year the fourth red omen appeared in the northern part [of the sky]—a sight even more awesome and astounding than before. [The sky] was the color of blood which, again, turned black. This fourth omen occurred during the waning of the moon and it was a sign of the wrath [about] to descend upon Christians. As the prophet Isaiah said: "His anger will flare up from the northern portion."[47] This uncontainable rage did indeed come [upon us].

---

47 Jeremiah 4:6; 6:11; 46:20.

99. Դարձեալ ի թուականութեան Հայոց յամի ՇԾ եղեւ ահաւոր եւ հրաշալի նշան ի սուրբ քաղաքն Երուսաղէմ, վասն զի սովորական վառումն լուսոյ սուրբ Գերեզմանին Քրիստոսի Աստուծոյ մերոյ արգելեալ եղեւ եւ ոչ վառեցաւ յաւուր շաբաթու, այլ մնացին կանթեղքն առանց վառման. եւ կացեալ մինչեւ ի միաշաբաթին կիրակէին եւ ապա վառեալ լինէր յիններորդ ժամուն, եւ եղեւ հիացումն ամենայն Քրիստոնէից: Եւ այս եղեւ, զի ազգն Փռանգաց խոտորեցան ի ճանապարհ ձախակողմանն եւ թողին զբուն պողոտայն առ աջակողման ճանապարհին՝ զմեղացն ճաշակելով զճաշակն բաժակին, որ լցեալ իսկ էր մրրով դառնութեան. նա եւս պաշտօնեայք սուրբ Եկեղեցւոյ ի տիղմն թաւալելով առանց յագման. եւ այսպիսի վարուքս ոչ գարշէին յամենայն մեղաց. եւ ի վերայ այսր ամենայնի զկանայս կացուցանէին սպասաւոր սրբոյ Գերեզմանին Աստուծոյ եւ ամենայն ուխտիցն, որ էին յԵրուսաղէմ. եւ էին այն ամենայն մեղք մեծամեծք առաջի Աստուծոյ. եւ զՀայ եւ զՀոռոմ, զԱսորի եւ զՎրացի մերժեցին յամենայն ուխտիցն: Եւ յորժամ տեսին զայս ահաւոր նշանս յանդիմանութեան ազգին Փռանգաց, ի բաց մերժեցին զկանայսն ի սպասաւորութենէ սուրբ ուխտիցն, որ յԵրուսաղէմ, եւ զամենայն ազգ կացուցանէին յիւր ուխտն: Եւ սկսան յաղօթս կալ հինգ ազգ հաւատացելոցն՝ եւ լուաւ Աստուած աղօթից նոցա. եւ վառեալ լինէր կանթեղն սուրբ Գերեզմանին Աստուծոյ ի յաւուր կիրակէին, զոր ոչ ոք լուեալ էր այնպէս, այլ սկիզբն վառման լուսոյ սուրբ Գերեզմանին միշտ եւ հանապազօր ի յաւուր շաբաթու լինէր ի մետասան ժամու աւուրն:

99. In 550 of the Armenian Era [A.D. 1101-1102], an astonishing and miraculous omen occurred in the blessed city of Jerusalem. The customary [miraculous] lighting of the light at the holy Golgotha [Sepulcher] of Christ, our God, was blocked, for on Saturday, [the lamp] was not lit. Rather, the lanterns remained unlit until Sunday, when they lit [themselves] at the ninth hour. All Christians were dumbfounded. This occurred because the nation of Franks had strayed onto an evil path. They had abandoned the natural boulevard of the way of goodness and shared the sins contained in the cup of perdition, a cup which is filled with bitter dregs. [Partakers] even included officials of the holy Church, who wallowed in the mud and were not satiated [by the drink]. With such conduct, they did not draw back from any sin and, moreover, they even designated women servitors for the blessed Golgotha of God, and for all the monasteries in Jerusalem. All these [measures] were [considered] the greatest of sins before God. They expelled Armenians, Byzantines, Syriacs, and Georgians from all the monasteries. When the nation of Franks saw this terrible omen of reproach [in the failure of the lamp to light spontaneously], they rejected having women servitors in the blessed monasteries in Jerusalem, and [re]established all the nations in their [respective] monasteries. Then five nations of [Christian] faithful started to pray, and God listened to their prayers. The lamp [spontaneously] lit on a Sunday in the blessed Golgotha of God, [something] no one had ever heard of [happening] before. It was always on Saturday at the eleventh hour of the day that this had happened.

Index

Al-Mustansir (Billah), 151.

Alp-Arslan, 59; 71; 97; 109; 121; 125-127; 131; 139-141; 145; 189; 193-195; 211-213.

Aghuan(s), 59-61; 169; 187; 199.

Alexius I Comnenus, 161; 199-203; 231-233; 237; 261; 265.

Antioch, 7-11; 81-83; 131; 155; 163; 175-181; 189; 193-195; 205-209; 213; 219; 225; 239; 249-253; 261; 265; 269-271.

Assyrian(s), 7; 197.

Baldwin (count), 231; 243-247; 265; 269-271.

Biblical references,
Psalm,
44:9-11, 53.
Jeremiah,
4:6, 271.
6:11, 271.
46:20, 271.

Daniel,
7:7, 229.
Luke,
21:25, 123.
21:33, 59.
Romans,
3:10, 123.
3:23, 123.

Bithynian(s), 131; 175; 239.

Bohemond (count), 231; 239; 249-253; 265-269.

Bulghar(s), 27; 127; 131; 201; 231.

Byzantine(s), 3-11; 15; 21-25; 29; 33; 43-47; 55-57; 63-65; 71-75; 83-93; 97; 101-103; 111; 119-121; 125; 131-141; 147; 153-169; 179; 193; 199-201; 205; 209; 213; 219; 231-233; 237; 243; 261; 265; 273.

Chalcedon(ian), 7; 47; 65; 87; 97; 133; 157.

Cilicia(n), 131; 163; 175; 239.

INDEX

Constantine X Ducas, 29; 47; 55; 71-73; 83-95; 113-115; 139; 153; 179.

Constantinople, 23-29; 45-47; 59; 75; 89-91; 97; 101-103; 115; 119-121; 137-139; 151-153; 179; 199; 201; 209; 231-233.

Danishmand, 267-269.

Danube (river), 27; 199.

Egypt(ian), 117; 151; 185-189; 239; 249; 259.

Frank(s), 17-19; 55-59; 79; 83-85; 229-245; 249-273.

Gagik, 47; 69-71; 77; 89-103; 133; 145; 165-167; 187; 237; 261.

George II (Georgia), 155.

Greek(s), 45; 87; 157.

Haghbat (monastery), 95; 169.

Hagia Sophia, 89-91; 103; 115; 173; 233.

Jerusalem, 107; 189; 231; 239; 255-259; 269; 273.

Joscelin (count), 231.

Kilij-Arslan, 181; 227; 235.

Latin(s), 229.

Malik-Shah, 145; 189-195; 203; 209-213; 221.

Manzikert, 13; 21; 125; 135; 139.

Markos (bishop), 97-101; 187.

Mediterranean Sea (see Ocean Sea).

Michael VI Stratioticus, 21.

Michael VII Parapinaces, 139; 153.

Monomachus, 19-21.

Nasr ad-Daulah, 37.

Naxichevan, 71.

Nicaea, 176; 209; 233-237.

Ocean [Mediterranean] Sea, 23; 59; 81; 123; 161; 175; 193-195; 203; 233; 265.

INDEX

Persian(s), 13; 21; 31-39; 43-49; 53-55; 59-67; 85; 97; 107; 111-113; 121; 129-141; 145; 171-173; 187-191; 195-199; 203; 211-221; 229; 233-239; 249-251; 255; 261; 267-271.

Petros I Getadardz, 31.

Romanus IV Diogenes, 115; 119; 131-141; 147.

Saint Gilles (count), 231; 239; 253; 261.

Saljuq(s), 13; 19; 187.

Sebastia, 31; 39; 41-43; 47; 89; 121; 133; 139.

Senek'erim, 39; 47; 167; 179; 187.

Smbat II, 69; 165; 173.

Sultan, 13-15; 19-21; 39; 49; 59-71; 97; 113; 121, 125-131; 135-145; 189-199; 203-205; 209-221; 225-227; 235-237; 249.

Theodora Porphyrogenneta, 21.

Tughril, 13; 39; 49; 59; 71; 125.

Turk(s), 3; 21; 33; 43; 53-55; 59; 79-85; 109-111; 121-123; 133; 161; 171; 175-177; 183; 189; 211; 223; 241; 245; 253; 261; 271.

Vardapet, 75; 89; 91-95; 103; 115-117; 179; 185; 203-205; 211-213.

Xach'ik II Anets'i, 31; 75-77.

Yağısıyan, 195; 209; 219-223; 239; 249-251.

www.sophenearmenianlibrary.com

SOPHENE

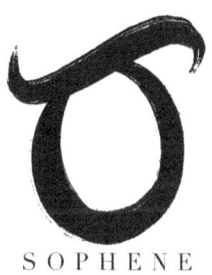

www.ingramcontent.com/pod-product-compliance
Lightning Source LLC
Chambersburg PA
CBHW021430080526
44588CB00009B/479
9781925937718